军民协同创新丛书

翔式道路
——西部技术产业军地融合发展路径研究

Flying Model: Military-region Integration of Western Technology Industry

丁德科 等著

西北工业大学出版社

西安

【内容简介】 本书立足西部技术产业，提出了兼顾西部产业结构优化升级与"寓军于民"、实现技术产业军地融合的理论对策，形象地称之为"翔式道路"。强调高新技术产业是西部产业结构优化升级的波动点，提出并比较系统地论证了西部军地融合路径措施，包括三大军地融合科技经济区、三个产业层次、三大九小区域产业结构优化升级模式等一系列观点，力求立足现实、超前思考，在实证研究中实现学术创新。

本书适合从事经济、军地融合等相关实际工作和理论研究的干部、学者阅读，也可作为相关专业大学生、研究生学习参考资料。

图书在版编目（CIP）数据

翔式道路：西部技术产业军地融合发展路径研究／丁德科等著. —西安：西北工业大学出版社，2021.3
ISBN 978-7-5612-6427-0

Ⅰ. ①翔… Ⅱ. ①丁… Ⅲ. ①国防科技工业-作用-高技术产业-产业发展-研究-西北地区 ②国防科技工业-作用-高技术产业-产业发展-研究-西南地区 Ⅳ. ①F426.48 ②F279.244.4

中国版本图书馆 CIP 数据核字(2021)第 040466 号

XIANGSHI DAOLU XIBU JISHU CHANYE JUNDI RONGHE FAZHAN LUJING YANJIU
翔 式 道 路：西 部 技 术 产 业 军 地 融 合 发 展 路 径 研 究

责任编辑：蒋民昌		策划编辑：蒋民昌	
责任校对：万灵芝		装帧设计：李　飞	
出版发行：西北工业大学出版社			
通信地址：西安市友谊西路 127 号		邮编：710072	
电　　话：(029)88491757，88493844			
网　　址：www.nwpup.com			
印 刷 者：陕西向阳印务有限公司			
开　　本：710 mm×1 000 mm		1/16	
印　　张：13.25			
字　　数：259 千字			
版　　次：2021 年 3 月第 1 版		2021 年 3 月第 1 次印刷	
定　　价：60.00 元			

如有印装问题请与出版社联系调换

前　言

　　本书是在课题研究成果的基础上编写而成的。著作撰写小组由西北工业大学军民融合发展战略研究中心学术委员会主任委员丁德科教授担任组长，陕西省信息中心主任李振平研究员、西安邮电大学王亚玲教授、西安财经大学王云博士、西北工业大学刘敏教授、中国诚通公司丁若沙博士等为著作出版小组成员。刘总理、吴旺延、王云、杨太康、李颖、李淑惠、李涛、刘敏、曾慧、王南丰等参加了调研工作，王云、刘敏博士整理录入资料，陈永伟、冷彩霞、景越等承担了相关内容和数据收集工作。在此表示衷心感谢！

　　本书贯彻国家军地融合战略，立足西部技术产业，提出了兼顾西部产业结构优化升级与"寓军于民"、实现技术产业军民融合的理论对策，形象地称之为"翔式道路"。这个理论对策，不仅有利于为国民经济建设从国防和军队现代化建设中获得更为良好的生产条件、更为先进的技术支持，同时有利于国防和军队现代化建设从国民经济建设中获得更加广阔的市场支撑和更为持续的能力增长。关于"翔式道路"这一理论对策的研究，有两个方面的突破：①提出高新技术产业是西部产业结构优化升级的波动点的观点；②提出并比较系统地论证了西部军地融合路径措施，包括三大军地融合科技经济区、三个产业层次、三大九小区域产业结构优化升级模式等一系列观点。以上观点力求具有立足现实、超前思考、切实创新的特点，所提出的"关中、成渝、南贵昆军地融合科技经济区"，对已有国家级改革试验区和国家级军民融合创新示范区、地方各具特色军地融合科技经济区的建设，已经并将发挥积极而重要的决策参考作用。

本书共分为10章。第一至四章：西部产业结构优化升级的生产力基础，包括基于国防和军事需要的近代西部机器生产力与建设战略后方思想指导下的现代西部生产力，西部工业化水平分析，国防科技工业的形成与发展及其对区域经济的推动，产业发展的宏观优势与良好态势等内容；第五章：西部产业结构优化升级的路径抉择——"翔式道路"；第六至十章：实施"翔式道路"的路径对策，包括应突破的关键问题，建设军民高新技术产业基地、高新技术产业开发区以打造产业高地，建设关中、成渝、南贵昆军地融合科技经济区（包括全面创新改革试验区、国家级军民融合示范区和地方军地融合特色产业园区）及重点开发空间构架，以高新技术优势推进区域产业优化升级，外部关联与全球一体化竞争等内容。

军民协同创新丛书包括《西部军地产学研合作技术创新研究》《翔式道路——西部技术产业军地融合发展路径研究》《中国国家安全经济导论》《装备采办》《装备经济学》。

本书由丁德科、李振平统稿，编写分工为：第一章由钟兴瑜、刘敏撰写，第二章由王波、王亚玲撰写，第三章由丁若沙撰写，第四章由丁德科撰写，第五、七章由王亚玲、王云撰写，第六章由李振平、王波撰写，第八章由李振平、张金峰、王亚玲撰写，第九章由丁德科、张金峰撰写，第十章由张金峰、李振平撰写。

撰写本书曾参考了相关文献、资料，在此，谨向其作者深表谢意！

由于水平所限，时间仓促，书中存在的不足和疏漏之处，敬请读者批评指正。

著　者

2021年2月

目 录

第一章 西部产业结构优化升级的生产力基础(一)
　　——西部工业发展简史 ………………………………………… 1
　一、基于国防和军事需要的近代西部机器生产力 …………………… 2
　二、建设战略后方思想指导下的现代西部生产力 …………………… 7
　三、西部生产力考察的启示 ………………………………………… 12

第二章 西部产业结构优化升级的生产力基础(二)
　　——西部工业化 ………………………………………………… 17
　一、西部工业化水平分析 …………………………………………… 18
　二、西部产业发展中存在诸多问题 ………………………………… 21

第三章 西部产业结构优化升级的生产力基础(三)
　　——国防科技工业产业 ………………………………………… 38
　一、国防科技工业的形成与发展 …………………………………… 39
　二、国防科技工业产业现状 ………………………………………… 44
　三、国防科技工业产业发展对西部经济的推动 …………………… 46

第四章 西部产业结构优化升级的生产力基础(四)
　　——产业发展的良好态势与宏观优势 ………………………… 49
　一、产业发展的良好态势 …………………………………………… 50

二、产业发展的宏观优势 ………………………………………… 53

第五章 西部产业结构优化升级的路径抉择
　　　　——"翔式道路" …………………………………………… 58

　一、战略思路与奋斗目标 …………………………………………… 59

　二、"翔式道路"模式 ………………………………………………… 64

第六章 实施"翔式道路"（一）
　　　　——应突破的关键问题 ……………………………………… 77

　一、突破的关键之一——促进人与自然的和谐 …………………… 78

　二、突破的关键之二——积极推进知识密集型经济发展 ………… 81

　三、突破的关键之三——加快提高产业质量和效益 ……………… 83

　四、突破的关键之四——充分体现以人为本思想 ………………… 84

　五、突破的关键之五——发挥城镇辐射带动作用，促进城乡协调发展 … 86

第七章 实施"翔式道路"（二）
　　　　——建设军民高新技术产业基地以打造产业高地 ………… 88

　一、军民高技术产业基地的建设原则 ……………………………… 89

　二、陕西省军民高技术产业基地建设经验 ………………………… 92

　三、重庆市军地融合的做法、经验 ………………………………… 102

　四、贵阳市"科教兴市"做法、经验 ………………………………… 109

　五、四川省绵阳市产业布局调整带来跨越式发展的做法与经验 … 116

　六、关于建设军民高技术产业基地的建议 ………………………… 119

第八章 实施"翔式道路"（三）
　　　　——建设关中、成渝、南贵昆军民融合科技经济区及
　　　　　 重点开发空间联动、带动 …………………………………… 125

　一、建设军地融合科技经济区论证 ………………………………… 126

　二、建设关中、成渝、南贵昆军地融合科技经济区方案 ………… 142

　三、重点开发骨架的联动发展 ……………………………………… 157

第九章　实施"翔式道路"（四）
　　——以高新技术优势推进区域产业优化升级…………………161
　一、推进思路………………………………………………………162
　二、推进模式………………………………………………………176

第十章　实施"翔式道路"（五）
　　——外部关联竞争与积极参与全球一体化竞争……………186
　一、外部关联竞争…………………………………………………187
　二、积极参与全球一体化竞争……………………………………193

参考文献……………………………………………………………199

第一章
西部产业结构优化升级的生产力基础(一)
——西部工业发展简史

工业化和产业转型升级就是劳动力等生产要素不断从较低效率农业部门向较高效率工业部门转移、从较低效率工业部门向较高效率工业部门转移的过程,其结果是国民经济效率的提高,工业化发展为产业结构优化升级奠定了重要的生产力基础。故研究西部产业结构问题,应首先考察西部工业化历程,也就是机器生产力和科学生产力——西部国防科技工业及其配套工业集中的工业基础。只有这样,才有可能准确分析西部产业布局、结构、特征和发展态势。

一、基于国防和军事需要的近代西部机器生产力

（一）救亡图存的洋务运动与西部机器生产力的出现（1869—1894年）

18世纪中叶发生在英国的产业革命，把机器生产力推上了人类历史舞台。机器生产力伴随着资本主义的发展和扩张席卷全球。1840年鸦片战争后，机器生产力被西方资本主义侵略者作为征服、掠夺手段，带进了中国。鸦片战争后不久，他们就在东部沿海通商口岸广州、上海开办轮船航运、修选企业，接踵而至的是使用机器螺丝、轧花、打包、茶叶加工和自来水、煤气、电灯等公用设施，后来又有铁路修筑、矿藏开发、电报使用等等。

由于外国资本主义入侵的刺激，清王朝朝野官民也开始求助于机器生产力以救亡图存，这就是历史上的"洋务运动"。中国在西学东渐、欧风美雨冲击下，步入了机器生产力的历史时代。

在西部，机器生产力也是起始于洋务运动。19世纪60到90年代的洋务运动，清政府最先创办的是机器军事工业。全国略有规模的19个局，布点在东部沿海13个，湖北、吉林各1个，西部4个。即：①1869年左宗棠所设西安机器局，这是西部机器生产力的先声，比东部最早的安庆内军械所、上海和苏州的炮局晚七、八年；②1872年西安机器局移至兰州设的兰州机器局；③1872年创办不久即停办，1884年中法战争需要又重开的云南机器局；④1877年创办四川机器局后又停办,1880年又重新开办四川机器局(成都)。之后创办的民用工矿交通企业20多个中,在西部仅能数得上的不过3个:①1879年左宗棠创办的兰州机器织呢局,是我国第一家机器纺织工厂;②1886年黔抚潘蔚创办的贵州青溪铁厂,是我国第一家机器钢铁厂;③1887年有悠久历史的云南铜矿采用机器生产。电报既是民用,更为军用,西部从1885年到1894年,云、贵、川、陕、甘、新6省区近30个城市,由近万公里的电报网联结,并与北京和东部一些大中城市有了电报的通讯联系。西部机器生产力的诞生并不晚于东部,但一开始就是先天不足,多有夭折,进展极不顺利。兰州织呢局从德国进口全套先进设备,跨洋溯江、翻山越岭,耗资甚巨,建成有一定生产能力的新式工厂,因管理不善而为火焚,仅存两年。青溪铁厂更是悲惨,不仅设备齐全、先进,而且规模达5千人,"在当时全国中亦为仅见"。① 开工仅月余,因主持技术的潘露病死,使这个耗资30万两白银、历尽千难万苦的先进钢铁厂彻底倒闭。

(二)实业救国的民族资本与西部机器生产力的产生(1895—1936年)

落后的封建势力和官场的腐败,使洋务企业不能承担起救亡图存的历史重任。甲午战败和马关条约刺激了中国仁人志士,实业救国成为历史的最强音,国人私人投资机器工业形成历史潮流,由此又诞生了一批机器生产力。

私人投资即商办,西部最早是在四川井盐业。1895年由中国人自己设计制造了一台蒸汽采卤车,功率比畜力大10倍,之后不断改进推广。到辛亥革命前,螺丝、造纸、印刷、火柴、棉纺、卷烟、面粉、采矿等生产,都有使用机器的。螺丝业到19世纪20年代,已有7千余部机器丝车,几乎占手工螺丝的1/3。云南商办企业始于20世纪初,玻璃、火柴、皮革、制药、面粉、纺织、烟草、火腿、罐头、化工、木材、制茶等轻工业,煤、铜、铁、钴、金、银等矿业,还有小型的机器制造、公用事业和滇池的小火轮等,门类不少。但规模甚小,大都还是以手工为主,真正完全使用机器的极少。1909年广商在个旧所设的宝兴公司,资本30万元,由港商购到抽水、采矿、洗矿等机器经营锡矿,是其大者。西北到20世纪30年代出现了几家颇具规模的商办工厂。1932年创办的榆林毛纺厂,从德国进口整套纺毛机器,从英国进口20马力蒸汽机。1935年创办的西安大华纱厂,从日本进口全套设备,有12000纺锭和320台布机,是当时西部最先进也是最大的新式纺织厂。1935年,西安还有从济南迁入的成丰面粉厂、中华毛纺厂、华峰面粉厂、西北化学制药厂等,都颇具规模。黔、甘、新、宁等省区也有一些规模较小的使用机器生产的企业。1926年创办的四川民生轮船公司,很快由川江发展到整个长江,并

---

① 《贵州通志·前事志》。

同外轮在长江竞争。到抗日战争前有轮船46只,22 000余吨位。民生公司还兼办煤矿、染织、电水厂和机器制造,设西部科学院调查研究西部资料的开发,对西部经济发展做出了一定的贡献。1913年云南有商办个碧石窄轨铁路,1936年全线134公里通车。

这时官办企业也在扩展。兰州机器局迁回西安办陕西机器局,西安又新办西京机器局和农工机器制造局。1905年从日本聘技师、进口设备开采延长石油,这是中国大陆机器采油之始。1906年恢复重建兰州织呢局,有大小机器60余台、日产呢3千余米和各号毛毯数十条。甘、新、川、滇、黔等省区的官铁厂、官钢厂、官矿、石油公司、造币厂、制革厂、被服厂等,都使用机器生产。陇海铁路1930—1936年已由河南入陕延伸到宝鸡。

外商也在这时入侵西部。1895年英商实现了蓄谋已久的川江航运,1898年英法水银公司进入贵州。在重庆还有外商投资的火柴等轻工业与中国商办竞争。1903年法国强行修筑滇越铁路,到1910年全线466小时通车。

以上40年间西部生产力虽然在发展,但相当缓慢,程度也低,与东部差距很大。据沈家五编《北洋时期工商企业统计表》,1912年6月至1927年11月,全国注册工商企业1650家,西部有53家,占3.2%。其中重庆8家、四川28家。另据1937年9月国民党政府实业部统计,当时符合登记的新式工厂,全国3 935家,西部有237家,占6%,仅占上海一市的1/5.4,而且规模相差较大。四川企业平均资本额仅及全国的1/5。整个大西南公路交通不及广东一省。全国共有汽车44 802辆,东部省市1 462部,西南仅有数辆。

(三)抗日战争时东部工业西迁与军需民用促进下的西部机器生产力(1937—1949年)

中国新式工业和机器生产力集中于东部沿海地区特别是上海,抗日战争一爆发就显现出弊端。国民政府于1937年7月下旬首先从上海组织工厂内迁。这次被迫应急的生产力内迁是由东向西移,所以也叫西迁,是机器生产力一次从东到西的大转移。据官方统计,截至1940年,共西迁厂448家,12 164名技工。迁驻西南四川254家、810.5名技工,迁驻西北陕西27家、432名技工。[①] 实际西迁的不止这些,有不少军工厂、官办厂,也有不少私营厂未统计在内。与此同时,北京、南京、上海等地大批高等院校和部分科研机构及其实验设备也进行了内迁。值得注意的是,西迁厂以机械厂为主,448家中有181家是机械制造厂,占42.4%。所迁设备又都是刨、磨、铣、镗等工作母机床和炼钢炼铁的关键

[①] 陈真、姚洛编《中国近代工业史资料》。

第一章 西部产业结构优化升级的生产力基础(一)

设备。

这些西迁厂在很大程度上缩小了西部生产力同东部的差距。特别是机械和钢铁设备对西部"机器制造厥功至大"①。战前重庆仅有大小机器厂10余家，1939年8月陡增到83家。在西南，如以1939年为例，1938年到1940年机床生产就由8.76增长到277.59，即增长30余倍。1942年西部已有600多家机器厂、3 000多工人，年产蒸汽机3 491台、内燃机3 933台、发电机4 001台、发动机10 359台、工具机1 121台、纺织机248台、蒸汽抽水机439台、其它机器1 725台。② 西部特别是西南由于西迁厂和它们提供的机器设备，抗战初期投资设厂为一时之盛。据官方统计，到1941年，在3 700家厂矿中，1938年前的仅590家，占15%。1938年新增240家，1939年新增466家，1940年新增589家，1 941年新增843家。到1943年，西部各省区已有工矿企业4 524家，资本总额达26.37亿元，工人人数达273 336名，动力约14万马力，比抗战前工厂数增加18倍、资本增长164倍、工人数增长82倍。这短短四五年，西部生产力的发展要高出战前六七十年的数十倍乃至上百倍，达到半殖民地半封建时代的巅峰。而且还多有发明和创造。新中工程公司1939年生产出一部汽车，中国煤气制造厂试制生产出木炭汽车，中央机器厂试制了3 000千瓦的透平机，勘探发现了玉门油矿，四川自游流、五通桥问世了著名的"侯式碱法"，等等。1938—1943年工业专利388项，比1912—1937年还多131项，而且65%是机械、电器、化工、矿冶、交通等新产业的新技术。一批"中古名城"和一些荒村野地，诸如成都、万县、泸州、宜宾、昆明、贵阳、遵义、西安、咸阳、宝鸡、天水、兰州等，也步入机器文明时代。

一向交通不便的西部这时也大有改观。1938年10月至1942年，西南新筑公路干线达20条，总长约1 100km。有连接西南西北的天水至双石铺、连结西南与东南的衡宝和洞榆两路，更有959km的滇缅和滇越、河岳等国际通道。开辟以重庆、昆明为中心的国内、国际航空线20多条，特别是1943年7月新辟的中印航线，飞越喜马拉雅山"驼峰"，创当时空运史上的奇迹。铁路有黔桂、叙昆、湘黔、滇缅、陇海宝鸡至天水段等，但总计不到1000km。

此时在云、贵、川、康、陕、甘、青等省区开发水力资源，建立不少水电站，但装机容量都不大。1944年在落后的贵州桐梓建立的天门河水电站，装机容量576kW。

抗日战争时期，中国西部地区作为抗战的大后方，军需民用，加之东部机器

---

① 《档案与历史》，1986年第2期。
② 《武汉大学报》，1987年第4期。

生产力的西迁,得到了飞跃的发展,是西部生产力发展史上辉煌的一篇。

(四)军事需要为主:近代西部生产力发展特点

(1)西部机器生产力的产生和发展,更多的基于国防和军事需要,抗战期间的发展是最为明显的反映。铁路、电报等也以军事需要为主,就是兰州织呢局,其产品也不以出售为主,而是供给军队被服。

(2)西部机器生产力的产生虽然并不比东部晚多久,但非常脆弱,很多厂局设立不久即夭折,如兰州织呢局和青溪铁厂。

(3)西部机器生产力与全国一样,都是在西学东渐、欧风美雨的历史潮流冲击中产生的,只是在全国布局发展走势上,先东后西、由东循序向西推进。时间差一般是几年,最多不过十几年。

(4)西部机器生产力即机器设备和技术,除从国外引进,不少是由中国东部引进。开办时的西安机器局、兰州机器局、四川机器局的机器设备和技工,大多是从福州船政局、山东机器局西迁来的,尤其是技工,全部从江、浙、闽、粤招募而来。

(5)西部机器生产力与东部相比,水平、程度差距较大。上海机器制造总局创办当初就颇具规模,还附设翻译馆和技工学校,工匠常在2 000～3 000人。到国民政府的上海兵工厂时代,月产机枪64挺、手枪20支、炮7尊、迫击炮50尊、枪弹510万发、飞机炸弹3万吨。西部最大的兵工厂——四川机器局,到甲午战前也不过数百人,到国民党政府时期才达到1千人,月产枪弹90万发、步枪1千余支、机枪更少,手榴弹也不多。① 至于私营工厂,除荣家等几家内迁厂、民生公司、大华纱厂外,一般与东部的差距比军工厂差距更大。

(6)西部仅有的机器生产力在地区布局上极不平衡。一般是布局在西部的东部,即内地;西南多于西北;西南又多在四川;四川又集中在重庆。青、藏、康、宁、新等省区微乎其微,广大荒原山区始终处于手工生产力时代中,毫无机器文明的气息。据国民党政府统计,四川占大后方七省工厂数的51%、资本数的66%,其它省都在10%以下。重庆占四川纱锭数的89%,布机数的95%、产量的96%,其它如冶铁、机器制造等也都在80%以上。重庆这时的新式工业集中程度高于战前的上海。②

西部机器生产力发展缓慢,经济落后,有西部自身的自然地理因素,也有社会制度的原因。西部尤其是青、藏、新等省区,高山峻岭、深谷险滩、荒漠流沙的

---

① 《档案与历史》,1991年第2期。
② 《中国经济史论文集》,P378—379页。

地形地貌,干燥少雨、温差悬殊的气候,使这里交通不便、闭塞、人烟稀少。在半殖民地半封建社会制度下,外国资本主义来到中国,目的是掠夺,不可能投资开发使这里步入机器文明时代。本国封建政府和半殖民地半封建政府,也不可能和无力领导人民开发西部的落后地带。私人资本毕竟有限,加之盈利的制约,还有封建因素的束缚,也无从说起。西部封建剥削重于东部,还有封建割据,各自为政,关卡重重,更加重了其发展的困难。

毛泽东曾经分析道:"在一个半殖民地的、半封建的、分裂的中国里,要想发展工业,建设国防,福利人民,求得国家的富强,多少年前多少人做过这种梦,但是一概幻灭了"。① 对于整个中国是这样,对于中国西部尤其是这样。

二、建设战略后方思想指导下的现代西部生产力

中国共产党领导中国人民的反帝反封建革命的胜利和社会主义制度的建立,为解放和发展中国社会生产力创造了政治条件,党和政府从有利于"备战"和有利于未来战争出发,高度重视发展和支持内地工业,尤其注重发展西部经济。伴随国家工业化和生产商品化、社会化、现代化,伴随着国防科技经济建设的大发展,西部地区进入快速发展的历史阶段。

(一)建设战略后方初期的西部机器生产力(1949—1962年)

1949年中华人民共和国成立,仅用3年时间就完成了国民经济的恢复工作。1953年开始实行的发展国民经济第一个五年计划提出建设社会主义工业国的伟大任务,这也是中国社会生产力发展的历史性转折。"一五"计划清醒地注意到半殖民地半封建制度下中国生产力地区布局的不合理、不平衡,高度重视并正确处理国民经济和国防经济、国家建设和国防建设的关系,提出并实施"新的工业大部分应当摆在内地,利用沿海工业的老底子来发展和支持内地工业的战略思想",着力建设战略后方,② 为此目标,"一五"主要是机器生产的现代工业基本建设投资,中、西部占47.8%,东部沿海占41.8%。限额以上的694个工业建设项目,中、西部是472个,占68%。其中有名的156项重点项目,西部的陕西就占24项,居各省之首;甘肃占16项。西部这些项目是建设电力、电工器材、炼油、橡胶、氮肥、石油机械、石油、煤、铜、铅、锌、石棉、炭墨、木材等生产基

---

① 《毛泽东选集》,第3卷。
② 王厚卿主编:《中国军事思想论纲》,国防大学出版社,2000年12月,782页。

地。"一五"期间,除西藏外(尚未实行民主改革),西部各省区工业总产值都增长1倍以上,平均增长1.7倍,原来工业基础极弱的青海、贵州增长2.7倍,都高于东部。1952年西部的陕、甘、宁、青、新、川、贵、云7省区工业总产值是30.4亿元,占全国8.9%;到1957年增长为84.9亿元,占全国11.5%。其中四川省是43.2亿元,占全国6.1%。东、西部生产力差距有了初步的缩小。"一五"之后的"二五"(1958—1962年),虽然有"大跃进"的失误和损失,但建设战略后方仍有重要成就,即1961年开始调整后稳定下来的工业企业。各省区都有了钢铁厂和机械厂,尤其是少数民族地区的工业,从无到有,由小到大,发展最为明显。新疆天山南北建立起钢铁、机械、纺织、皮毛、石油近百余有一定规模的新式工厂。宁夏在1949年前几乎谈不上新式工业,这时也建立起煤、水泥、农机具、纺织、瓷器、火柴、纸、机床、仪表等80多种产品的工业企业。西藏1950年和平解放后,尤其是1959年民主改革后,才有了水电站、农具厂、面粉厂、皮革厂、筑路机械修理厂、汽车修配厂等几十个新式工厂。西安、成都、兰州、昆明、贵阳和重庆都变成工业重镇。在交通建设上,"一五""二五"期间,修筑的公路有西宁至玉树、甘肃河口至青海西宁、甘肃中堡至郎木寺、云南杨林至会济、西藏羊八井至日喀则、日喀则至江孜等,尤其是攀登崇山峻岭的康藏、青藏公路。铁路动工修建的兰新路,"一五"前天兰路、成渝路已通车,"一五"后通车的有宝成路、包兰路。1959年建成了重庆白沙沱长江大桥。这些公路、铁路、桥梁,把西南、西北各省区,把西部与中部、东部连接起来,促进地区间的联系与交流,也把机器生产力带给了西部荒僻地区,建设战略后方取得阶段性成功。

(二)战略后方体系形成时期的西部机器生产力(1963—1978年)

"60年代初,由于中苏关系恶化,国防形势发生了新的变化,毛泽东在50年代战略思考的基础上,要求不仅要为应付世界大战做准备,而且要准备与敌人早打、大打、打核战争,进一步提出进行'三线'建设,加强战略后方基地的主张。"[①]1964年6月8日,毛泽东在中共中央政治局常委会上提出进行"三线"建设的思想,中共中央做出《关于加强战备,加快建设战略后方的决定》,"争取时间,大力进行三线建设"成为国民经济的指导思想。于是,把全国按国防的战略地位划分一、二、三线进行建设。"三五""四五"计划就是按这样思路进行的。西南的云、贵、川和西北的陕、甘、宁是"三线"的重点地带,自然就是"三五""四五"投资建设的重点。"三五"投资攀钢、重钢、酒钢38亿元,成昆五线42亿元,后方建设30亿元,煤、电、交通配套20亿元,合计130亿元。四川尤为重点,占国家"三五"计

---

① 王厚卿主编:《中国军事思想论纲》,国防大学出版社,2000年12月,782页。

划总投资的 1/10。

"三线建设"的建设方式有三种:迁建、包建、就地新建。①迁建。将东部及沿海一线工矿企业和科研机构的技术设备、技术人员搬迁到"三线"安家落户。凡属国防尖端性、重要军工的企业及其重要的协作配套工厂、基础工业的骨干厂、生产短线产品和"三线"缺门的重要工厂、全国独一无二的重要工厂和关键设备,以及为国防尖端服务的科研机构和高等院校的少数机密专业,都要分期分批、全迁或分迁到"三线"。1964 年内搬迁的有 29 个项目、9724 人。到 1965 年上半年已完成搬迁项目 51 个。到 1965 年底迁建项目 127 个;②包建。由东部有关部门和企业,在"三线"从包设计、包设备、包安装调试,到包生产出产品,建设兄弟单位。攀钢由鞍钢包建,从 1964 年下半年动工到 1974 年下半年第一期工程交付使用,一个全国最大的东部钢铁企业在西部包建了一个配套齐全、年产 160～170 万吨生铁、150 万吨钢锭、110 万吨钢材、实行钒钛磁铁矿综合开发的新钢铁基地和低合金基地;③就地新建。国家在"三线"选址新建的是新兴的国防核工业、航天航空工业,也新建了一批资源开发工程。首区位于甘肃金塔与内蒙古额济纳旗的戈壁之中,落区位于甘肃伸向新疆最南部的沙漠中的酒泉卫星发射中心,是中国第一个和规模最大的导弹卫星发射基地。位于四川西昌市附近的西昌卫星发射中心,是另一重要卫星发射基地。位于陕西临潼和蒲城的陕西天文台,始建于 1966 年,是重要的人造卫星观测站和授时中心。航空工业,西安、汉中、成都、安顺的飞机制造,在国内颇有名气。资源开发方面,除煤、天然气、稀有金属等,西部得天独厚的水力是重点工程。1964 年开工建设全国最大的刘家峡水电站,到 1974 年底投入运行。黄河中上游还兴建了盐锅峡、青铜峡、八盘峡等水电站。西南有乌江渡、龚咀等大型水电站。

"三线建设"时期在西部修建了成昆线、襄渝线、贵昆线、阳安线以及南疆和青藏铁路。公路方面,全面整修了横亘世界屋脊、全长 1 940 km 的青藏公路,新建横贯天山的独库公路和西南的滇藏公路等。

"三线建设"时期国家在西部投资 1 300 多亿元,建成全民公交企业 2 万多个,形成以国防军事为主体的"两弹"(原子弹、导弹)、"两基"(攀枝花、酒泉两个钢铁基地)、"一线"(成昆线)、"一片"(以重庆为中心的常规武器配套厂),从能源、原材料到机械、化工、仪表的加工和交通运输,加上"天府之国"和"八百里秦川"的农业基地,形成了一个自成体系的战略大后方。与此同时,新的以国防科技经济为主体的生产力格局,在西部奠定。在全国工业和生产力布局上,东西部不平衡状况有了较大的改观。

(三)改革开放 40 年西部生产力新格局

1978 年 12 月,党的十一届三中全会确定党和国家工作重心向经济建设转移,实行改革开放方针。在国家投资重点倾斜东部沿海的新形势下,以"一五""二五""三线建设"的生产力为基础,西部生产和经济发展转向以内涵改造、存量调整为主,外延扩张、增量投入为辅,国防科技经济相对独立运行并逐步实施"军转民"和"寓军于民""军民融合"战略、国民经济大发展的新轨道,形成生产力发展的新格局。

西部大多数企业特别是大中型国有骨干企业,围绕重大新产品的开发和生产,积极进行技术改造和必要的改建和扩建,以充分发挥经济效益。四川以重庆、眉山为中心,开发铁路机车车辆、扩大重型汽车生产、开发轻型汽车和轻骑摩托等。以德阳、自贡为中心,发展重型机械和大型发电设备。陕西以西安、汉中为中心,发展大型高压输变电设备、大型运输机、中短程客机、新型纺织机械。甘肃以兰州为中心,发展石油钻具设备。贵州以都匀、凯里为中心、四川以成都为中心,发展卫星通信和广播电视覆盖设备。云南的昆明、贵州的贵阳和遵义、陕西的宝鸡、四川的绵阳和泸州等城市,在全国市场上都有自己的特色、拳头产品。这些军工企业的民品产值占军民总产值的比例由 1979 年的 10%,不到 10 年就增长到 70%以上,以后虽有起落,但基本稳定在 50%~60%。

国家投资倾斜东部沿海并没有忽视西部的能源和其他资源开发,以及交通发展。能源工业主要是扩建四川、贵州、云南、陕西、甘肃等省的煤矿;在完成一批已开工的水电站、火电站的基础上,重点扩建了江油、贵州、清镇和二滩、漫湾、西藏羊湖等一批水、火电厂。原材料工业主要是使钢铁、有色金属、化工、建材等短线原材料的产量有较大的增长,钢铁重点扩建攀钢二期工程,改造重钢、昆钢、水钢、酒钢等骨干厂;有色金属重点扩建了贵州铝厂等骨干厂;化学工业重点扩建云南、贵州一批磷矿和磷化企业,西部三大盆地油气资源的开发,扩大合成氨的生产能力,还有新疆独山子乙烯工程,以及锌、铝、铅等开采与加工。到 1988 年,甘肃金川有色金属已跃居全国同行业第 3 位;云南冶炼厂、长城特殊钢公司、攀钢、成都无缝钢管厂等,都超过了上海冶金企业;电力工业中的成都供电局的经济效益居全国之首;电子电器、机械、化工等工业,都出现几家全国有名的大中型企业。

铁路电气化重点在西部,陇海路首先在西部路段实现了电气化,以成都为中心的西南与大干线形成了电气化路网。兰新铁路完成与西土铁路接轨,横贯全国东西的亚欧大陆桥畅通。兰新复线已经开工。宝中、宝康、南昆等新路已通车。西宝高速公路已建成使用。航空运输在西部有特殊必要,国家投资建成重庆江北机场、昆明巫家坝机场、西安咸阳机场,加上西兰乌光缆干线、西安成都光缆工程、兰州卫星通信地球站等,使西部与全国、全世界联系更为便利。

新形势、新政策也给西部发展开辟了所需建设资金的新渠道。仅起步的前10年,陕西就引进外资、技术价值共13亿美元,批准设立的外资企业127家。陕西彩色显像管总厂、杨森制药有限公司都是引进先进技术的现代化企业。重庆、成都也有外商投资建厂。西部的周边省区也利用地理、历史传统的优势,引进世界先进技术,发展生产力。

进入20世纪90年代,国家加大对西部的投入,1991—1995年西部占全国固定资产投资平均在13%左右,平均增长率在28.4%。1998年中央财政增长的投资中,用于中、西部达到62%,其中西部固定资产投资增长率为31.2%,高于东部14.9个百分点,这还不包括中央的扶贫投入。国家扶贫重点在西部,仅1998年就是183亿元。

总之,改革开放40多年,西部生产力不仅有了新发展,在国民经济与国防科技经济分布上,在地区布局和产业布局上,也有了新格局。

(四)建国60年西部生产力发展的历史回顾

建国60年间,昔日闭塞、落后的西部已建成了一批装备精良、人才荟萃、科研机构配套的技术密集型骨干企业,形成了一批工业密集、有一定经济实力的大中型工业城市和一批以军工、机电为主的小工业群,西部新生产力已发展到一个新阶段,已不再是往日一般意义上的机器生产力。

西部60年来生产力的发展,也存在一些亟待克服和扭转的严重问题。

(1)西部"三线"企业大都是以国防科技工业为核心、军工企业为主体,隔离于国民经济之外,是一个封闭型、内循环的生产科研体系,与当今市场经济机制的运行不很吻合。

(2)技术优势没能很好发挥,企业效益低。西部大中型企业技术装备不仅先进于东部,人均占有量也高于东部技术基础好的上海、江浙企业的20%~100%。如企业中科技人员占职工人数的12%,是东部企业所不能比的,但效益很低。1981年每百元固定资产原值实现产值,全国平均110.1元,上海264.8元,西部青、宁、新、黔都不到60元,青海仅31.6元,只是上海的12%。实现税利更低。每百元全国平均24元,上海81.1元,天津、北京、江浙近40元,西部青、黔都不到10元,青海仅3.81元,只是上海的5%。其他经济指标,如全员劳动生产率等,也都远远低于全国平均水平。

(3)西部新生产力的布局存在着不平衡的问题。西部生产力集中在以西安为中心的关中,西南集中在以重庆和成都为中心的四川盆地。

(4)西部新生产力是在高度集中的计划体制下从全国整体需要出发,为全国配套的建设,有些大中型企业是为东部、中部提供原材料和动力的,或者协作配套生产零部件,由于协作半径过长,与西部本地经济、生产结合度差,对西部经济牵动力小,与之形成相隔绝的是"二元经济"结构。

(5)西部当初建设形成的生产力,在当时属全国先进水平,如今对外开放,东部引进不少世界先进技术,西部当初"重基建,轻技改",不能适应当今技术不断更新的形势,人才又被东部拉动东流,其技术优势正在消失,东西部生产力水平差距又重新拉大。

三、西部生产力考察的启示

(一)西部再造辉煌是中华民族复兴的历史要求

在中华文明史上,西部不仅是中华民族的发祥地,而且在相当长的历史时期居于中国生产力发展的先进地位,是中国的中心地带所在。中华民族的祖先炎黄起源于西北的东部(陕西),陕西西安自公元前1134年至公元907年唐代止,期间10个王朝、历时1062年,为中国首都所在地,是中国古代中建都时间最久的,也是中华民族最辉煌灿烂的时期。"西周是青铜文化的盛期,秦是封建时代的第一个王朝,汉是我国农业发展的第一个高峰,隋唐是封建文化的成熟时期。这五个王朝也是中国古代国家统一,规模宏大,农业、手工业、交通业都发展较高,科学技术先进,经济、文化繁荣昌盛的时期。"① 西南的四川,远在古史传说的蚕丝时代就以养蚕著称。"蜀"之得名,与养蚕有关。战国时李冰所修都江堰,使成都平原成为"天府之国"直至今天。四川成都平原和陕西关中,研究中国经济史的学者把它们列为中国古代最重要的"基本经济区"之一。举世闻名的"丝绸之路"的中心和起点也在关中。汉唐时代的都城长安(西安)是世界名城,由这里向世界辐射先进的科学技术与文化。东晋(公元317年)时期,中国重心东移,也是由西部带到东部的先进技术开发了东部。

鸦片战争后,在振兴中华的民族奋斗中,西部复兴和开发构成其重要方面。龚自珍、林则徐、魏源、冯桂芬等近代中国名人,张鹏飞、李元春、贺瑞麟、柏景伟、任其昌、刘光等西部地方名士,布参泰、李星沅、左宗棠、刘锦棠、谭钟麟、陶模、彭

---

① 武伯伦,《西安历史述略》。

第一章 西部产业结构优化升级的生产力基础(一)

英甲、杨增新等西部行省封疆大吏,李鸿章、曾纪泽等朝廷重臣,都有专奏、专折、专论,如何治理、开发西部以及开发、治理西部的意义。进入民国,伟大的民主革命先行者孙中山先生,更为重视开发中国西部,其代表作之一《实业计划》(《建国方略》之二),集中并较详细地谋划了西部的开发。

历史也不时地把发展西部提到议事日程。上述官民所议都有当时形势背景。20世纪30年代上半期,日本帝国主义侵略中国,西部成为战略大后方,"开发西北""建设西南"呼声隆起,遍及全国。从南京、上海、北平等人文盛地的专家学者,到西安、重庆、兰州、成都等西部重镇的当权实力人物;从官方领导的组织机构,到民间自发的群众团体,发专论、创刊物,建言倡导,建设发展中国西部浪潮盛极一时。

如今,无论是中华民族的复兴,还是走社会主义共同富裕的道路,全面建设小康社会,中国西部生产力的发展都是一个极为突出的问题。

(二)要面向未来重视西部各种优势与新时代下的机遇

1.从整个世界历史发展趋势看,西部发展机遇的三个方面

(1)新的科学技术革命不仅为开发西部资源提供了技术条件,而且有了开发西部资源的迫切要求。西部地域辽阔,地形复杂,蕴藏着极其丰富的自然资源。矿藏资源目前初步确定就有121种,占全国148种的81.8%,其中有45种储量占全国一半以上或接近一半,如铬、钛、汞、稀土、钾、石棉等,占全国储藏量的80%以上。而且矿藏又都相当集中,开发成本较低。在全球日益缺水的大势下,西部冰川之水得天独厚,开发价值极高。西部地景仅四川就有"峨眉天下秀""青城天下幽""巫山天下险"等多种特色。冰川地景为西部特有,珠峰、公格尔九别峰、博格达峰等都已对外开放。溶岩景更是遍布云、贵、川、陕等省区,有的已久负盛名。水景有云南滇池、洱海,甘肃月牙泉、酒泉,贵州黄果树,陕西壶口,等等。温泉遍布陕、甘、川。西部高山峻岭保留不少原始森林,古树、草地、奇树、珍稀花卉,还有各种珍稀动物,这些盛景资源也别具一格。西部历史的悠久和独特,又使人文资源价值升高。西部是少数民族最多的地方,他们的风俗习惯也为人们所注意和喜欢。新的科学技术革命及其造成的新的生产力,把全国和世界人民带到西部,或是考察开发,或是度假、观光、猎杀、求知。新的生产力产生新的经济增长动力,新的生产力由此就与西部结成一体,西部生产力也由此上了新的台阶。

习近平总书记指出,"我们既要金山银山,又要绿水青山。要正确处理好经济发展同生态环境保护的关系,牢固树立保护生态环境就是保护生产力、改善生

态环境就是发展生产力的理念,更加自觉地推动绿色发展、循环发展、低碳发展,决不以牺牲环境为代价换取一时的经济增长"。经济的发展与生态环境的保护二者缺一不可,新的科学技术革命为转变经济增长方式提供了可能,经济的发展又为生态环境保护提供了强大资金支撑,绿水青山的生态环境是关系人民福祉、关系民族未来的大计。

(2)信息时代的来临为改变西部闭塞、落后状态提供了条件。西部的落后,一个重要原因是地域辽阔,地形地质条件又不利于交通,因而与近代、现代文明隔绝,消息闭塞,信息不灵。如今以互联网为核心的信息技术革命和以光导纤维为主的激光技术、通信技术和空间工程等,使西部与全国和国际沟通已不需要过去那样大的精力和时间。信息时代的来临把西部乃至整个中国和世界紧密联系起来,使西部步入现代化的轨道,这本身就是西部生产力的飞跃。

(3)"一带一路",世界经济一体化的趋势把中国西部纳入其中。现代化的趋势是社会分工向纵深发展,地区间因各自优势互补,各自比较效益驱动而联系频繁和紧密。中国西部这一宝藏丰富、地形地貌独特、具有极大开发价值的地区,必定为世界所注意,融于世界经济一体化的结构之中而得到发展,"一带一路"构想对西部地区发展具有现实意义①。

1)"一带一路"作为一项促进我国全面发展的重大系统工程,是我国当前顶级国家发展战略,是国家经济健康发展的根本动力,是全国亿万群众面对的新形势、新挑战,"一带一路"为促进我国西部地区发展提供了前所未有的良好契机。

2)"一带一路"构想为西部地区产业结构调整升级开辟了快速车道。"一带一路"的提出充分考虑了发展西部的基础经济,发挥西部地区产业优势,走产业国际化思路,带动了西部相关产业的发展,可以更好地打开我国对于国际交易的通道,从而促进国际贸易的发展,建立起一条横贯东西南北的经济大动脉,可以建立起安全可靠的国际交易网络平台,为我国产业的高速发展创造有利的条件。

3)"一带一路"构想为东西部地区的产业融合创造更大空间。随着西部大开发战略的提出与不断发展促进了商业的转型发展,员工的工资占有率比不上沿海发达地区,但西部地区的教育、交通、医疗等设施的建设得到了很大的改善,生活水平得到提高。"一带一路"实施可以在西部大开发的基础上为西部地区引入大量的经济资源,大多数企业选择在西部地区建立工厂,扩大生产范围,改变原

---

① 仰临,史文祺,张丹."一带一路"对西部地区发展影响研究[J].现代商贸工业,2017(25):16-17.

有的企业生产模式,加强企业内部的员工技术,改变了中西部地区原有的生产模式和经济发展思路。此外,在"一带一路"实施下使更多产业的发展联系在一起,延长了我国产业链的发展,面对西部新市场的不断开拓和发展,东部地区必将带动西部地区经济的发展,从而实现东西部共赢。

4)"一带一路"构想促进我国加快文化强国和经济强国的实现。目前我国的经济发展水平在世界经济发展中名列前茅,以各方面的优秀举动向全世界宣告着我们的崛起。但是,在国际经济中,我国仍遭到了其它个别国家的蔑视,古代"丝绸之路"的发源地位于西部地区的西安,是指起始于古代中国,连接亚洲、非洲和欧洲的古代路上商业贸易路线,是东西方文化的交流和经济的交融产物,通过"一带一路"在西部地区的文化功能和经济功能地位,提升我国文化和经济的国际地位,展现大国形象。

2. 从中国社会主义发展前途来看,社会主义市场经济体制的确立为西部振兴、发展生产力提供了良好的体制基础

市场经济的自主性、竞争性、开放性、宏观调控性、信息性、效率与效益性,为西部自身发展、西部与东部协作、西部与世界联系,以及西部扬长避短、发挥自己优势、实现这些优势的价值,创造了经济运行和生产力发展的体制条件。西部必将在市场经济中活跃起来,迅速发展。加快实施西部大开发战略政策正确、措施切实可行。法律保障的确是开发和发展落后地区的一个重要举措。① 依法治国是我国基本国策。我们应强化西部经济开发中的法制观念,优化西部发展的法

---

① 美国开发西部是比较成功的,也具有典型化,其重要举措就是通过立法以使美国西部开发和发展有法律依据和法律保障。美国独立建国后,很快向西部扩张,开拓新的疆域。为解决新占土地由政府转归私人所有,1785 年颁布《土地条例》,以低价出售西部土地。1787年又颁布《西北准州地区条例》,实行新区设州在各方面一律平等,鼓励人们西移。1841 年颁布《优先购买法令》,规定移民自己垦殖的土地可按最低价优先从政府手中购买。1862 年颁布《宅地法》,规定每个移民在当地定居和从事耕种 5 年以后,即可以极少费用占有 160 英亩的公共土地。美国的各种立法提供优惠,使西部农业很快发展起来,美国的农业人口在 1860年到 1910 年半个世纪,由 3 000 万人增长到 5 000 万人,就这样依靠西部实力而成为世界上的农牧大国。日本北海道自然资源丰富,但人口少,空闲地多,因气候寒冷等原因使开发困难。日本也是通过立法提供优惠并借以保障得以顺利进行。1950 年制定颁布《国土综合开发法》和《北海道开发法》以后,到 1979 年编辑出版《国土立法》时,已收录国土开发基本法 126 种,仅属总理大臣直接掌握的就有 40 项之多,诸如《国土利用法》《国土调查法》《水利资源开发促进法》《林业基本法》《农业基本法》《水产资源保护法》《新草地法》等等。北海道在这些法律倡导、保障和优惠下,成为日本举足轻重的农、林、牧、副、渔的基地。苏联、印度、加拿大、澳大利亚等国家以法律手段推进落后地区发展,都足以借鉴。

翔式道路

律环境,研究和制定一整套的开发西部的法律,诸如西部各种资源的产权、开发利用、保护、优惠等法律;西部军工企业的地位、性质、产权、经营等法律;西部引入资金(包括吸引外资)的法律;西部交通建设、通信设施等法律;西部与周边国家往来(包括贸易)等法律,总结我国100多年来开发西部的经验教训,借鉴外国开发落后地区的有力举措,采取法律手段,通过立法、执法,给西部开发以依据、优惠、保障和推进,是西部生产力和经济又好又快发展的不容忽视的重要对策。

第二章
西部产业结构优化升级的生产力基础(二)
——西部工业化

　　工业化是一个国家和地区走向现代化的必经之路。自工业革命以来,工业化对发达国家的经济发展起到重要的促进作用,为国家的经济发展积累了重要的物质基础。国家的工业化发展能够为其产业结构优化升级奠定重要的基础。而我国的西部地区,受劳动力素质、资本、区域、国家政策等各种因素的影响,其工业化发展水平较低,产业结构优化升级任务艰巨。因此,通过对西部地区工业化水平分析以及西部产业发展中问题的研究,有助于我们更好的了解西部产业结构优化升级潜力及方向。

一、西部工业化水平分析

西部地区在能源、有色金属、稀有和稀土金属、化工(磷、盐和气化工等)、交通运输机械、航空航天、武器弹药、烟草加工、饮料等诸多领域形成了一定的优势,并涌现了一大批具有较强竞争力的企业,建成了一批在全国具有一定影响的工业基地。总的来说,西部工业化水平尚处于初级阶段,工业内部结构向重化工业化阶段迈进。

(一)西部工业化水平尚处于初级阶段

按照钱纳里等人的研究,工业化进程分为6个时期和3个阶段(第一阶段为初级产品生产,第二阶段分4个时期即工业化初期、中期、成熟期、发达期,第三阶段为发达经济),人均收入水平280～560美元进入工业化初期阶段;人均收入水平560～1 120美元进入工业化中期阶段;人均收入水平1 120～2 100美元进入工业化成熟阶段。另外,在工业化指标体系中,人均国内生产总值、非农产业就业比重和城镇人口比重,是衡量工业化水平的三项基本指标。国际通行的参考标准是:初级阶段的人均GDP为600～1 200美元,非农产业就业比重为20%,城镇人口比重为10%;中级阶段的三项指标分别为1 200～2 400美元、50%和30%;高级阶段的三项指标分别为2 400～4 500美元、80%和70%。从我国学者根据世界上100多个国家的资料计算结果看,人均收入水平为600美元时,世界各国国内生产总值在第一、二、三产业的比重大致依次为21.8%、29%和49.2%,世界各国在第一、二、三产业的就业结构大致为34.8%、27.6%和37.6%;人均收入水平1 000美元时,世界各国国内生产总值在第一、二、三产业的比重大致依次为18.6%、31.4%和50%,世界各国在第一、二、三产业的就业结构大致为28.6%、30.7%和40.7%。

2016年我国人均国内生产总值为53 935元,城镇居民家庭人均可支配收入33 616元,农村居民家庭人均纯收入12 363元。城镇人口占总人口比重为57.35%。三次产业结构为8.6∶39.9∶51.6;全部就业人员在第一、二、三产业所占比重分别为27.7%、28.8%和43.5%。东部沿海10省(市、区)人均国内生产总值为3 396.4美元,城镇人口占总人口比重为59%,非农产业就业比重为70.1%。西部地区人均国内生产总值为4 3172元,城镇居民家庭人均可支配收入28 242.30元,农村居民家庭人均纯收入9 706.4元。城镇人口占总人口比重为49.68%。三次产业结构为12.37∶47.42∶40.22;非农产业就业比重为29.39%(见表2-1)。按照国际通行参考标准来看,我国人均GDP指标、非农产业就业比重和城镇人口比重均达到或超过了中级阶段标准。其中,东部地区的三项指标均大大超出中级阶段标准;西部地区的非农产业就业比重指标还低于中级阶段标准。因此,可以说我国处于工业化的中级阶段,东部地区已经完全处于中级阶段,而西部地区尚未进入中级阶段。①

表2-1 西部地区工业化基本指标数据表

地区	人均GDP/(元/人)	城镇居民可支配收入/元	农民人均纯收入/元	非农产业就业比重/(%)	城镇人口比重/(%)
内蒙古	72 064	32 974.95	11 609	40.8	61.19
广 西	38 027	28 324.43	10 359.47	19.23	48.08
重 庆	58 502	29 609.96	11 548.79	38.37	62.60
四 川	40 003	28 335.3	11 203.13	27.19	49.21
贵 州	33 246	26 742.61	8 090.28	16.2	44.16
云 南	31 093	28 610.57	9 019.81	16.58	45.02
西 藏	35 184	27 802.39	9 093.85	17.35	29.61
陕 西	51 015	28 440.09	9 396.45	35.58	55.34
甘 肃	27 643	25 693.49	7 456.85	26.19	44.67
青 海	43 531	26 757.41	8 664.36	33.43	51.60
宁 夏	47 194	27 153.01	9 851.63	38.86	56.30
新 疆	40 564	28 463.43	10 183.18	42.84	48.33
西 部	43 172	28 242.30	9 706.4	29.39	49.68

① 《中国统计年鉴2017》,中国统计出版社,2016。

(二)西部工业内部结构向重化工业化阶段迈进

从工业总产值来看,全国的重工业总产值明显高于轻工业总产值,重工业在工业中所占的比重较大,处于主导地位,西部地区更是如此,重工业总产值在本地区工业总产值的比重占到了87.97%,高于全国54.32%的水平,西部各省比重竟然都超过了80%(见表2-2)。①

表2-2 2016年西部地区轻、重工业总产值情况表

地 区	工业总产值/亿元	轻工业		重工业	
		总产值/亿元	占本地区工业总产值的比重/(%)	总产值/亿元	占本地区工业总产值的比重/(%)
内蒙古	20 973.75	3 147.18	15.01	17 826.57	84.99
广 西	26 273.19	3 471.45	13.21	22 801.74	86.79
重 庆	24 546.87	1 981.40	8.07	22 565.47	91.93
四 川	46 007.88	5 782.53	12.57	40 225.35	87.43
贵 州	11 544.22	1 205.53	10.44	10 338.69	89.56
云 南	10 329.3	1 522.76	14.74	8 806.54	85.26
西 藏	144.63	6.05	4.18	138.58	95.82
陕 西	24 051.79	2 452.91	10.20	21 598.88	89.80
甘 肃	7 170.14	688.76	9.61	6 481.38	90.39
青 海	2 713.93	466.04	17.17	2 247.89	82.83
宁 夏	4 351.44	578.05	13.28	3 773.39	86.72
新 疆	9 393.79	1 252.33	13.33	8 141.46	86.67
西 部	187 500.93	22 554.99	12.03	164 945.94	87.97
全 国	340 748.98	155 647.32	45.68	185 101.66	54.32

从重工业的内部结构来看,全国采掘工业、原料工业、加工工业的总产值占重工业总产值的比重分别为24.96%、18.41%、56.63%,西部为11.86%、3.62%、84.52%。可见,西部地区的加工工业比重偏高,采掘工业、原料工业的发展明显不足,西部各省(市、区)的加工工业比重都远远高于全国的平均水平(见表2-3)。②

---

① 《中国工业经济统计年鉴2017》,中国统计出版社,2017。
② 根据《中国工业经济统计年鉴2017》计算所得。

第二章 西部产业结构优化升级的生产力基础(二)

表 2-3 2016 年西部地区重工业基本情况表

地区	采掘工业		原料工业		加工工业	
	总产值/亿元	占本地区重工业总产值的比重/(%)	总产值/亿元	占本地区重工业总产值的比重/(%)	总产值/亿元	占本地区重工业总产值的比重/(%)
内蒙古	5 549.87	31.13	586.87	3.29	11 689.83	65.58
广 西	797.77	3.50	637.42	2.80	21 366.55	93.71
重 庆	525.99	2.33	66.60	0.30	21 972.88	97.37
四 川	2 756.66	6.85	809.45	2.01	36 659.24	91.13
贵 州	1 987.55	19.22	121.67	1.18	8 229.47	79.60
云 南	801.11	9.10	144.85	1.64	7 860.58	89.26
西 藏	33.53	24.20	0.00	0.00	105.05	75.80
陕 西	4 320.61	20.00	1 215.63	5.63	16 062.64	74.37
甘 肃	844.85	13.04	686.46	10.59	4 950.07	76.37
青 海	240.14	10.68	14.85	0.66	1 992.90	88.66
宁 夏	485.66	12.87	553.48	14.67	2 734.25	72.46
新 疆	1 218.95	14.97	1 131.56	13.90	5 790.65	71.13
西 部	19 562.69	11.86	5 968.84	3.62	139 414.41	84.52
全 国	46 200	24.96	34 077.50	18.41	104 824.16	56.63

我们可以得出,在重工业内部结构中,全国的加工工业比重明显高于原料工业比重,加工工业的发展在重工业甚至工业的发展中起着极大的推动作用,说明我国已经完全进入重化工业为主的工业化阶段。相比之下,西部地区尽管以重工业为主,但采掘工业和原料工业仍然占据着主导地位,加工工业发展明显不足,这说明,西部地区正在向真正的重化工业化阶段迈进。

二、西部产业发展中存在诸多问题

(一)工业经济效益比较低,对国民经济发展的带动作用还不够

西部地区大多数工业企业是"一五"和"三线"建设时期建立起来的,其中许多企业技术改造升级慢,缺乏高精度加工设备,造成了产品更新换代慢,甚至造成产品大批积压,不能形成销售收入和效益。而且西部地区企业更多的是承担国家指令性的生产任务,加上西部国有企业多,社会负担较大,历史包袱沉重,缺

乏市场经济条件下平等竞争发展的条件和机制,从根本上导致了西部地区的工业增长质量较低,企业效益较差,整体上表现出高投入、低产出,高消耗、低效益的"二高二低"状态。2016年,每百元资产实现的主营业务收入除重庆、广西外,其它各省市区均低于全国平均水平;产成品存货周转天数,除内蒙古、重庆、四川、贵州外,西部其他省市区均高于全国平均水平;主营业务收入利润率,除四川、云南、甘肃、青海、宁夏和新疆外,其余省市区皆高于全国平均水平(见表2-4)。

表2-4　西部规模工业企业主要经济效益指标

地 区	每百元资产实现的主营业务收入/元	产成品存货周转天数/天	主营业务收入利润率/(%)	资产负债率/(%)	人均主营业务收入/(万元/人)
全 国	106.73	14.8	6.21	55.87	122.31
内蒙古	64.91	12.58	6.70	62.93	166.61
广 西	138.74	15.21	6.27	61.32	127.31
重 庆	116.09	13.78	7.02	61.22	120.38
四 川	100.04	14.02	5.63	58.38	122.81
贵 州	78.02	13.66	7.58	63.37	108.04
云 南	52.12	24.62	3.30	63.83	112.54
西 藏	15.47	29.24	9.85	49.57	86.31
陕 西	68.21	18.75	7.56	56.38	120.15
甘 肃	64.01	24.32	0.93	65.86	131.47
青 海	36.53	21.81	3.57	68.41	111.50
宁 夏	42.79	31.20	3.93	67.75	117.15
新 疆	42.48	23.69	4.66	64.10	115.98

2016年西部地区完成国内生产总值156 828.17亿元,仅占全国的21.09%;人均国内生产总值43 172.17元,比全国低10 762.83元。实现工业增加值52 974.69亿元,占本地区国内生产总值的33.78%,占全国工业增加值的21.37%(见表2-5)。① 尽管西部地区的工业发展取得了较大进展,但与全国相比,西部地区的工业增长对GDP的贡献明显较小,对整个国民经济的带动作用还不够(见图2-1)。

---

① 数据来源:《中国统计年鉴2017》,中国统计出版社,2017。

第二章 西部产业结构优化升级的生产力基础(二)

表 2-5　2016 年西部各省市区工业发展主要指标

地 区	GDP/亿元	工业总产值/亿元	工业增加值/亿元	工业增加值占GDP比重/(%)	三次产业结构
内蒙古	18 128.1	20 973.75	7 233	39.90	9∶47∶44
广 西	18 317.64	26 273.19	6 816.64	37.21	15∶45∶40
重 庆	17 740.59	24 546.87	6 183.8	34.86	7∶45∶48
四 川	32 934.54	46 007.88	11 058.79	33.58	12∶41∶47
贵 州	11 776.73	11 544.22	3 715.64	31.55	16∶40∶45
云 南	14 788.42	10 329.3	3 891.2	26.31	15∶38∶47
西 藏	1 151.41	144.63	86.44	7.51	10∶37∶53
陕 西	19 399.59	24 051.79	7 598	39.17	9∶49∶42
甘 肃	7 200.37	7 170.14	1 757.53	24.41	14∶35∶51
青 海	2 572.49	2 713.93	901.68	35.05	9∶49∶43
宁 夏	3 168.59	4 351.44	1 054.34	33.27	8∶47∶45
新 疆	9 649.7	9 393.79	2 677.63	27.75	17∶38∶45
全 国	743 585.5	187 500.9	247 877.7	33.34	9∶40∶52

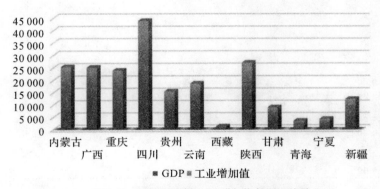

图 2-1　西部不同地区工业增加值占 GDP 比重

(二)产业发展建立在资源初级开发基础上,层次不高、发展滞后

西部从 5 大产业 39 个工业行业来看,构成比较全,但是工业结构不合理,层次仍然很低。建国以来,国家在西部地区建立了一大批重化工业企业,由此形成了西部地区偏重的工业结构。2016 年,西部地区轻工业占该地区工业总产值的

比重为 7.13%,重工业比重为 92.87%,而全国平均水平分别为 45.68% 和 54.32%。西部地区重工业比重高于全国平均水平的原因主要是采掘工业和加工工业等资源型工业所占比重较高(见表 2-6)。从总量来看,重工业中采掘工业占该地区工业总产值比重为 11.01%,原料工业为 3.36%,加工工业为 78.50%;加工工业的比重比全国平均水平高 47.74 个百分点(见图 2-2),原料工业则比全国平均水平低 6.64 个百分点。轻工业中以农产品为原料的占该地区比重为 6.49%,接近全国平均水平;而以非农产品为原料的比重 0.63%,比全国平均水平低 24.84%(见图 2-3)。按照五大产业占工业总产值中的比重同全国相应产业所占比之比排序,西部各产业的排序是:采掘工业(0.81 倍)、原料工业(0.34 倍)、以农产品为原料的轻工业(0.32 倍)、加工工业(2.55 倍)、以非农产品为原料的轻工业(0.025 倍)。另外,根据西部地区 39 个工业行业区位熵的测算,西部具有专业化优势的行业主要是原材料加工业、采掘业和一些轻工行业(如饮料制造业、烟草加工业等)。①

表 2-6 三大地带独立核算工业总产值构成表 (单位:%)

地区	轻工业			重工业			
	合计	以农产品为原料	以非农产品为原料	合计	采掘工业	原料工业	加工工业
全国	45.68	20.21	25.47	54.32	13.56	10.00	30.76
东部	11.82	4.54	7.28	88.18	2.33	2.88	82.97
中部	12.88	7.08	5.80	87.12	4.48	81.12	1.52
西部	7.13	6.49	0.63	92.87	11.01	3.36	78.50

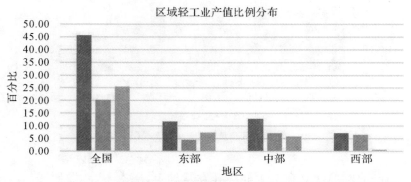

图 2-2 全国不同区域轻工业产值比例分布

---

① 《中国工业经济统计年鉴 2017》,中国统计出版社,2017。

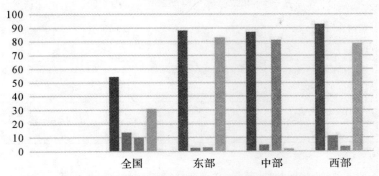

图 2-3　全国不同区域重工业产值比例分布

从主要工业产品产量来看,西部地区的原材料及初级产品比重较大,2016年西部地区生产原煤 19.5 亿吨,占全国 57.17%;原油 6 437.91 万吨,占全国的 32.24%;天然气 1 064.8 亿立方米,占全国的 77.8%;糖 1 222.78 万吨,占全国的 79.20%;钢 10 925.7 万吨,占全国的 13.53%;成品钢材 15 192.48 万吨,占全国的 13.39%;纯碱 712.52 万吨,占全国的 27.56%;烧碱 956.86 万吨,占全国的 29.89%。而深加工、制造业方面,2016 年西部地区生产彩色电视机 13 019.17 万台,占全国的 82.56%;家用电冰箱 376.74 万台,占全国的 4.44%;金属切削机床 4.59 万台,占全国的 6.82%;微型电子计算机 13 019.17 万部,占全国的 44.88%;集成电路 235.59 亿块,占全国的 17.88%(见表 2-7)①。

表 2-7　西部主要工业产品产量及占全国的比重

工业产品/单位	西部产量	全国总产量	西部占全国比重
糖/万吨	1 222.78	1 443.30	84.72%
家用电冰箱/万台	376.74	8 481.57	4.44%
彩色电视机/万台	13 019.17	15 769.54	82.56%
原煤/亿吨	19.50	34.11	57.17%
原油/万吨	6 437.91	19 968.52	32.24%
天然气/亿立方米	1 064.8	1 368.65	77.80%
钢/万吨	10 925.70	80 760.94	13.53%

①　数据根据《中国工业经济统计年鉴 2017》计算所得。

续表

工业产品/单位	西部产量	全国总产量	西部占全国比重
成品钢材/万吨	15 192.48	113 460.74	13.39%
纯碱/万吨	712.52	2 584.98	27.56%
烧碱/万吨	956.86	3 201.68	29.89%
金属切削机床/万台	4.59	67.28	6.82%
微型电子计算机/万部	13 019.17	29 008.51	44.88%
集成电路/亿块	235.59	1 317.95	17.88%

从高技术产业发展情况来看,西部地区的高技术产业尽管普遍增长较快,但是仍远低于全国的平均水平,与东部发达地区的差距更大。2016年,东部地区高技术产业完成工业总产值为124 718.12万元,占全国高技术产业的71.43%;中部地区高技术产业完成工业总产值为35 600.18万元,占全国高技术产业的20.39%;西部地区高技术产业完成工业总产值为14 285.85元,占全国高技术产业的8.18%。2015—2016年全国高技术产业年均增长速度15.74%,东、中、西三大区域的年均增长速度分别为15.61%、18.97%、9.44%(见表2-8、表2-9)。同时,西部地区的高技术产业发展也极不均衡(见表2-9)。2016年,西部地区实现高技术产值14 285.85万元,78.93%都集中在广西、陕西、四川和重庆四省市。①

表2-8 东、中、西三大区域高技术产业发展情况

地区	2015年		2016年		增长率/(%)
	产值/万元	比重/(%)	产值/万元	比重/(%)	
全国	150 856.55	100	174 604.15	100	15.74
东部	107 878.32	71.51	124 718.12	71.43	15.61
中部	29 924.11	19.84	35 600.18	20.39	18.97
西部	13 054.12	8.65	14 285.85	8.18	9.44

表2-9 西部各省市区高技术产业发展情况

地区	2015年产值/万元	2016年产值/万元	增长率/(%)
内蒙古	664.84	779.61	17.26
广西	1 633.37	1 980.88	21.28

---

① 根据《中国高技术产业统计年鉴2017》计算所得。

续表

地区	2015年产值/万元	2016年产值/万元	增长率/(%)
重 庆	4 535.12	5 014.35	10.57
四 川	2 892.48	3 044.73	5.26
贵 州	394.48	575.20	45.81
云 南	513.20	628.45	22.46
西 藏	5.64	7.87	39.60
陕 西	1 041.00	1 236.49	18.78
甘 肃	574.10	303.11	−47.20
青 海	22.82	37.94	66.27
宁 夏	282.69	202.68	−28.30
新 疆	494.39	474.55	−4.01
西 部	13 054.12	14 285.85	9.44

由此可见,西部地区大多数工业是建立在资源初级开发的基础上,能源和原材料等初级产品占主导地位,较多的是直接开采、出售能源、矿产资源和一些简单的初加工产品,产业深加工度不高,产业链条短,同时现代制造业和高技术产业发展落后,而且分布极不均匀。

(三)市场占有份额小、占有率低,自主增长能力相对弱

2016年西部地区实现进出口总额16 975.20亿元,占全国比重的6.97%,其中出口总额10 031.52亿元,占全国比重的7.25%,进口总额6 943.68亿元,占全国的6.62%。①

表2-10 我国对外贸易的地区构成及外贸依存度的变化情况

地区	进出口贸易的地区构成/(%)			外贸依存度/(%)		
	2014年	2015年	2016年	2014年	2015年	2016年
全国	100	100	100	41.03	35.73	32.73
东部	84.97	85.22	85.61	34.87	30.45	28.02
中部	7.26	7.42	7.41	7.26	7.42	7.41
西部	7.77	7.36	6.97	9.14	8.64	8.15

---

① 《中国统计年鉴2017》,中国统计出版社,2017。

从进出口总额占全国的比重和外贸依存度来看(见表2-10),西部地区远低于全国的平均水平,西部经济的外向型程度仍然较低,对国际市场的依赖程度较小,还不能充分利用国外资源和市场。而且,西部地区具有颇强和较强出口竞争力的行业主要集中在黑色金属冶炼及压延业、有色金属冶炼及压延业以及医药制造业、化学原料及制品制造业和交通运输设备制造业等,基本是以输出资源和简单的产品初加工为主,高层次的工业产品、拳头产品少,缺乏具有竞争优势的知名企业。

在市场占有率方面,西部地区远远不及东部。从2014—2016年各年市场占有率排名前五名的地区基本上都是东部沿海地区,而西部地区除四川省曾于2014和2016两年居第十名外,其它均在20名之后(见表2-11、表2-12)。东部12个省市区市场占有率高达70%左右,且呈上升趋势。近年来,这种格局并没有大的改观。

表2-11 西部地区工业市场占有率 (单位:%)

地 区	2014年	2016年
内蒙古	1.77	1.73
广 西	1.71	1.92
重 庆	1.69	2.02
四 川	3.44	3.58
贵 州	0.78	0.96
云 南	0.94	0.88
西 藏	0.01	0.01
陕 西	1.76	1.81
甘 肃	0.84	0.68
青 海	0.20	0.19
宁 夏	0.32	0.31
新 疆	0.84	0.72

表2-12 东、中、西部2014年和2016年市场占有率 (单位:%)

地区	2014年	2016年
东部	61.73	60.00
中部	23.97	25.18
西部	14.30	14.83

西部地区国有及国有控股工业企业在全部工业企业中所占份额比较高,达到61%,是东部的两倍以上,这些企业中相当一部分长期缺乏技术改造,设备陈旧,技术落后,初级加工产品多,产品技术含量和附加值低,致使西部地区在国内外市场的竞争中仍处于明显的劣势。相反,西部民营经济及民间投资比重小。近年来,除能源、资源和原材料产业之外,其它产业的投资格局没有大的改变。同时,全国的资本市场格局变化不大,西部也没有大的突破,资本市场仍然发育不全,结构不合理,交易品种少,主要是股票,债券市场、基金市场的发展还远远不够,对产业结构调整起到直接作用的企业债券市场和产业投资基金市场尤为不足。非证券化的产权交易市场规模很小,而且运作不规范。至于其它类型的衍生资本交易工具,如长期票据、期货更是空白。至于股票市场,西部上市公司的数量偏少,在全国上市公司中处于落后地位,与东部地区之间的差距很大(见表2-13)。① 这些都说明西部经济在国内外市场中的竞争力和自主增长能力较弱。

表 2-13 西部与全国上市公司数量比较

地区	2012 年	2014 年	2016 年
西部/个	86 621	75 212	100 011
全国/个	420 616	381 098	457 494
比例/(%)	20.59	19.74	21.86

(四)科技创新能力不足,对经济发展的推动作用弱

20世纪90年代以来,高新技术特别是信息技术的广泛应用,成为世界各国经济发展最主要的推动力及国家强盛的决定性因素。从一些西方发达国家科学技术对经济增长的贡献率来看:20世纪初为20%左右;50—60年代为40%~50%;70—80年代为60%~70%;现在已达到60%~80%。西部地区传统产业在工业经济中占有绝对地位,普遍存在着结构不合理,技术、工艺落后,集聚规模不大,管理水平低,科技含量低的问题。

2016年我国西部高技术产业总产值17 841亿元,较上年增长19.59%;新产品产值3 200.38亿元,较上年增长4.6%;利润总额1 232亿元,较上年增长54.97%;新产品开发经费支出313.18亿元,较上年增长24.84%。西部地区高技术产业多项指标增长率均高于全国水平(见表2-14)。②

---

① 《中国国力报告2012》,中国时代经济出版社,2012。
② 国家科技部网站:www.sts.org.cn

表 2-14　西部高技术产业主要经济指标比较(高新技术产品总产值)

项　目	2015 年	2016 年	年增长率/(%)
企业个数/个	29 631	30 798	3.94
其中:西部	3 104	3 535	13.89
其它	26 527	27 263	2.77
新产品开发项目数/个	77 167	93 141	20.70
其中:西部	7 518	8 992	19.61
其它	69 649	84 149	20.82
主营业务收入/亿元	139 969	153 796	9.88
其中:西部	14 919	17 841	19.59
其它	125 050	135 955	8.72
利润总额/亿元	8 986	10 302	14.65
其中:西部	795	1 232	54.97
其它	8 191	9 070	10.73
新产品销售收入/亿元	41 413.49	47 924.24	15.72
其中:西部	3 059.60	3 200.38	4.60
其它	38 353.89	44 723.86	16.61
新产品开发经费支出/亿元	3 030.58	3 558.93	17.43
其中:西部	250.87	313.18	24.84
其它	2 779.71	3 245.75	16.77

科技创新投入过分依赖于地方财政,企业技术和新产品的研发投入少,而且高等院校、科研机构与企业缺乏有效的沟通,科技创新与市场需求脱节情况严重,科技成果的产业化困难,科研院校的科技成果没有市场和有市场的创新项目企业又无力承担的情况并存。另外,西部除了四川、陕西两省科技实力较强外,其它地区的科技创新竞争能力都很弱,省市区之间差异很大(见表 2-15、表 2-16)。[1]

---

[1] 《中国国力报告 2005》,中国统计出版社,2005,P401。

表 2-15 我国东、中、西部地区科技竞争能力比较

地区	知识创造	知识流动	企业技术创新能力	创新环境	创新的经济效益	平均得分	2001年排序	2002年排序
北京	85.06	38.63	62.14	54.13	60.87	59.79	2	1
上海	46.44	53.19	67.75	50.9	50.55	54.72	1	2
广东	25.38	55.57	58.71	36.98	42.31	44.53	3	3
江苏	28.49	51.68	61.62	40.44	28.83	43.1	4	4
山东	23.83	41.73	54.91	35.19	23.96	37.15	5	5
浙江	19	36.21	50.88	39.14	34.31	36.85	7	6
天津	20.37	36.16	47.28	25.29	47.68	36.16	8	7
辽宁	25.04	42.37	50.13	26.14	25.38	34.25	6	8
福建	15.77	32.67	24.68	18	25.33	28.94	9	9
陕西	22.39	13.11	44.87	28.77	25.06	28.75	11	10
湖北	18.58	18.1	40.74	26.26	16.82	25.62	13	11
山西	11.07	8.42	45.13	28.33	19.03	25.09	21	12
黑龙江	17.31	18.18	34.07	24.36	23.76	24.68	18	13
湖南	16.44	21.84	36.42	23.41	17.35	24.17	15	14
河南	16.23	25.27	34.48	25.36	14.64	24.16	19	15
重庆	13.86	14.62	38.22	21.01	22.8	23.64	16	16
四川	17.81	19.84	35.02	24.14	15.66	23.57	12	17
吉林	13.15	15.59	30.98	21.8	23.1	22.13	10	18
河北	16.4	13.67	35.01	21.95	14.6	21.67	14	19
安徽	13.8	19.08	35	22.7	11.44	21.65	17	20
甘肃	10.02	13.3	31.81	22.71	14.43	20.02	23	21
广西	12.84	13.46	34.53	15.51	11.93	18.84	24	22
新疆	9.54	13.03	24.03	18.29	23.38	18.64	22	23
内蒙古	9.41	19.36	24.03	16.59	19.7	18.41	27	24
青海	11.42	9.53	28.24	15.48	19.85	18.04	31	25
江西	8.37	11.25	30.27	17.81	13.75	17.72	26	26
贵州	11.08	10.44	32.02	15.61	9.84	17.1	29	27
宁夏	7.91	5.95	26.67	16.77	18.64	16.67	28	28
云南	10.97	12.3	23.43	17.07	12.55	16.38	25	29
海南	8.62	14.05	9.43	19.48	16.26	13.98	20	30
西藏	5.97	5.79	7.41	19.37	21.65	12.79	30	31

表 2-16 四川、陕西科技创新投入和产出占西部地区的比重

指 标	西部占全国比重/(%)	四川占西部比重/(%)	陕西占西部比重/(%)
专业技术人员数	17.43	26.68	12.63
五年累计加权平均科研仪器设备	14.71	41.01	25.31
科研与综合技术服务业新增固定资产	14.41	21.70	24.24
科技论文数	16.16	23.65	35.34
获国家成果数	14.96	41.95	17.23
发明专利批准数	8.84	34.68	14.79
高技术产业增加值	12.87	46.16	38.14
高技术产品出口额	13.53	30.29	22.26
信息产品销售收入	9.49	49.38	13.40

（资料来源：王洛林等《未来50年中国西部大开发战略》，北京出版社，2002年1月）

2001年东部地区的民间投资额为10 258.1亿元，西部尚不及其三分之一，仅浙江和广东两省的民间投资额就超过了西部地区的总和。在全国近13万家民营中小企业中，东部地区99 950家占到77.31%，中部地区19 801家，占15.31%；而西部地区只有9 548家，占7.38%。地区间的差异系数高达1：0.19：0.10。成长速度前500家企业中，东部地区429家，中部地区45家，西部地区只有26家，地区间的差异系数更高达1：0.11：0.06。近年来，除能源、资源和原材料产业之外，其它产业的投资格局没有大的改变。同时，全国的资本市场格局变化不大，西部也没有大的突破，资本市场仍然发育不全，结构不合理，交易品种少，主要是股票，债券市场、基金市场的发展还远远不够，对产业结构调整起到直接作用的企业债券市场和产业投资基金市场尤为不足。非证券化的产权交易市场规模很小，而且运作不规范。至于其它类型的衍生资本交易工具，如长期票据、期货更是空白。至于股票市场，西部上市公司的数量偏少，在全国上市公司中处于落后地位，与东部地区之间的差距很大（见表2-17）。① 这些都说明西部经济在国内外市场中的竞争力和自主增长能力较弱。

同时，西部企业在全国具有竞争优势的名牌产品少，更缺乏像海尔、TCL等创新能力强的国际化大企业。2011我国共有驰名商标1 502件，排在前5位的均为东部沿海地区，分别为浙江、山东、广东、江苏和福建，占总量的47.74%。

---

① 《中国国力报告2012》，中国时代经济出版社，2012。

西部各省的驰名商标拥有量非常之低。甘肃、青海、宁夏、新疆、云南、贵州和西藏7省共有驰名商标50件,占总量的3.35%,大致相当于列第9位的辽宁一省的数量。①(见表2-17)。西部地区在全国驰名商标总数中所占比重越来越大,累计驰名商标拥有量占全国的比重从2005年的9.5%上升为2011年的14.73%。2005年,东、西部地区的驰名商标拥有量分别为177件和55件,两者之比为7.11:1;而到2011年,东、西部地区分别有驰名商标1 049件和192件,两者之比缩小到5.46:1。

表2-17 中国驰名商标地区分布情况

位次	地区	驰名商标总量/件	占全国驰名商标总量百分比/(%)
1	广东	192	12.78
2	浙江	148	9.85
3	江苏	136	9.05
4	山东	134	8.92
5	福建	107	7.12
6	北京	82	5.46
7	上海	70	4.66
8	河北	69	4.59
9	辽宁	63	4.19
10	湖南	62	4.13
11	四川	60	3.99
12	天津	36	2.40
13	河南	35	2.33
14	湖北	32	2.13
15	安徽	29	1.93
16	吉林	29	1.93
17	山西	29	1.93
18	重庆	27	1.80
19	江西	24	1.60
20	内蒙古	23	1.53
21	黑龙江	21	1.40
22	陕西	17	1.13

① 《2012中国国力报告》,中国时代经济出版社,P140

续表

位次	地 区	驰名商标总量/件	占全国驰名商标总量百分比/(%)
23	广 西	15	1.00
24	海 南	12	0.80
25	青 海	10	0.67
26	贵 州	10	0.67
27	云 南	9	0.60
28	新 疆	9	0.60
29	甘 肃	7	0.47
30	西 藏	4	0.27
31	宁 夏	1	0.07
总 计		1 502	100.00

(五)资源、环境破坏大,浪费及后遗症比较严重

一是资源开发中浪费严重。目前西部地区产业发展以资源型产业为主,但是由于资源勘探规划滞后,资源开发法规制度不健全,企业间恶性竞争,一些地区中央企业挤占了地方的资源,但并没有有效推进集约化生产和资源有效利用;一些地方小煤矿、小炼油厂和私人油井发展曾经一度失控,由于技术条件、投资实力等因素的制约,更是造成资源回收率很低。粗放式的资源开采方式造成资源的极大浪费。如西部的内蒙、陕北、宁夏等地煤炭资源极为丰富,许多矿区煤层厚度达六七十米,按照国家要求应采用分层技术逐层开采,资源利用率要达到75%以上。可许多相关企业片面注重经济效益,为降低开采成本,大都采用"吃菜心"开采,"挑肥弃瘦",从煤层中间开挖一趟,上下层原煤统统弃之不要,资源回采率不足30%,这使得从储量上看能开采上百年的煤矿,实际上也许仅三四十年就会开采殆尽。由于此,建国以来,我国累计产煤约350亿吨,但煤炭资源消耗量已超过1 000亿吨。换句话说,也就是扔掉的资源几乎是被利用资源的两倍——至少白白扔掉650亿吨的煤炭资源,接近我国目前全部尚未占用的煤炭精查储量,按全国年煤炭消费量计算,这些煤够用38年。石油开采中的浪费现象同样惊人。一般油井的采收率应能达到40%,但一些油井的采收率连20%都不到,这意味着埋藏于地下的原油每吨仅能开采出100多公斤,而其余800多公斤的原油都被白白浪费了。二是矿产资源的综合利用率低。西部地区矿产资源伴生组分复杂,有综合利用价值而未进行综合利用矿点占30%以上,进行综

合利用的矿山中80%以上综合利用率不到30%。例如,与煤共生高岭土被白白扔掉;层硬质黏土矿局部与铝土矿生产,G层铝土矿发育地区亦有部分黏土矿存在,但是均为单一开采,煤矿中伴生的金红石和黄铁矿等也大多没有综合回收。炼焦过程产生焦化气、炼铁过程产生高炉煤气、煤田中瓦斯气等都大量放空,这部分资源浪费总量在200亿立方米以上,相当于2 000万吨标准煤。三是资源开发利用中引起许多环境问题。西部地区尤其是西北地区植被覆盖率低,生态环境比较脆弱,资源的无序、过度开发造成了植被、生态破坏和大量水土流失,落后的采选冶炼技术制造了大量的废水、废气、废渣环境污染,矿后生态环境修复再造也缺少资金投入,资源破坏和环境污染使西部脆弱的环境更加恶化。据初步估算,中西部地区废渣历年堆积量已超过30亿吨,占地4 500平方公里,矸石山300余座,占地600多平方公里,可溶解成分溶解渗入地下污染了土壤和地下水,并释放出大量有毒气体。

(六)人力资源开发程度不高,劳动力资源作用不能充分发挥

由于经济落后、工业化水平低,必然导致教育发展落后,人力资源开发程度低,使丰富的劳动力资源不能充分发挥推进社会经济发展的作用,结果形成人力、生产力互不支撑的状况。一是西部地区教育整体规模偏低、教育条件落后、高等教育水平低、基础教育发展滞后,不能满足提高人口素质和劳动能力的需要。西部地区除广西、陕西、新疆人口中文盲、半文盲的比例低于全国0.13%的平均水平外,其余地区均高于全国平均水平,其中,西藏自治区的文盲、半文盲人口比例高达0.54%。西部地区就业人口的平均受教育年限水平也普遍较低,初中以下文化水平人口比重较大,高中以上比例较低。2016年,每十万人拥有大专以上文化程度者全国为12 042人,西部地区除新疆、宁夏、内蒙古高于全国水平外,其余9个省区均低于全国平均水平,西藏4 765人,尚不到5 000人。同期每十万人拥有小学文化程度者,全国为23 843人,除内蒙古和陕西外,其它省市均高于全国平均水平(见表2-18)。除此以外,西部地区接受就业培训的比重也不同程度地低于全国平均水平。据有关统计资料报道,西部人均综合知识发展水平相当于东部的35%,交流知识的能力相当于东部的31%,吸收知识的能力相当于东部的81%。①

---

① 根据《中国统计年鉴2017》计算所得。

表 2-18 每十万人拥有的各种受教育程度人口比较 （单位：人）

地区	大专及以上	高中和中专	初中	小学
全 国	12 042	15 741	36 152	23 843
内蒙古	17 256	16 094	35 801	20 442
广 西	7 295	13 869	40 440	25 559
重 庆	11 908	16 804	31 797	29 716
四 川	8 487	12 954	34 181	30 782
贵 州	6 402	9 971	33 443	31 030
云 南	8 038	10 167	30 388	35 825
西 藏	4 765	5 270	16 820	28 371
陕 西	11 976	17 863	5 750	21 454
甘 肃	10 029	15 152	29 008	31 187
青 海	8 945	10 880	28 005	32 276
宁 夏	14 178	14 939	32 232	24 674
新 疆	12 371	13 044	33 595	27 178

二是人口素质低，不能满足支撑现代经济发展的要求。西部地区人才总量不足，每万人中人才数量为 568 人，低于全国 675 人的平均数，各类专业技术人才仅为全国总量的 24.4%，与东部地区 31.4% 的占有量还有差距。西部的企事业单位普遍缺乏大量的专业技术人员，2016 年西部地区公有经济事业单位的工程技术人员占全国的 12.6%，科学研究人员仅占全国的 8.5%（见表 2-19）。而且，西部地区人才主要集中在省会城市和少数专业，基层、生产第一线、少数民族地区人才严重缺乏，工程技术、科研、经济管理、高新技术人才十分短缺。①

表 2-19 西部公有经济事业单位专业技术人员数 （单位：人）

地 区	工程技术人员	科学研究人员	卫生技术人员	教学人员
全 国	6 494 484	462 200	4 372 053	12 877 124
西 部	819 798	39 472	1 109 871	3 798 421
内蒙古	65 784	3 362	91 353	301 504
广 西	92 386	3 889	128 552	446 784
重 庆	58 238	2 129	79 815	273 949

---

① 《中国科技统计年鉴 2017》，中国统计出版社，2017。

续表

地 区	工程技术人员	科学研究人员	卫生技术人员	教学人员
四 川	125 348	9 659	213 305	674 845
贵 州	70 320	2 763	104 319	422 705
云 南	119 290	5 324	129 619	466 538
西 藏	4 730	769	12 008	44 649
陕 西	123 890	3 731	119 925	392 914
甘 肃	72 071	2 814	86 709	331 028
青 海	24 412	829	26 417	60 419
宁 夏	14 985	1 297	22 548	70 659
新 疆	48 344	2 906	95 301	312 427

从部分城市劳动力市场对各技术等级的求人倍率来看,西部地区对专业技术人才的需求远远大于东、中部地区,尤其是对于高级专业技术职务的劳动者,西部的求人倍率竟然达到了 6.75,这也反映了西部地区劳动者的素质较低,急切需要大批的高素质人才(见图 2-4)。

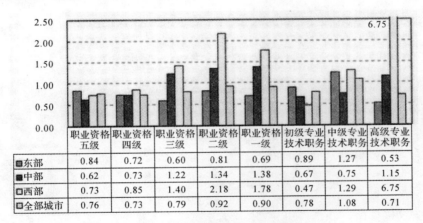

图 2-4 分技能状况的求人倍率

另外,西部地区因为经济落后、人才机制不活、工作、生活条件较差,大多数省区对人才缺乏凝聚力和吸引力,人才流失现象也十分严重。20 世纪 80 年代以来,西部地区人才流出是人才流入的两倍以上,特别是中青年骨干人才大量外流。近几年仅西北地区调往沿海及内地的科技人员超过 3.5 万人,并多为中高级专业人才。大量优秀人才的流失造成西部人才队伍总体素质低于东部地区,对西部地区的发展产生很大的不利影响。

第三章

西部产业结构优化升级的生产力基础(三)
——国防科技工业产业

　　国防科技工业是西部具有优势的产业。在不断的改革和发展中,西部国防科技工业已成为西部以至我国国民经济发展的重要力量,军民两用产业发展迅速,军民两用产品的生产几乎涵盖了经济发展和社会生活需要的各个方面,对经济的发展的贡献不断提高。这是因为,国防科技工业是高新技术的主要载体,具有关联度强、带动面广等特点,因此分析以国防科技工业为主的高新技术产业的优势,有利于加快振兴装备制造业,带动、推进西部工业结构优化升级和新型工业化的顺利实现。在新的历史时期,西部发展要充分提升和发挥高新技术产业优势,促进区域经济又好又快发展。

一、国防科技工业的形成与发展

50多年来,同我国整体同步,西部国防科技工业基础经历了三个重要发展时期。一是从建国初期到20世纪70年代末,经过几十年的努力,形成了门类齐全、基本配套的国防科技工业体系;二是从20世纪80年代开始至90年代,随着国家经济体制改革和对外开放的不断深入,国防战略由"早打、大打、打核战争"向积极防御转变,国防科技工业进行了第一次调整和保军转民;三是从20世纪90年代末至今,随着市场经济体制的不断完善和冷战结束后我国国防战略的重大调整,国防科技工业围绕建立"寓军于民"的新体制,开始进行又一次重大的战略调整。

(一)建国初到20世纪70年代末

新中国成立后,为了改变旧中国遗留下来的畸形工业布局,党和政府投入了大量的力量,进行我国国防科技工业体系的建设。通过以大后方、大小"三线"为主的国防科技工业建设,形成了分布比较均衡的国防科技工业布局。同时,为西部经济发展带来机遇。到20世纪80年代初期,西南、西北两大地区加上湘、鄂、豫、晋,已形成的工业固定资产占全国固定资产总值的1/3以上,工业总产值占1/4。这种体系在当时的国际国内环境下,对于西部以至我国的经济、政治、军事建设具有不可否认的历史意义。

（1）保证了国防的需要，提高了民族的安全感。我国以"三线"建设为主体的国防科技工业布局，为部队装备的现代化，国防科研和技术开发以及几次边界自卫反击作战提供了强有力的物质手段，并支援了第三世界许多国家的革命解放斗争。特别是在这个时期，我国研制出了中国第一颗原子弹、氢弹和第一颗人造地球卫星。

（2）改变了旧社会遗留下来的不合理的工业布局，缩小了内地、沿海和边远地区在工业发展上的差异。机械加工技术得以扩散，西南、西北工业落后和结构不合理状况逐步改善。

（3）较好地利用了自然资源。内地、边远地区的能源、矿产资源都较丰富，而劳动力利用率又较低，在大工业进入前，农民几千年一直被束缚在传统农业上。一大批军工企业在内地建成，促进了这些地区的自然资源的开发，原材料的生产为剩余劳动力提供了出路；而且还利用了大量荒地，避免了在发达地区、大城市区域占用土地。

（4）减少了工业在空间上的高度集中所导致的一些社会经济、生态平衡问题。如国防科技工业"三废"在分散的情况下，能较好地利用自然的净化能力，基本保持了社会—经济—生态的良性循环。

但是，由于我们在很长一个时期受到极"左"路线的干扰，政治上过分强调阶级斗争，把国际政治局势估计得过于严重；经济上不按客观规律办事，建设过程中不讲经济核算，不讲效益，技术经济论证、可行性分析不充分，山、散、洞一刀切，致使我国国防科技工业在前30多年建设中又存在着许多失误和不利之处。具体表现在以下方面：

（1）封闭性建设，造成了国防科技工业系统的人、财、物、信息、能量的流通障碍。不少军工企业，从干部到职工，从管理到技术都适应不了现代化工业生产的开放型环境，企业内部缺少活力。

（2）过度分散，难以协作。建设中不考虑技术和经济上的分工协作关系，工厂分散，技术分散，人才也分散，难以开展技术和经济协作；生产上不是"大而全"，就是"小而全"，专业化程度低，军工企业与民用企业之间、军工企业之间都难以做到互通有无，取长补短。

（3）工厂办社会，产品成本高，各种负担重。企业远离城市，从托儿所到殡仪馆，生老病死一揽无遗，致使机构臃肿，非生产人员比重过大，影响全员劳动生产率的提高。另外，工厂所需的一切水、电、气都要自理，企业生产任务减少，其成本费用却日益增大。

（4）交通不便，商品流通受阻。企业远离交通要道，有的企业要自办交通，甚至修铁路专线。原材料与产品往返运输，库存多，资金占用大，运输费用高，致使产品成本比交通方便地区的同类工厂要高出1倍甚至1倍以上。

(5)军民难结合,生产要素闲置,浪费严重。专用设备、厂房、公路、铁路、车辆远离工业区,平时利用率很低,转产困难。国民经济调整后,军品压缩,许多军工企业生产任务严重不足;生产出来的民用产品由于山高路远,交通不便,也难以找到合适的消费市场。因此,全国数百亿元军工固定资产利用率不到50%,百万军工的工时利用率也不过70%,不少高级工程技术人员无用武之地。

这一阶段的国防科技工业建设,很少考虑现代战争的变化,也没有遵循经济效益的原则,因而国防科技工业布局存在着许多弊端。从20世纪80年代以来,我国不断地总结经验教训,并对国防科技工业大小"三线"建设进行调整,使得一些弊端逐步地得到消除。

(二)20世纪80年代至90年代

进入20世纪80年代,国务院、中央军委要求国防科技工业实行"军民融合、平战结合、军品优先、以民养军"的方针,武器装备研制生产要执行"缩短战线、突出重点、狠抓科研、加速更新"的方针,坚决压缩基本建设战线及科研项目,集中较多的资金和技术力量,保证重点任务尽快完成。在导弹与航天技术方面,确定80年代前期重点任务是:研制远程导弹、潜艇水下发射导弹和通信卫星,以及为这三大任务试验所必需的各型远洋测量船。所有单位及个人都严格实行岗位责任制,经过几年努力,1980年5月,向南太平洋发射远程导弹成功;1982年10月,潜艇水下发射导弹成功;1984年4月,试验通信卫星也发射定点成功。这三项规模大、涉及范围广、技术要求高的国家重点试验任务的圆满成功,标志着中国导弹技术、卫星技术、电子技术等都达到了一个新的水平。常规武器装备,经过整顿提高,在1981—1985年的第六个五年计划中,共有近10项新型武器装备、490多项大小科研项目设计定型。

1985年中央军委举行扩大会议,根据对国际形势发展变化的分析,对中国国防建设和军队建设的指导思想做出战略性转变的决定,从立足"早打、大打、打核战争"的临战准备状态,转入和平建设的轨道。从此,中国国防科技工业发展的指导思想、服务方向、管理体制、发展战略以及经营管理等方面都发生了深刻变化。国防科技工业从主要为国防建设服务转变到为国家的工业、农业、科学技术和国防四个现代化服务。武器装备研制工作的重点转变到"加强科研、打基础、上水平"。按照国家经济体制改革和科技体制改革的要求,对国防科技工业进行体制改革,有计划、有步骤地调整国防科研、生产能力,合理安排军、民品生产结构,腾出力量大力发展民品。民品产值由1979年占军工企业总产值的10%,上升到1987年的64.6%,平均每年递增20%以上,民品产值超过军品产

值。从1979年以来调整建成主要民品生产线700多条,开发了300多种支柱产品。产品已从一般消费品逐步发展成为技术先进的生产资料和中高档消费品,如能源机械、特种车辆、地质钻探器材及设备、高档轻工产品、医疗设备以及一些出口产品。伴随着"军转民"的大潮,中国国防科技工业的民品生产已形成了相当的规模,并出现了一批国内外知名品牌,如"四川长虹""重庆嘉陵",基本实现了从"单一军品型"向"军民融合型"转变,其中,高新技术产品达80%以上,有一部分产品达到了国际先进水平并进入了国际市场。经过十多年的调整,过去规模庞大的军事工业和人员数量逐渐减少,与此同时,中国国防科技工业也随着改革开放和战略调整建立了门类齐全、布局合理的科研、试验、生产体系,形成了主要依靠自己的力量发展国防现代化装备的综合能力。

这个时期国防科技工业改革发展取得的成果是丰硕的,但由于这次调整,还是适应性的调整,因而"军"与"民"的界限仍很分明,国防科技工业自成体系的局面仍没有被打破,整个行业体制和机制仍停留在原来的框架中。随着国内外形势的发展,为适应经济建设和国防建设,国防科技工业进行战略性调整,进一步深化体制和运行机制的改革已刻不容缓。

(三)20世纪90年代末至今

1998年以来,我国国防科技工业管理体制发生了重大变化,在党中央、国务院的正确领导下,国防科技工业改革和建设取得了累累硕果。

1.国防科技工业管理体制改革有重大突破

1998年成立了新的国防科学技术工业委员会。此次调整,将原来国防科工委中负责军队武器装备的部门划归新成立的总装备部,而新的国防科学技术工业委员会,将集中原国防科工委中管理国防科技工业的职能、加之国家计委国防司的职能、各军工总公司承担的政府职能,以及国家航天局和国家原子能机构等,负责军事装备的生产供应、科研规划的制定和组织实施,负责制订各类军工行业的发展规划和法规,实施行业管理,会同国家经贸委制订军工转民品生产的规划。

1999年五个军工总公司改组为十个企业集团①。十大军工集团的组建,实现了政企分开,在军品科研经营生产中初步建立了有限的竞争机制,面向国内外竞争的特大型国防科技工业企业集团已初具规模,为国防科技工业改革、调整、发展提供了组织基础。

---

① 钟景雯:《中国国防科技工业迈出世纪步伐》,http://www.Chinanews.com.cn,2000.2.27。

新的国防科工委积极推进寓军于民新体制和以竞争、评价、监督、激励四个机制为核心的新机制建设,在科研生产和建设实践中认真贯彻落实,取得了重要成效。在固定资产投资领域实行了招投标和严格的评价与监督。建立健全了两级政府管理体系,行业管理得到全面加强。制定并组织实施国防科技工业"十五"发展规划,首次实现了对军工各行业的统筹规划。组织协调有关部委提出了军工企业改革脱困和军品科研生产能力结构调整等重大政策,制定了产业和技术政策,为行业的发展创造较好的政策环境。国防科工委制订了96个行业规章和1200多项行业技术标准,初步建立了依法行政的法规体系。国防科工委专家咨询委员会积极开展工作,为提高决策科学化和民主化水平发挥了重要作用。

这些改革措施加快了军工进入社会主义市场经济的步伐,为"寓军于民"新体制奠定了制度基础。

2. 军工能力结构调整取得了重要进展

从1999年底开始,作为整个国防科技工业能力结构调整工作试点的兵器工业先行一步,到2002年底,军品生产能力结构的调整工作已基本完成。从调整效果看,保军企业数减少50%,从事军品生产人员减少47.5%,大多数调整企业的面貌发生了巨大的变化,达到了预期目标。2002年4月,在总结兵器调整经验的基础上,开始组织核、航天、航空和船舶工业四个行业的调整,到"十五"末,通过完成整个国防科技工业能力及结构调整工作,将初步建立起"小核心、大协作、寓军于民"的国防科技工业军品科研生产新体系,国防科技工业企业的技术创新能力、生存发展能力将得到大力提升。

3. 军工企业改革脱困工作取得了重大突破[①]

1998年底,十个军工集团预算内工业企业1/3的企业处于停产半停产状态,亏损面近42%,全行业连续8年亏损;到2000年底,在国有大中型企业实现三年整体脱困目标后,军工行业是唯一没有整体脱困的行业。针对这些问题,五部委从2000年开始,进行了长达18个月的调查研究,提出了军工企业改革脱困的方案和政策建议。2002年3月,国务院正式批准了军工企业改革脱困方案,并给予了特殊优惠政策。

目前,军工企业改革脱困各项工作正在积极稳妥地向前推进。一方面,各省市自治区人民政府、军工集团公司、企业已经建立了组织领导体系、工作机构和责任制,有力地促进了各项工作顺利进行。另一方面,改革脱困各项措施正在紧张有序地实施,截至2002年底,39户企业已破产终结;106户企业已下达破产计

---

① 孙扬:《我国国防科技工业5年来成绩显著》,国防科工委新闻宣传中心,http://www.techinfo.gov.cn/,2003.1.16。

划,其中 15 户已启动并办理下划地方手续;52 户企业债转股方案已通过国家经贸委审查,其中 48 户与资产管理公司已签定了债转股协议,协议债转股总额 131 亿元,资产负债率总体降低 11 个百分点,企业减少财务费用 6.51 亿元。

4. 国防科技工业事业单位改革进一步深入

1999 年,18 所军工高等院校、98 所中等学校以及一大批成人高校、职工技校,顺利移交地方管理;2000 年 5 月,核工业 77 家地勘单位、5.8 万职工基本完成了管理体制改革,实现了属地化管理。从 1999 年开始,着手对军工科研院所管理体制改革问题进行深入细致的调查研究,目前,一些关键问题正在进行协商与沟通,待条件成熟后,将尽快修改完善军工科研院所管理体制改革方案,上报国务院批准后组织实施。

5. 军工企业初步建立了现代企业制度

建立现代企业制度是国有企业改革的方向,1998 年以来,国防科技工业积极探索将建立现代企业制度与资产重组和结构调整紧密结合的有效途径,着力于制度创新,在规范母子公司体制、推进投资主体多元化、争取军工企业股票上市、建立健全规范的法人治理结构等方面取得了初步成效。124 户企业已经或正在改制,其中 83 户进行了工商注册,股份制上市公司已达 31 户。企业内部改革广泛开展,经营机制有所转变,管理水平有了较大提高。

二、国防科技工业产业现状

(一)国防科技工业发展迅速,企业盈利不断增加

我国国防科技工业及其民口配套企业涉及面广,门类齐全,主要有航天、航空、船舶、电子、兵器、核能、运输机械、装备制造、能源、环保、建材等产业。国防科技工业发展迅速,企业盈利不断增加。在过去的 5 年中,11 大军工集团公司全面盈利,民品产值达 7 040 亿元,经济总量以年均超过 20% 的速度增长,为社会创造了巨大财富。2006 年国防科技工业民品产值继续保持高速增长,累计完成民品产值 2607.4 亿元,同比增长 28.7%。其中核能及核技术应用产值 88.1 亿元,同比增长 5.2%;民用航天产品产值 15.7 亿元,增长 118.8%;民用航空产品产值 72.7 亿元,增长 30.8%;民用船舶产值 470.4 亿元,增长 29.3%。

(二)国防科技工业民用产品覆盖面广,技术含量高

国防科技工业企业生产的民品,有核电站、民用卫星、民用飞机、民用船舶、民用车辆、民用光电器材、电子元器件和原材料等。其中卫星遥感、卫星通信广播、卫星导航定位、船舶制造、飞机零部件、火箭产品等处于国际技术领先水平。

此外,在机械装备制造方面:有锻压机械、数控系统、刀量具、机床、自动化仪器仪表及传感器、运输机械制造专用设备以及国防和重工业建筑用机械等。锻压机械主要有锻压机、弯管机、折弯机、压力机、液压机、剪切机、卷板机、校正机等;数控系统包括伺服驱动系统、数显装置、直线导轨、滚珠丝杆副、计算机应用技术、网络技术、自动化技术、三坐标测量机、各类精密测量器具及检测仪、探伤设备等、平衡设备、工业机器人及控制器、检测仪表等;刀量具有工夹量具、量仪、磨具磨料、金刚石工具、电动/气动工具、机械手工工具;机床有金属切削机床、数控机床、加工中心、柔性制造单元、车床、刨床、磨床、钻床、镗床、铣床、制齿/螺纹加工机床、电加工及激光等特种加工机床切割机床、表面加工设备、组合机床及通用部件等;自动化仪器仪表与传感器有自动化仪器仪表、分析仪器、光学仪器、科学仪器、天平仪器、测量仪器与设备、实验仪器与设备、传感器、计算机集成制造系统及相关技术,计算机技术在工业自动化中外部设备执行元件和机构、理化检验技术及设备、材料测试技术与试验设备等;运输车辆制造专用设备有汽车摩托车专用机床、铸造机械、清洗机械、焊接机械等;国防及重工业建筑用机械有大型挖掘机、推土机、重型装载车辆、大型安装设备等。

在电子信息产品方面,有各种军用、民用雷达系统,毫米波通信设备,微波器件,专业无线通信系统,相关仪器及测试设备;卫星遥感,电子模拟,连接器,传感器,GPS通信与导航产品,电子测试,工控产品,PLC;电磁兼容测试技术与设备,微波元器件,激光及光电子产品;航空、海上、陆上交通管制电子信息系统设备,及各种专用设备;气象等防范系统设备等。

在无损检测方面,有智能检测与生物识别器件;无损检测技术及设备、理化检验技术及设备、生产过程中质量监控技术、材料测试技术与试验设备、其他测试设备等。

在安全产品方面,有防盗防劫报警系统、安防产品及装备、防爆安全检查器材;火控系统,视景系统,多媒体显示设备;军用、民用的各种电源、继电器;军技民用配套产品及电子材料;光机电一体化;国防科技企业所生产的80%均为高技术产品。

(三)国防科技工业的产业结构集中

在全部军民融合的产品中,四种(民用航空、航天、核能、船舶)产品,即军民融合高技术产品产值占民品总产值的24.8%。船舶工业在"四民"中的比重占据了73%,民用航空和民用航天在"四民"中的产值比例为13%左右。

三、国防科技工业产业发展对西部经济的推动

国防科技工业是一个带动性很强的产业,每一步发展都能带动一大片企业技术和产品的升级换代,成为推动产业发展的一个重要动力源。国防科技工业与西部经济发展关系密切,二者相互支持,相互推动,相互促进。在国防科技工业的发展过程中,西部经济在最大程度上为国防科技工业提供了发展所需的基本条件,改革开放后国防科技工业军民两用产业的发展有力地促进了西部经济的发展。

(一)国防科技工业军民结合、寓军于民战略,推动了地方产业结构的调整和优化升级

实施军民结合、寓军于民战略以来,国防科技工业根据国民经济发展和市场需求,发挥军地双方利用军工人才和技术、资源优势,确定了各自的民品发展方向,形成了各具特色的发展格局。核工业发展核电、核燃料工业,同时积极开发同位素核辐射技术、消防产品、核仪器设备、精细化工等多种经营项目。航天工业大力发展卫星、运载火箭发射服务和卫星应用、通信设备、数控设备、新材料和计算机应用等高技术民品。航空工业积极发展民用飞机、燃气轮机等航空民用高技术产品,以及汽车、摩托车、环保、纺织机械、食品及包装机械、轻工机械、建筑材料等非航空产品。船舶工业生产民用船舶,同时发展了以柴油机、烟草机械、各种大型钢结构为主的多种非船舶民品和第三产业。兵器工业以车辆为主,发展了机械、光电、化工三大系列产品。重庆、陕西、四川等省市区,军工单位比较密集,军工科研院所和企业通过产学研结合带动了当地经济的发展,装备制造业具有较强实力。重庆逐步形成了以军工为基础的现代工业体系,近年来加快工业化进程,产业结构得到进一步调整和优化升级,全市三次产业结构从过去的24:34:42调整到了目前的12.7:42.8:44.5,工业增加值达到1 195亿元。成渝地区2002年规模以上工业企业资产和工业总产值分别占西南地区的40%和47.6%,其中,重型机械、军用飞机、电子信息、汽车、核工业和其它军事工业研制在全国占有重要地位。陕西关中地区规模以上工业企业数、资产总额和工业总产值分别占西北地区的20%、21.3%和21.8%,形成了汽车及零部件、电气机械、通讯设备、电子元器件、工程机械、机床工具、航天、航空、兵器、船舶、核工业等较为完善的工业体系,重型汽车、挖掘机、数控机床、电子元器件、石油钻采、支线飞机、军用飞机,都代表着我国装备制造和国防科技工业的水平。不同地区

的国防科技工业发展受其所处外部环境的影响,国防科技的应用和转化具有鲜明的地域特点。

(二)国防科技工业军民两用产品的发展,促进了地方工业企业效益的提高,对地方经济的贡献不断增强

以重庆为例:重庆是我国的老工业基地,在改革开放的头几年,许多企业处于亏损状态。通过发挥重庆军工企业集中的优势,在国家政策的扶持下,军工企业大力发展民品生产,从而使老工业基地在改造中焕发出勃勃生机,在短短的8年时间内实现了由工业总体亏损到目前145亿利润的历史性跨越。目前1/3的工业总产值来自军转民企业,1/3的工业总产值在民口配套(军口)和军口溢出企业,1/3的科技资源在军方。其中,光电一体化、生物工程、电子信息和新材料四大高新技术领域的产品产值达到近600亿元,高新技术产品占工业产品的比率2006年达到20%,仅比沿海地区落后5~6个百分点;在全市认定的高新技术产品中,军转民、军口溢出和民口配套(军口)三类企业高新技术产品占全市的1/4以上;2004年度重庆工业企业50强中,军转民、军口溢出和民口配套(军口)企业达22家,占到44%。重庆市国防科技工业产值占全市工业总产值的42.4%,几乎占据了全市工业的半壁江山。国防科技工业军民两用产品的发展,对地方经济的贡献越来越大。

(三)国防科技工业军民两用产品的发展,带动了地方外贸出口的增加

国防科技企业装备先进,技术实力雄厚,工艺流程规范,产品耐用可靠性高,在国际市场上有很强的竞争力,已与世界上几十个国家和地区的近千家厂商、公司在核电、航空、航天、船舶、能源、交通等领域,建立了广泛的经济贸易和技术合作关系。如转包生产了波音和空中客车等飞机的零部件;为国外发射了20余颗商业卫星;在境内外合资办厂;交流军转民的经验;联合培训军转民企业的高级管理人员等等。通过这些交流与合作,开辟了我国经济技术合作的新领域,促进了军工民品的出口,有力地带动了对外贸易的增长。以四川为例,该省国防科技工业的飞机转包生产及零部件出口占全省机电产品出口创汇的7.8%;云南省298厂是全国最大的望远镜生产基地,年生产能力400万具,占国际市场的1/2。国防科技企业的产品出口成了促进地方外贸增长的亮点。

(四)军民两用技术的转移和扩散,对发展高技术、开拓新兴产业发挥了先导作用

军工企业的技术溢出和转移以及民口配套单位的技术扩散,开辟了一批军

民两用技术发展应用的重点领域。主要包括：现代航空技术领域、商用火箭与卫星应用领域、核能和平应用领域、新型船舶与海洋工程领域、现代运载及特种车辆技术领域、电子与信息领域、环境与建筑技术领域、光机电一体化领域、医药与生物工程领域、材料与制造技术领域等。这些领域军民两用技术的应用与发展，不仅为武器装备的发展提供强有力的技术支撑，而且对促进战略性产业发展和国民经济产业升级起到了积极推动作用。从近十年来的数据看，国防科技工业系统共获得部级以上科技成果奖近3万项，其中国家级奖上千项，民用部门开发可转军用的技术成果也有上万项，包括：全数字化产品设计与制造集成系统、先进的数控机床及开放式数控系统、无人驾驶飞行器、高性能船舶制造、显示器件制造、虚拟现实装置、毫米波通信装备、GPS工程系统、无线接入技术及数据通信用网络系统设备、数字移动通信装备产品、空中管制系统和智能交通系统、新材料技术、膜技术、同位素与辐射技术、精细化工产品以及环保设备及产品等。据统计，3万多项军转民技术产品使民用部门的产值增加了近千亿元。尤其是核技术、空间技术、航空技术、航天技术、船舶技术、民爆器材及特种化工技术、光电技术等军工高技术的使用范围迅速扩大，高水平、高质量、高附加值的产品进一步发展，带动了包括民用基础工业在内的整体技术水平的提高，逐步成为国民经济新的增长点。以重庆为例，在军工产业的延伸扩散和辐射带动下，重庆初步形成了一个以重化工、机械制造、汽车摩托车、仪器仪表等为骨干的涵盖多个领域的产业门类较全、技术水平较高、综合配套能力较强的现代工业体系。

（五）有力地推动了以军工技术为背景的高科技园区的发展

改革开放以来，国防科技工业向民用领域已转移了数万项军民两用技术，有力地推动了民用科技和地区经济的发展，对西部地区高新技术产业发展起到了重要推动作用。

西部的优势在于国防科技工业，在于军民高技术产业，在于与国防科技工业密切关联的高新技术产业。因此，西部产业结构优化升级的抉择取向，无疑应关注此三者。

第四章

西部产业结构优化升级的生产力基础(四)
——产业发展的良好态势与宏观优势

> **党**的十八大以来,我国西部地区加快推进基础设施建设、生态环境保护和特色优势产业发展,着力调整经济结构和改善民生,各项主要指标增速多年在东部、西部、东北、中部四大板块中领先。此外,在实施西部大开发战略中,西部省份从自身实际出发,切实贯彻落实科学发展观,大力推进西部大开发,改革开放和经济建设取得重大成就,产业发展形成了良好的态势。由于国家政策的支持与自身的禀赋,西部地区产业发展的宏观优势比较乐观,与东部地区发展差距扩大的趋势得到遏制,国家区域发展的协调性不断增强,为决胜全国建成小康社会目标奠定了坚实基础,也拓展了国家发展的战略空间。

翔式道路

一、产业发展的良好态势

(一)西部大开发切实有效推进

2000—2017年,西部大开发累计新开工重点工程317项,投资总额达68 456亿元。基础设施和生态环境建设、重点地区和优势产业发展成效显著。各省区制定和实施一系列产业政策和专项规划,促进产业结构优化升级,航空航天、信息、生物、新能源、新材料等高新技术产业加快发展,提升和振兴装备制造业作用明显,旅游、金融、物流等现代服务业取得长足进展,现代农业建设、重要能源原材料基地工业建设、装备制造业和综合交通运输业体系建设持续推进。随着振兴老工业基地战略的实施,西部国企改革改组改造取得新的突破,资源型城市在彰显区域优势和特色中加快实现经济转型,国防科技工业集中的老工业基地焕发出以军促民、军民结合的生机和活力。与此同时,得益于国家坚持统筹经济社会发展方针,西部教育、卫生、文化、体育等社会事业发展和改革步伐加快,涉及人民群众切身利益的诸多问题逐步得到解决,广大党员干部和群众建设中国特色社会主义的信心百倍,热情高涨。

(二)西部工业化进程加快

自第一个五年计划开始,国家在加强东北、上海、武汉等工业基地建设的同时,以川渝地区、关中地区、兰银地区为重点,对西部地区进行大规模工业开发。经过50多年的发展,西部地区工业从无到有,获得了很大的发展,工业化进程明显加快,工业产值在西部社会总产值中的比重大幅度提升,从根本上改变了西部单一的农牧业生产格局和经济极端落后的局面,提高了西部地区的社会经济发展水平。目前,西部地区已经在能源、有色金属、稀有和稀土金属、化工(磷、盐和气化工等)、交通运输机械、航空航天、武器弹药、烟草加工、饮料等诸多领域形成了一定的优势,并涌现了一大批具有较强竞争力的企业,建成了一批在全国具有一定影响的工业基地。特别应强调的是,西部作为我国国防科技工业集中区域,经过近半个世纪的建设,已经形成了具有相当规模和较高技术水平的装备制造业体系。核、航天、航空、船舶、兵器等行业建立和拥有产业领域和主体技术群,在发展武器装备的过程中,形成了各自的技术特色和优势,开辟了包括现代航空技术领域、商用火箭与卫星应用领域、核能和平应用领域、新型船舶与海洋工程领域、现代运载及特种车辆技术领域、电子与信息领域、环境与资源技术领域、光机电一体化领域、医药与生物工程领域、材料与制造技术领域等军民两用技术应用的重点领域,军工民品产值已占军工企业产值的半壁江山,军民高技术产业迅速发展。可以说,西部国防科技工业以信息技术应用为主导,以高新技术武器装备和军民结合高技术产品全生命周期中的设计、制造、试验、管理及其集成信息化为主线,以信息资源和信息化环境建设为基础,以法规、政策、安全、标准为保障,加快提升信息化科研生产能力和体系水平,已经成为西部先进制造业的主体力量,成为西部"翔式道路"生力军。

(三)高新技术产业有力推动产业结构调整和发展方式转变

无论从全国看,还是从西部看,高新技术产业已成为经济持续强劲增长的基础性力量,成为推动结构调整和转变发展方式的主导力量,成为提高自主创新能力的主体,成为探索新型工业化道路和自主创新道路、建设创新型国家和区域的先行。如陕西省,1991年3月以来相继设立了西安、宝鸡、咸阳、渭南等高新技术产业开发区和杨凌农业高新技术产业示范区。以五个高新区为核心的关中高新技术产业开发带,在2002年3月由国家科技部批准成为第二条国家级高新技术产业开发带。高新区已成为陕西高新技术产业发展的先行区、新体制的试验区、现代化城市建设的示范区、经济社会发展的最强劲区和重要增长点。特别是西安高新区,1994年以来综合指标一直位居全国53个国家级高新区前列,成为全国第一个国家级高新技术产业标准化示范区和我国要建成世界一流高科技园区的五个高新区之一。杨凌示范区是我国唯一的国家级农业高新技术产业示范区。这些都反映了陕西高新区集聚的关中高新技术产业带,成为全省高技术产

业发展高地,在中西部处在领先位置,在全国也有较大的影响。令人欣喜的是,由于各个高新区超常发展且呈强劲态势,带来了高新区及其周边经济社会的重大变迁与变革。

(四)军民高技术产业蓬勃发展

由于国防科技工业相对集中,西部省份科技经济发展带有浓厚的军工特色。这个特色的表现,除了国防科技工业科研院所、企事业单位较多外,更重要的是科技经济与国防科技经济有千丝万缕的联系,程度不同地相关联,或是由国防科技工业系统"军转民"而来,或是军民两用技术产业单位,或是为国防科技工业单位合作单位,或是以国防科技工业力量为基础发展起来的民用技术产业单位。陕西形成了以西安为中心的电子城、航天城、航空城(飞机城)等高技术产业密集区域,军工单位专业技术人员占全省同类人员的半数左右。四川省军工高技术产品设计航空航天、电子信息、机械冶金、化工医药、新型材料等多个领域,军工系统的工业总产值占全省工业总产值的近1/3。尤其是绵阳市,由军工而带动的电子工业,占四川省电子工业总产值的一半以上,被誉为"中国西部电子城"。贵州省形成了以三大军工基地为主体的高科技密集区,军工系统的工业总产值占全省工业总产值的40%。重庆市的军工汽车、摩托车产业已成为支柱产业和国家汽车工业的新型基地,军工系统工业总产值已占重庆市工业总产值的20%以上。特别是近年来,西安、成都、贵阳、重庆等地军民高技术产业基地蓬勃发展。陕西已形成"一区两园五基地"的军民融合总体格局,其中,"一区"指国家军民融合创新示范区,"两园"指高新区军民融合产业园和经开区军民融合装备制造园,"五基地"指西安阎良国家航空高技术产业基地、西安国家民用航天产业基地、西安兵器工业科技产业基地、西咸新区沣西新城、洪庆军民融合基地。翱翔小镇、空天小镇、兵器小镇等一批军民融合特色小镇建设,成为西安军民融合产业发展的新亮点。

(五)军地高新技术产业促进自主创新能力较快提升

高新技术产业、国防科技工业和军地融合高新技术产业自主创新,以强劲的推动力,在促进军地互动合作的同时,大幅度地提升了军地自主创新能力。军地高新技术产业互动合作、创新发展,在发展军民高技术产业上,探索和总结出一系列成功做法,值得借鉴:产业链形成并不断壮大,产业发展较快;开放军地产业信息服务平台,并继续鼓励支持军地产学研单位合作组建新的信息服务平台,实现人才、技术、资金等优势资源互补共用;整合军地研发力量,加快实施自主创新战略,组建军民两用技术产业企业;发挥军地合作优势,合力打造名牌;逐渐形成地区性产业集群,省会周边卫星城镇呈现崛起态势。陕西省科技厅的数据显示,目前陕西已拥有科技企业孵化器90余家。2017年陕西省新增宝鸡高新技术创业发展有限公司、渭南高新区火炬科技发展有限责任公司、西安市碑林区创意产业发展有限公司、陕西省机械研究院为国家级科技企业孵化器。与此同时,经公开征集、组织推荐、专家评审和现场考察等程序,2017年陕西省科技厅认定"宝鸡高新区3D打印材料产业孵化基地"等18家孵化器为省级科技企业孵化器。生产力促进中心44家,其中国家级生产力促进中心3家;高校和科研院所科技成果转移中心34家;产学研型工业研究院2家。以孵化器、大学园、产业基地为主体的科技产业孵化能力建设、以生产力促进中心为主体的科技中介服务机构建设、以风险投资和技术产权交易为主体的投融资体系建设,构成了创造科技创新的良好氛围,有效地促进了科技成果转化。

二、产业发展的宏观优势

(一)具备了吸纳人类现代文明和参与市场分工的基本条件

全球经济一体化使得国际市场的资本、人才、技术、信息等生产要素流动加快,国际贸易发展迅猛,国际分工不断加深,任何一个开放国家和地区都很容易受到人类先进文化和先进生产力的影响、渗透。而且,随着全球性经济结构调整和跨国产业转移步伐加快,发达国家众多跨国公司为寻求更大利润空间,将其生产和服务业务加速向具有"比较优势"的国家、地区转移。我国由于具有劳动力廉价、土地优势和巨大潜在市场空间,已成为全球瞩目的外商直接投资热点地区之一,加之我国加入WTO后,积极推进国内市场全球化和对外经济发展,采取优惠政策大力促进充分利用国际国内两个市场、两种资源,并且加大对西部的支持力度。这些都为西部接受人类最新发展理念、引进国内外科技成果和人才、采用现代管理经验和方式、学习国际惯例和规则等创造了条件,将有利于西部地区积极有效合理地吸收利用全球最先进文化成果、优质产业资本和自然资源,有利于在不同层次上寻求参与市场竞争和产业分工的机会。另外,从全国来看,东部发达地区也正在加快产业结构调整和优化升级,必然要将一些东部已不具备优势的劳动密集型产业、高耗能耗材产业和西部有市场的传统产业向中西部地区转移,也为西部地区提供了参与全国产业分工和市场竞争的机会。

（二）享有产业结构优化升级的政策支持

1999年国家开始实施西部大开发战略，并指出西部大开发的重点任务是：加快基础设施建设，加强生态环境保护和建设，加强农业和调整产业结构，发展科技教育和文化卫生事业。力争用5～10年时间，使西部地区基础设施和生态环境建设取得突破性进展，科技教育、特色农业、优势产业有较大发展，人民生活进一步改善，改革开放出现新局面，西部开发有一个良好的开局。到21世纪中叶，要将西部地区建成一个经济繁荣、社会进步、生活安定、民族团结、山川秀美的新西部。为此，2001年国家又颁布了一系列的政策措施支持西部大开发，包括：加大建设资金投入力度，优先安排建设项目，加大财政转移支付力度，加大金融信贷支持，大力改善投资软环境，实行税收优惠政策，实行土地使用优惠政策，实行矿产资源优惠政策，运用价格和收费机制进行调节，扩大外商投资领域，拓宽利用外资渠道，放宽利用外资有关条件，大力发展对外经济贸易，推进地区协作与对口支持，吸引和用好人才，发挥科技主导作用，增加教育投入，加强文化卫生等社会事业建设等。2016年西部大开发十三五规划提出进一步加大资金投入，中央财政均衡性转移支付、专项转移支付和中央财政性投资向西部地区倾斜，提高中央专项建设资金投入西部地区的比重，充分体现促进区域协调发展的政策取向。进一步体现项目倾斜，实行差别化的产业政策，支持在西部地区优先布局建设能源资源加工转化利用项目，增强经济增长内生动力和自我发展能力。探索利用政策性金融手段支持西部地区发展。我国实施西部大开发战略，并制定了明确的目标要求，加大了政策支持力度，这对促进西部经济社会加快发展，转变西部地区的经济发展方式，切实走出一条"翔式道路"，充分调动西部任命群众谋求发展的积极性，具有重大历史性意义。

（三）符合科学发展观的要求

党的十六大提出全面建设小康社会的奋斗目标，要在21世纪头20年，集中力量，全面建设惠及十几亿人口的更高水平的小康社会，使经济更加发展、政治更加健全、科学更加进步、文化更加繁荣、社会更加和谐、人民生活更加殷实。党的十六届三中全会进一步明确提出了"坚持以人为本，树立全面、协调、可持续的发展观，促进经济社会和人的全面发展"，强调"按照统筹城乡发展、统筹区域发展、统筹经济社会发展、统筹人与自然和谐发展、统筹国内发展和对外开放的要求"，推进改革和发展。2016年十三五规划提出高举中国特色社会主义伟大旗帜，以邓小平理论和"三个代表"重要思想为指导，深入贯彻落实科学发展观，按照中央关于新形势下深入实施西部大开发的战略部署，以科学发展为主题，以加快转变经济发展方式为主线,进一步解放思想、开拓创新,进一步加大投入、强化支持。更加注重基础设施建设,着力提升发展保障能力;更加注重生态建设和环境保护,着力建设美好家园和国家生态安全屏障;更加注重经济结构调整和自主创新,着力推进特色优势产业发展;更加注重社会事业发展,着力促进基本公共服务均等化和民生改善;更加注重优化区域布局,着力培育新的经济增长极;更加注重体制机制创新,着力扩大对内对外开放,推动西部地区经济社会又好又快发展,促进民族团结和谐,共同建设美好家园,为实现全面建设小康社会目标打下坚实基础。这些都对西部地区的发展提出了更高的要求。一方面必须全面贯彻和落实科学发展观,决不继续沿袭传统落后的经济发展方式。西部今后的发展,必须建立在优化结构、提高质量和效益的基础上,实现速度、结构、质量、效益相统一;要更加注重加快社会发展,包括:科技、教育等社会事业的发展,社会就业、社会保障、社会公正、社会和谐等,社会结构、社会领域体制和机制的完善;要更加注重加快农村的发展,积极消除城乡二元结构,促进城乡协调;要统筹人与自然和谐发展,处理好经济建设、人口增长与资源利用、生态环境保护的关系;要在经济发展的基础上,不断提高人民群众物质文化生活水平和健康水平,尊重和保障人权,不断提高人们的思想道德素质、科学文化素质和健康素质,创造人们平等发展、充分发挥聪明才智的社会环境。另一方面,西部作为落后地区,要为全国的全面小康和区域协调发展作出贡献。统计数据显示,2016年西部完成GDP仅占全国的21.3%,人均GDP较全国低12 558元,三次产业结构为12∶43∶45,而全国的产业结构为4.4∶37.4∶58.2。此外,西部居民的收入较低,2016年,全国城镇居民人均可支配收入为33 616.2元,西部城镇居民人均可支配收入为28 609.7元,西部12个省市区中,城镇居民人均可支配收入均低于全国平均水平,其中内蒙古与全国平均水平差距最小,为30 594.1元;其余11个省市区均远低于全国平均水平,其中,城市家庭人均收入最低的甘肃只有25 693.5元,仅及全国最高水平上海的57.2%。据国家统计局对小康水平的测算来看,东部基本实现小康,中部则只实现78%,西部更低,仅为56%。我国全面建设小康社会的目标能否实现从区域差别来讲,关键在西部,重点在西部,难点也在西部,全国能否提高整体发展水平和竞争力,完成区域经济协调发展的历史性任务,关键和重点也在于西部的发展。因此,西部承担着促进全国区域经济协调发展和保障我国全面建设小康社会的重大历史性义务和责任。

(四)顺应小康社会的目标

全面建设小康社会的目标、科学的发展观以及党中央、国务院关于经济社会发展的战略思路,极大地激发着西部地区各族人民的积极性、主动性和创造性。

根据陕西省国民经济和社会发展第十三个五年规划,我们要高举中国特色社会主义伟大旗帜,全面贯彻党的十八大和十九大精神,以马克思列宁主义、毛泽东思想、邓小平理论、"三个代表"重要思想、科学发展观为指导,深入贯彻习近平总书记系列重要讲话精神,坚持以"四个全面"战略布局为统领,坚持以创新、协调、绿色、开放、共享的发展理念为引领,坚持以追赶超越、转型发展为主线,大力实施创新驱动、绿色惠民、协同共享、开放融合战略,加快形成适应新常态的体制机制和发展方式,统筹推进经济、政治、文化、社会、生态文明和党的建设,确保全面建成小康社会,开创富裕陕西、和谐陕西、美丽陕西建设新局面。综合考虑未来发展趋势和条件,"十三五"发展的总体目标是:到2020年,全面建成小康社会,"三个陕西"建设迈上更高水平。甘肃省制定的《甘肃省"十三五"民族地区经济和社会发展规划》指出,"十三五"期间,民族地区经济社会发展各项主要指标增速高于全省平均水平。到2020年,贫困人口全面脱贫,生活质量明显提高,民主法治环境日趋完善,科教文卫水平显著提升,生态环境持续改善,民族团结、社会和谐局面进一步巩固。云南省政府以全面建设小康社会统领发展全局,在其十三五规划中指出今后五年,必须坚持人民主体地位,坚持科学发展,坚持深化改革,坚持依法治省,坚持统筹国内国际两个大局,坚持党的领导,在已经确定的目标要求基础上,努力实现经济发展新跨越、脱贫攻坚实现新胜利、各族人民生活水平和质量实现新提高、公民素质和社会文明程度实现新提升、生态建设和环境保护实现新突破、各方面制度建设实现新进展的六个新的目标要求。四川省省委省政府为了促进全面建设小康社会,提出要充分考虑本省发展的阶段性特征和未来发展的支撑条件,在已经确定的全面建成小康社会目标任务的基础上,努力实现国家十三五制定的新的目标要求。

近年来西部各省市区竞相发展,经济社会和人民生活水平都在不断发展和提高,2010—2016年西部除个别省市区外,其余各省在GDP、固定资产投资增长、财政收入、农民人均纯收入、城镇居民可支配收入等几个指标上的增长率明显高于全国的平均水平(见表3-1)。GDP、固定资产投资、财政收入增速明显,其中西藏GDP增速最大,达到20.56%,超出全国平均水平8.14%,且其财政收入年均增速达到46.56%,远高于全国年均增速;贵州的固定资产投资年均增速最高,为46.46%,高出全国年均增速约30%,农民人均纯收入、城镇居民可支配收入相对来说增速较不明显,但可看出仍是增长的。

表 3-1　西部地区主要经济指标 2010—2016 年年均增长情况

地 区	GDP/(%)	财政收入/(%)	投资/(%)	农民人均纯收入/(%)	城镇居民可支配收入/(%)
内蒙古	8.54	12.64	9.75	15.71	12.33
广 西	12.77	14.51	22.63	18.29	9.43
重 庆	18.69	19.14	19.99	16.98	9.84
四 川	12.53	16.71	17.09	17.18	11.90
贵 州	19.81	27.50	46.46	19.00	12.73
云 南	15.96	15.43	27.37	18.32	11.16
西 藏	20.56	46.52	34.99	17.10	12.23
陕 西	13.42	13.06	24.03	18.41	11.60
甘 肃	10.82	17.51	29.43	16.82	13.55
青 海	13.93	16.63	35.28	17.76	13.30
宁 夏	14.17	21.78	23.25	15.82	10.99
新 疆	13.27	22.78	28.65	17.05	15.52
全 国	12.42	16.40	16.87	15.55	10.84

第五章

西部产业结构优化升级的路径抉择
——"翔式道路"

　　西部产业结构优化升级,实现跨越式发展,必须确定发展重点,以重点带动全局。这是科学发展观"全面协调可持续"基本要求和"统筹兼顾"根本方法等重要思想的具体体现。西部具有国防科技经济和与此相关的高新技术产业优势,必须发挥优势、突出发展有特色的优势产业,推进重点地带开发,带动促进产业结构优化升级,加快转变经济发展方式,实现经济又好又快发展。

第五章 西部产业结构优化升级的路径抉择

一、战略思路与奋斗目标

（一）战略意义

西部自然环境和经济发展地域差异较大,省区市之间、省区市的地域之间、行业产业之间,发展很不平衡,内在经济联系历来都有相对独立性,要以相同的速度发展是不切合实际的。无论是世界发达国家的发展过程,还是我国沿海地区的率先发展,都呈现了重点行业、产业、地区率先发展,同时带动其它行业、产业、地区共同发展的特点,这是一种经济非均衡发展的客观规律。遵循这种规律,必然会逐步达到全面协调可持续、统筹兼顾,取得积极、明显的效果。西部的关中地区、成渝地区、南贵昆地区,相对于其他地区,拥有诸多优越的发展条件。关中、成渝、南贵昆地区,城镇连绵、产业密集、科教实力雄厚,集聚着所在省份最主要的社会经济资源;位于西部大开发重点建设的经济带上,又可通过新亚欧大陆桥连通我国东中部和中亚、南亚、欧洲。加快关中、成渝、南贵昆等地区的建设,促其率先建设军民结合综合改革配套经济区,发挥国防科技经济优势提升高新技术产业,进而带动促进产业结构优化升级,是符合西部经济发展的空间形态和西部大开发的部署,增强关中、成渝、南贵昆地区对西部的辐射带动作用,从而实现西部又好又快发展的重大战略抉择;是抓住关中、成渝、南贵昆地区全部或部分列为综合性国家高技术产业基地、国家高新技术产业开发带和星火产业带

的机遇,充分发挥西部科教优势,加快产业结构优化升级,在较短时间内取得国内外市场竞争优势的迫切要求;是面临当今世界范围内经济结构调整的挑战和机遇,拿出西部的"白菜心"参与国际分工与合作,力争在全国发展现代产业体系中占有一席之地的重大举措。关中、成渝、南贵昆地区的军地高新技术产业率先发展,必将对西部经济发展做出重大贡献,对实施西部大开发战略具有重要现实意义和长远历史意义。

(二)关中、成渝、南贵昆地区和其他省会所在地区发展基础

前面已比较详尽地分析了西部产业结构优化升级的基础条件。为了充分论述重点发展关中、成渝、南贵昆地区和其他省会所在地区问题,这里对关中、成渝、南贵昆地区和其他省会所在地区发展基础作专门分析。

以西安、成都、重庆、南宁、贵州、昆明及其他省会城市为中心,以军地高新技术产业带为重点,以铁路、高速公路为轴线,以线串点、以点带面形成的以高新技术和先进适用技术为特点的产业经济体系,涵盖整个关中、成渝、南贵昆地区和其他省会所在地区。这些地区率先发展的基础条件是:①经济集聚程度较强。产业集中,尤其是高新技术产业集中,国内生产总值及其占省区市的比重,都在半数以上,甚至有的产业占七八成,工业增加值位居前茅。对外开放程度较高,经济发展水平领先。②交通通信条件较好。铁路、高速公路贯通,里程占绝对优势;机场建设发达,多数有现代化国际航空港。光传输骨干网络、计算机信息网络建设与信息化水平基本与全国发达地区保持同步。③科技创新和产业化能力优势明显。这些地区拥有所在省份大多数普通高等院校,以及国家、省级重点实验室和工程技术研究中心,是全国重要的科教、人才密集区。综合性国家高技术产业基地、国家级开发区和省级开发区集聚了主要高新技术企业,已成为辐射带动省区市经济发展的核心。国家高新区成为向亚太经合组织开放的园区。④城镇化水平较高。所在省区市比较发达的城市坐落在这些地区,城镇人口集中,城镇化水平高。中心城市的国内生产总值、工业增加值、社会消费品零售总额、地方财政收入分别占省区市的半数左右。省会城市国内生产总值、工业增加值、社会商品零售总额均占全省的三成左右,更是全国重要的高新技术产业、国防科技工业和装备工业基地,成为国际性旅游城市和西部地区科教、商贸、金融、信息重地。

(三)遵循原则与基本思路

发挥国防科技工业优势提升高新技术产业、以高新技术产业的发展和扩散促进产业结构优化升级,应遵循正确的原则,有切实科学的思路。

1. 遵循原则

(1) 遵循经济非均衡发展的客观规律。必须建立重点区域经济持续快速、自主性增长的良性机制,实现优势区域率先跨越发展,确保经济高效率增长;坚持以关中、成渝、南贵昆军民结合综合改革配套试验区及其重点开发区域为核心区域提高城镇化水平,促进城市建设和产业集聚,增强中心城市辐射功能,加快整个西部工业化和城镇化进程。

(2) 坚持以高新技术产业的发展和扩散,加快发展现代产业体系,大力推进信息化与工业化融合,促进工业由大变强,振兴装备制造业,淘汰落后生产能力;提升高新技术产业,发展信息、生物、新材料、航空航天、海洋等产业;发展现代服务业,提高服务业比重和水平;加强基础产业基础设施建设,加快发展现代能源产业和综合运输体系。

(3) 坚持扩大国内需求特别是消费需求的方针,促进经济增长由主要依靠投资、出口拉动向依靠消费、投资、出口协调拉动转变,由主要依靠第二产业带动向依靠第一、第二、第三产业协同带动转变,由主要依靠增加物质资源消耗向主要依靠科技进步、劳动者素质提高、管理创新转变。

(4) 坚持可持续发展。加快建设现代基础设施网络,加强生态环境建设和保护,提高人口素质,转变经济增长方式,努力建立以资源节约、环境优美、法制完善为基础的经济发展空间。

(5) 坚持区域经济协调发展,加强联合与协作。扬长避短,发挥优势,加强开发区、中心城市、地区之间的有机整合,促进产业错位发展,增强整体竞争实力和发展后劲。

2. 基本思路

围绕加快转变经济发展方式、促进产业结构优化升级的目标,切实贯彻落实科学发展观,以体制创新、机制创新、制度创新和技术创新为动力,充分发挥国防科技工业优势提升高新技术产业,以高新技术产业开发区、军民高技术产业基地为产业高地,以关中、成渝、南贵昆军民结合综合改革配套试验区及其重点开发区域为产业核心区域,通过高新技术产业的全面扩散与辐射,以点(高新技术产业基地组成的一个个产业高地)串线(关中、成渝、南贵昆军民结合综合改革配套经济区及其重点开发区域),以线带面(西部三大一级区域与九个二级区域),对内整合优势、构建区域经济协作体系,对外扩大开放、拓展资源与市场空间,加快发展现代产业体系、现代能源产业与综合运输体系、现代服务业,推动产业结构优化升级,使经济总量、结构和技术水平、综合竞争实力迈上新台阶,实现西部经济又好又快发展。如前所述,"发挥国防科技经济优势提升高新技术产业"犹如飞机之首,"加快发展现代产业体系""加快发展现代服务业"好比飞机之两翼,

"加快发展现代能源产业和综合运输体系"好比飞机腹尾部的飞行系统,诸要素全面协调可持续发展,正像飞机翱翔。因此,可以形象地称此对策为"翔式道路"。

(四)目标任务

以建设西部产业核心区域为目标,从现在起到 2025 年,关中、成渝、南贵昆军民结合综合改革配套经济区及其重点开发区域要取得率先发展的初步成效,并为省区市经济社会又好又快发展做出更加显著的贡献。

(1)经济增长。国内生产总值年均持续增长,比同期省区市平均增长速度高出 1.5 个百分点左右,占省区市国内生产总值的比重提高 5 个百分点左右,人均国内生产总值接近或达到东部沿海地区目前的平均水平。

(2)结构优化升级。2025 年,按照环境友好型要求调整一、二、三次产业结构,发展现代产业体系;非公有制经济比重明显提高;高新技术产业增加值占 GDP 的比重有较大幅度提高;装备制造业、国防科技、农业探索产业、旅游和现代物流等产业的经济贡献度较快上升。建成在国际上有影响力的高新技术产业开发带和国家制造业基地。国民经济和社会信息化水平显著提高,工业化进程明显加快,力争走在全国前列。

(3)环境建设与可持续发展。形成完整、统一、高效能的交通、动力、金融、商流、信息网络,实现环境、生态、水源统筹建设与保护,促进资源共享,创造便捷可靠的生产环境,先进文明的人文环境,舒适优美的人居环境,诚实守信的信用环境,达到国内一流,推动人口、资源、环境与经济社会协调发展。

(4)城市建设与城镇化。省会发展成为西部经济强市,产业核心区域部分城市建成大城市,其他城市成为具有较强集聚力、辐射力的中心城市,形成西部若干都市圈和西部最发达的城镇连绵带。城镇化水平达到或赶超中东部,在全国处于领先位置。

(5)对外开放和融入全球经济。利用外资在全社会投资中占重要地位,对外贸易成为拉动经济增长的重要力量,技术开发、资本经营、商品贸易的国际化程度明显提高。外贸出口总额持续、利用外资连年较快增长,总额连年较快增长。

(6)城乡人民生活。居民生活质量有较大提高,基本公共服务设施比较完善,城镇就业增长快于劳动力资源增长。城镇居民人均可支配收入和农村居民人均纯收入年均增长明显高于其他地区。

到 2025 年,西部产业核心区域的对外开放水平进一步提高,产业结构与技术水平达到国际水准、国内领先,实现从工业化向信息化的转变,带动促进省区市经济实现又好又快发展。

(五)产业推进层次

1. 产业高地——军地高新技术产业基地(开发区、园区)

不断加大科技投入,推进军工技术转民用、开发军民两用技术和民用技术;形成军民人才、技术、资金等资源的合理流动机制,加大自主创新力度,着力加强集成创新、引进消化吸收再创新,增强军地高新技术产业和科研生产的核心竞争力。加快建设军民高技术产业基地(园区)和高新技术产业开发区(园区)、经济开发区、农业高技术试验区,形成以高新技术、信息技术为主的区域产业研究开发高地,使之成为国民经济持续强劲增长的基础性力量、推动结构调整和转变发展方式的主导力量、提高自主创新能力的重要基地以及探索中国特色新型工业化道路和自主创新道路、建设创新型国家的先行者,在提高自主创新能力、建设创新型国家取得重要进展。

2. 产业核心区域——关中、成渝、南贵昆军地融合科技经济区及其重点开发区域

发挥高新技术产业高地的集聚效应,带动中小城市、中小企业的工业化水平。按照加大自主创新、发展高新技术、推进产业化、提升产业规模的思路,加快发展核能、航天、航空、电子、兵器制造、船舶等领域等高精尖技术的民用化转化,形成对国民经济具有带动作用、对军品能力具有骨干支撑作用的高技术产业群。开展高新技术产业与传统工业多层次、多方面、多途径的互动融合,构建资源合理流动、互动协调发展的产业格局。对传统产业如纺织、机械、建材、冶金、有色金属等进行根本性的技术改造,加快信息技术的应用。提升医药、电子、信息、光电一体化等发展潜力大的行业的工业化的信息水平,进而应用以技术改造传统产品,增加产品附加值,增强产业竞争力。以规模化发展、提高资源配置效率为目标,按照产品和技术相似性原则,采取兼并、收购、资产划转等方式,在若干领域造就一大批专业化企业集团。

3. 产业辐射带动区域——三大九小区域产业优化升级

具有核心竞争力的关中、成渝、南贵昆军地融合综合改革配套经济区及其重点开发区域,对三大九小区域产业发挥产业核心区域的辐射带动作用,加快发展现代能源产业、现代农业产业和综合运输体系,在产业推进和产业结构优化升级中发挥重要作用,全面提升经济发展能力和发展水平。

二、"翔式道路"模式

（一）能源资源开发与能源产业结构优化升级

西部地区蕴藏着丰富的能源资源。石油、天然气、水力资源丰富，在全国占主导地位。太阳能、风能、地热能等可再生能源的开发利用有着广阔的前景。高新技术的使用，将有力促进能源资源开发与能源产业结构优化升级。

根据 2016 年全国油气资源勘探开采情况通报，2016 年，全国石油新增探明地质储量 9.14 亿吨。其中，大于 1 亿吨的盆地 2 个，分别为鄂尔多斯和渤海湾盆地海域；大于 1 亿吨的油田 2 个，分别为鄂尔多斯盆地的南梁和环江油田。截至 2016 年底，全国石油累计探明地质储量 381.02 亿吨，剩余技术可采储量 35.01 亿吨，剩余经济可采储量 25.36 亿吨，储采比 12.7。全国天然气新增探明地质储量 7 265.6 亿立方米。其中，大于 1 000 亿立方米的盆地 2 个，分别为鄂尔多斯和四川盆地；大于 1 000 亿立方米的气田 2 个，分别为鄂尔多斯盆地的苏里格气田和四川盆地的安岳气田。截至 2016 年底，全国累计探明天然气地质储量 13.74 万亿立方米，剩余技术可采储量 5.44 万亿立方米，剩余经济可采储量 3.93 万亿立方米，储采比 31.9。

截至 2016 年底，全国已探明油气田 993 个。其中，油田 722 个，气田 271 个。累计生产石油 65.92 亿吨，累计生产天然气 1.81 万亿立方米。此外，全国生产原煤总量为 34.1 亿吨，内蒙古、陕西仍是我国最重要的原煤生产基地，产量分别占全国的 24.8%、15.1%；贵州和新疆等地区原煤产量超过亿吨。全年天然气产量 1 369 亿立方米，陕西、四川和新疆是我国天然气的主产地，产量分别为 412、297 和 291 亿立方米，合计占全国产量的 73.1%。水能资源占到全国的 75% 以上，但是开发率却只有 8%。另外，新疆、青海、西藏、内蒙、宁夏等地风能、太阳能资源丰富。新疆年风能理论蕴藏量在 3 万亿千瓦·时左右，目前全疆风电总装机容量已达 6.77 万千瓦；新疆太阳能辐射总量居全国第二，辐照度年平均为每平方米 58 亿焦耳。青海省年平均风能密度在 100～150 瓦/平方米以上的地区占全省面积的 70% 以上，年风能资源理论值折合 7 854 万吨标准煤，相当于电能 1 745 亿千瓦·时；全年日照时数达 2 500～3 650 h，年接受的太阳能折合标准煤 1 623 亿吨，合电量 360 万亿千瓦·时。

西部地区能源资源开发存在的主要问题是：①开发利用难度较大，一是远离全国消费中心，产品运输困难；二是一些能源矿产开发利用的地质、地貌、水源条件不利。如陕北煤炭石油天然气、新疆石油天然气、长江和黄河上游水力、北部湾石油天然气等;②绝大多数以初级粗制资源产品为主,深加工、精细化、质纯度低,消费利用环境污染大,再加工处理程序多。如煤炭精洗程度低、向电转化率低,石油以原油为主,天然气以直接传送使用为主;③前期资源勘探缓慢,后期综合利用水平低。前期勘探工作不能满足亟待开发利用的需要,对能源开发和产业发展形成严重制约,如新疆石油、"三西"煤炭。对已开发的资源利用途径单一,非能源加工转化少,优质紧缺能源可替代转换难,如煤代油、煤化工、天然气化工、石油化工发展起步艰难;④以传统不可再生能源开发为主,对太阳能、风能、地热能、生物能等极为丰富的可再生资源开发利用少,后者占不到能源开发利用总量的1%,致使能源生产结构不合理,可持续生产能力受到威胁;⑤能源开发利用对环境破坏严重,大部分传统能源分布于生态脆弱、环境恶劣的地方,协调资源开发与环境保护关系的任务艰巨,加之技术、政策、投资等措施跟不上,目前已造成严重环境问题,如陕甘宁蒙地区、六盘水地区等;⑥能源资源开发利用对当地经济社会发展、人的全面发展联动作用不明显。大多数能源资源开采地区长期属于贫困地区,市场发育程度低、地方经济文化落后,人口素质不高,人民生活水平低,国家、地方、企业、居民利益分配不均,相互矛盾较多。

根据以上情况,按照"翔式道路"的特点和要求,构建西部地区能源资源开发与能源产业结构优化升级模式的总体思路是:以建立全国战略性新型环保能源基地、带动地方经济社会和人的全面发展、加强西部地区及全国的环境保护为出发点和根本目的,从优化能源资源开发结构、优化深加工方向、改造资源开采利用方式入手,以思想观念和思维创新、科技和智力创新、体制和机制创新为动力,加大可再生资源开发力度,加快构建以可再生能源开发产业和传统能源深加工制造业为主体的能源重化工综合产业体系。

1. 以太阳能、风能、水能为主,加大可再生能源的开发力度,优化西部地区能源生产、供应结构

建立新疆、青海、西藏、宁夏、内蒙五大风能和太阳能基地,建设黄河上游、川西、红水河三大水能基地,普遍发展沼气等生物能,努力提高可再生能源在西部能源开发中的比重,利用10年时间建成可再生能源和传统能源并重的全国性、国际化能源开发生产基地,做到新、青、藏的可再生能源就可满足当地能源需求。内蒙、宁夏、四川、云南可再生能源可满足当地能源消费的40%以上,为实现我国能源结构的战略性转变做出贡献。

2. 加快推进传统能源资源的多层次转化,延长产业链,提高精细加工水平

在积极发展环保煤、油、天然气等一次性精细能源的同时,加快开发电力、汽油、柴油、甲醇、煤转化油等优质二次能源,建立以精细纯一次能源生产为基础,

以优质环保多次转化能源生产为主体的现代能源生产体系,提高能源消费的清洁、精细、高热能水平,建成陕北、内蒙、北疆、南疆、贵州、宁夏、北部湾七大以环保型精细纯煤、石油、天然气一次能源和深加工能源产业为主的优质能源生产供应基地。

3. 积极推进传统能源资源的综合利用,提高资源利用效率

加快发展以石油、天然气、煤炭为原料的有机化学工业,特别是重视以"煤代油"技术支撑的煤化工业,长远建立起南疆、兰州、陕北、北部湾沿岸四大基于能源资源的有机化学工业基地,为从根本上扭转我国有机化学工业的石油紧缺制约做出贡献。

4. 加快构建生态型能源资源开发模式和循环经济模式

根据环境承载力、资源可再生能力和可持续有效利用的要求,规划安排资源开发速度和规模,有效推进清洁生产技术的应用,积极发展配套的生态建设、环境修复、污染治理等环保产业,切实建立起生态环保型经济模式。根据矿物质成分结构、排放物质的数量,尽可能地配套发展废弃物质再利用生产,重点是煤炭资源开发生产过程中构建煤矸石火电—粉煤灰建材—硫磷化工—建材、化工深加工产品循环经济体系,按照能源、化工、建材、环保产业等综合发展的要求,把西部重要能源化工基地建设成综合性、多元化产业集聚区。

(二)重要矿产资源开发与矿产业结构优化升级

西部是我国新时期矿业发展的重要地区,已经探明而尚未开发利用和未探明的矿产资源量均较大。截至1999年底,我国已发现的172种矿产在西部地区均有发现,在全国已有探明储量的156种矿产中,西部地区有138种。在西部地区具有探明储量的主要矿产中,稀土矿、铬铁矿、钛矿、汞矿、镍矿、铍矿、锶矿、铂族金属、锂矿、锆矿、铟矿、钪矿、铊矿、钾盐、石棉、云母、盐矿、芒硝等18种矿种保有储量占全国80%以上,锰矿、矾矿、锌矿、锡矿、锑矿、铌矿、镉矿、锡矿、锗矿、砷矿、水晶、重晶石等保有储量占全国的60%~80%,铅矿、镁矿、钴矿、磷矿、膨润土、长石等矿种保有储量占全国的50%~60%。西部全部矿产资源保有储量的潜在价值总计达61.9万亿元,占全国总额的66.1%,分别约是东部、中部地区的7倍、2.7倍;人均潜在价值分别是东部和中部的9倍和3.1倍。西部地区的矿产资源开发利用潜力巨大。在西部地区具有开发优势的24种主要矿产资源中,已利用储量在40%以上且可供利用储量在20%以上的矿种主要有锰矿、铜矿、铅矿、锌矿、钼矿、钴矿、金矿、银矿、石棉;已利用储量不足40%而可供利用储量40%以上的矿种有铁矿、矾矿、钛矿、铝土矿、硫铁矿、玻璃硅质原料和重晶石等矿产,具有较大的开发潜力。

第五章 西部产业结构优化升级的路径抉择

根据各类矿产的成矿特点、集聚规模，从社会需求量大和对西部地区经济发展的影响作用大考虑，成为西部地区重点产业、有条件建设大型产业集群或在现代设备制造中具有不可替代作用的矿产开发方向主要有：①有色金属资源中的铝、铜、铅、锌；②黑色金属资源中的铁、锰、钼；③稀有矿产中的钛、钒、钴、钽、铌、稀土；④贵金属资源中的金、银；⑤非金属资源中的盐、钾盐、石灰石、磷、石棉、重晶石。

目前，西部地区能源资源开发存在的主要问题是：①资源开发利用难度较大。大多数资源分布在交通不便、地形复杂的地区，不便于开发和外运；大多矿产单一成矿少，伴生矿、共生矿多，主要矿产提取、分离难度大；②形成开发规模和产业集群难。主要是大多数矿产，除青海钾盐、贵州磷矿、攀枝花铁矿外，大多矿床规模小、资源富集差，难以形成集聚开发规模。同时，矿产地大多自然环境条件差，远离中心城市，缺乏深加工生产发展所需的科技、教育、人才等支撑条件，深加工生产和采选、冶炼集中布局难；③绝大多数矿产的开采、选矿冶炼为主，甚至有的主要是出售矿石，资源后压延和深加工水平低，产业链条短，难以形成高附加收入，产业经济效益和科技含量低，对当地就业、职工收入、财政增收、人口文化素质提高带动不大；④资源综合利用保护差。由于以出卖矿石或冶金材料为主，深加工度低，后续的多种用途利用就无从谈起，伴生矿、共生矿多，对主要矿物质开发利用后，其它宝贵的矿物质资源大量废弃的情况比较普遍，而且多没有采取重新埋藏等有效的保存、保护方式，造成资源大量浪费；⑤环境污染、破坏严重。大多数矿产资源伴有有毒、放射物质，或者伴随开采形成大量废弃矿渣等，同时剥离地表，严重破坏植被，矿区大多成为裸露石山，使大片青山绿水变成裸石浊水。

根据西部矿产资源开发的实际情况，按"翔式道路"的要求，构建西部地区矿产资源开发与矿产业结构优化升级模式的总体思路是：以建立全国综合性建筑、化工材料生产基地、增强产业自主发展能力支撑西部经济社会和人的全面发展、促进国家稀缺资源保护和西部地区人与自然和谐为目的，从加强资源综合利用、加快深加工产品开发、建立现代产业集群入手，以思想观念和思维创新、科技和智力创新、体制和机制创新为动力，有计划、有步骤、有秩序地推进西部矿产资源开发，以具有优势的黑色、稀有、有色和非金属矿产为重点，积极构建包括矿产采冶、压延加工、新型材料和设备制造的新型冶金、化工材料综合产业体系。

1. 加快开发矿产资源深加工产品，发展新型化工、新型材料等深加工产业

西部丰富的盐、钾盐、磷等非金属资源是国民经济所需化工品、化肥、日用食品的重要原料，黑色、有色、稀有和贵重金属矿产是现代设备制造中新材料、建筑用材料、日用高档装饰品的重要原料，要依托丰富资源，加快发展深加工产品，提

高综合利用水平和产品深加工附加价值,优化西部产业结构和技术升级、强化产业自主增长能力和经济实力,最大限度地发挥西部矿产资源在促进人类文明发展和提高居民生活质量中的积极作用。

2. 加快在资源赋存和集聚状况好的领域形成具有竞争优势的产业集群

一是依托贵州中部丰富的磷矿资源,加快建设磷矿开采、磷化工产业体系,形成我国重要的磷化工产业基地。二是依托贵州丰富的铝土矿资源和陕北丰富的优质动力煤及一定储量的铝土资源,在资源互换基础上,开发建设煤电铝工程,建成我国西部两大铝冶炼、铝材加工产业基地。三是依托青海湖丰富的钾盐资源,发展钾盐采选、化工产业集群,建成我国重要的钾盐化工产业基地。四是依托攀枝花和横断山区铁、钒、钛、锂等多种金属矿产富集的优势,加强前期勘探和矿产开发,加快多金属矿产分离、提炼技术攻关,建立我国最大的多金属综合开发生产企业集群,形成产业基地。

3. 加大科技研发和应用推广力度,依托稀贵战略性矿产资源,加快发展新材料高科技产业

一是加快推进内蒙白云鄂博稀土资源开发、材料加工制造高科技产业发展;二是积极推进宁夏钽、钼、铌、铍等稀有金属资源开发与新材料加工制造高科技产业发展;三是加快推进西北有色金属研究院和宝鸡有色金属加工厂钛材、锂材及多种金属丝等新材料产业发展,积极促进秦岭北麓钼矿开发向化工、材料加工制造业发展,建设关中新材料高科技产业基地;四是加快推进甘肃白银和金昌镍等资源开发向深加工新材料产品延伸,建设新型材料高科技产业基地;五是利用攀枝花、滇西南钛、钒、锂等资源丰富的优势,加快建立云南、川西新材料高科技产业基地。

4. 加快建立生态环保型资源开发模式和循环经济体系

矿产资源生态环保型资源开发模式,重点在于对矿区裸露石山用细碎土层覆盖和植物栽种绿化、大量废气矿石碎渣的固化和绿化、地下水资源的保护、有毒矿物质的有效处理。循环经济体系建设的重点是:伴生、共生等矿产的分离与开发利用、矿产物质元素提取、冶炼中其它物质元素的回收利用、对主要矿物质损耗成分的再回收利用、深加工新材料化工产品使用损毁品的回收利用。按照生态环保型经济模式和循环经济体系的要求,积极促进农林、水利、旅游、环保等产业的综合发展,构建"翔式道路"主导下的区域产业体系。

(三)农业和生物资源开发与产业化发展

西部地区拥有广阔的土地,我国的沙漠、高原、草原基本集中在西部地区,森林也主要分布在西部地区,西部草场面积32 347.1万公顷,占全国草场面积的

97.78%,全国五大牧区全在西部,森林面积564.2万公顷,占全国森林面积的45.3%,西南林区是我国的第二大林区,较少遭到人类活动的影响,至今仍较完好地维持其生态系统的结构状态,保存着较多珍稀物种。由于西部地区的水土、气候、光热等自然资源的多样化,农业生物资源丰富,畜牧、棉花、药材、茶叶、糖料、瓜果、花卉、香料、亚麻、向日葵等在内的特色农业不仅仅在西部经济发展中占有举足轻重的地位,而且对全国农业经济发展也有重要影响。近年来,西部地区依托当地特色农产品资源优势,积极发展以地方特色农产品为主体的特色农业,如内蒙古的畜牧,新疆的水果、棉花,陕西的苹果和中药材,广西的水果、糖料,云南的烟草、药材、水果和花卉,四川的畜牧、药材等,特色明显的农业产业区正在形成规模,日益成为当地的支柱产业。

结合目前西部地区生物资源开发状况,并从具有连片种植、规模化发展和深加工生产及市场贸易潜力着眼,西部地区农业和生物资源开发与产业化发展的重要方向应主要考虑:

(1)亚热带、温带干果、水果:苹果、梨、桃、柑桔、香蕉、荔枝、西瓜等水果,大枣、核桃等干果。

(2)集中于川、滇、桂、黔和陕南的茶。

(3)来源于丰富动植物资源的中草药。

(4)以新疆为主以及关中、宁夏、河西走廊等地的棉花。

(5)云贵及其它各地的烤烟。

(6)肉用和乳用牛、羊,肉用猪,肉用鸡和鸡蛋等。

(7)丰富的林、草资源。

(8)无公害菜类。

目前,西部地区农业和生物资源产业化开发中的主要问题是:①生物资源保护不够。生物生存的环境不断恶化,生物资源的种类、数量、品质在明显下降。长此以往,将不能满足人们对生物资源的需求,将难以为人们提供良好的生存环境。这已成为影响西部地区及全国发展的重要问题;②生物资源没有得到有效、充分利用。依托西部地区丰富的生物资源,完全有条件为社会经济发展和人们的物质与精神生活创造丰富的物品、营养、能量,但由于思想认识、技术工艺、经营机制等的限制,许多生物资源的价值没有被认识到,没有得到有效开发利用,甚至被人类活动破坏掉了;③生物资源开发大多只限于农林畜业生产,深加工度差。生物资源开发利用大多以天然物资或农产品形式为主,深加工制作、有效成分提纯和多成份综合利用水平低,工业化延伸少,产业链条短,规模化经营水平低,经济效益差;④科技含量不高,规范化管理水平低。大量的生物资源开发还没有从根本上脱离传统生产状态,大多数达不到基地化种植、规范化管理、标准

化生产和质量安全保障等技术、管理和质量标准要求,严重影响市场化、国际化、现代化水平,制约长远发展;⑤生物资源加工生产造成"三废"污染。生物资源的加工生产以食品、化工、医药为主,一般形成较多废渣、废水、废气,造成环境污染。

根据西部地区生物资源开发的实际,按照"翔式道路"的要求,构建西部地区生物资源开发与产业化发展模式的总体思路是:以建立全国优质食品药品和生化产品生产基地、支撑西部产业结构升级和经济加快发展、促进贫困地区脱贫致富为目的,坚持因地制宜发挥优势、开发和保护相结合、继承和发挥传统技术文化相结合的原则,从基地化种植、链状深加工延伸、标准化管理入手,以科技和体制创新、区域专业化发展、龙头企业带动为突破口,以九大生物资源规模化开发为重点,加快生物资源产业化开发,建立以种养业、深加工制造业为主体,以新型农资生产、科技教育服务、商贸流通等综合配套发展为支撑的生物资源开发产业体系。

1. 因地制宜,发展建设地域专业化种植基地

在青藏高原以东、大兴安岭—山西高原—鄂西山地—巫山—雪峰山以西的南北狭长地带里,分布着:热带雨林—南亚热带湿润季风气候常绿阔叶林—北亚热带湿润季风气候常绿落叶混交林—暖温带季风气候落叶阔叶林—中温带半干旱森林草原—北温带半干旱草原和干旱沙漠等7个自然地理带,加上南部沿海、云贵高原、四川盆地、秦巴山地、黄土高原、内蒙高原、河西走廊、塔里木盆地和准噶尔盆地的地形变化,农业与生物资源具有明显的地域差异和递变规律,同时青藏高原的自然环境和生物资源分布也独具特点。要根据自然环境及生物资源地域变化特点,因地制宜,优化布局,多样化发展,总体上要实施大面积连片基地建设和小面积分散布局相结合的方针,但某些领域要特别重视大面积连片专业化基地的建设,主要应集中力量,加快建设15个地域专业化农业与生物资源开发区(带),加强科技、农资、种苗、销售等配套服务和水、电、路等基础设施建设,促其发展成为集约化、专业化、现代化、国际化产业基地。主要包括:

(1)三大水果生产基地。一是陕北南部、关中渭北、甘肃陇东、宁夏南部以苹果、梨、桃等为主的北方温带水果生产基地;二是云南、广西中南部以柑桔、香蕉、荔枝等为主的南亚热带水果生产基地;三是新疆以西瓜、葡萄、哈密瓜等为主的温带干旱区水果生产基地。

(2)两大专业化茶叶生产基地。一是陕南、川北巴山地区北亚热带茶叶生产基地;二是川南、渝南、滇桂黔中北部亚热带茶叶生产基地。

(3)五大畜牧业基地。一是内蒙北温带草原马、牛、羊畜牧基地;二是陕北、宁夏、陇东牛羊肉畜、乳畜基地;三是陕南、四川瘦肉型猪生产基地;四是新疆马、

牛、驼畜牧基地;五是青海羊、牛肉用畜牧基地。

(4)三大中药材生产基地。一是秦巴山区、甘南温带、北亚热带中药材基地;二是四川盆地中亚热带中药材基地;三是云贵南亚热带中药材基地。三大基地构成中国西部药谷。

同时,集中发展新疆、河西走廊棉花生产基地,云贵烤烟生产基地,等等。

2. 积极开拓国内外贸易市场

农业与生物资源开发必然要有相当一部分作为农林牧产品直接在市场销售,特别是水果、药材等,也有一部分只是粗加工处理,例如:畜类屠宰、茶叶加工、棉花弹轧、烟类复烤等。这类产品用以满足人们日常生活和深加工企业所需,具有广泛的市场空间。必须在以 15 大专业化生产基地为主的主产区,加快建设批发、零售交易市场,加快发展中转贸易企业,在东部地区和海外积极创设营销机构,加强信息化建设,一定要把一家一户的生产和国内外大市场连接起来,形成国内外销售网络,真正发展成为我国重要的国际化商品生产基地。

3. 积极发展深加工产业

按照产业化经营的方式,加快发展深加工产业,延长产业链,提高附加值,不仅是为农业和生物资源开发寻找更广泛市场的重要途径,而且对于提高当地经济综合实力,加快农业向工业延伸,促进城镇化,加强资源有效利用和环境保护具有重大意义。要选择重点方向,加强科研和工艺技术攻关,引入有实力的企业,加快开发深加工产品。根据主要生物资源的特点、西部基本条件和市场状况,应该首先加快以下重点领域的深加工产品开发,构成核心产业链和经济体系。一是果蔬加工生产,发展以果蔬汁、方便熟食、醋、酒等食品为主的加工制造业;二是重要药品加工生产,利用西部丰富的中药资源,可以广泛开发生产多种涵盖医药领域的饮片、原料药和深加工药品以及保健、化妆、化工等产品;三是乳、肉加工生产,发展液态、干粉、酸奶等多种乳制品和罐装、粉状、方便熟食等多种肉制品;四是依托烤烟、棉花基地建设,发展烟草加工业和棉纺织、印染、服装工业。要通过加快工艺技术研发和市场开拓,使这些领域形成具有国际市场竞争能力的现代加工制造业。

4. 加快推进规范化、标准化生产

要加快制定种植、加工、技术、质量标准,加强标准化监测和认证工作,积极推动标准化、规范化生产经营,加强良种繁育、品质提纯复壮,提高科技含量和国际市场竞争力,促进稳定持续发展。

5. 积极推进生态环保型经济模式和发展循环经济

加强对生物资源的保护,保持生物资源的可再生能力,特别是要加强对濒危和紧缺生物资源的保护和野生品种的人工栽培研究,促进生物资源的多样化和

生态平衡,做到生物资源的永续利用。加强施肥、病害防治及植育管理的无公害化,积极推广清洁生产技术,加强废弃物质、水等的回收再利用和处理,杜绝对环境的污染。加强对生物资源的多途径、综合化开发利用,促进有效成分和多种成分的充分提取利用,减少资源浪费,提高资源节约水平。

(四)水资源开发和水业发展

西部是我国主要江河的发源地,蕴藏着丰富的水资源和水能资源,是南水北调西线、中线工程所在地区。我国年径流总量为 27 115 亿立方米,西部地区共 12 986.5 亿立方米,占全国的 47.9%,其中西北地区 2 117.5 亿立方米,占 7.8%,西南地区 10 869.0 亿立方米,占全国的 40.1%。西北地区年地下水资源总量为 1 125 亿立方米,占全国的 1/8。长江年径流量为 9 616 亿立方米,占全国的 35.5%,其中地表水资源 9 513 亿立方米,地下水资源 2 463 亿立方米,重复水量 2 360 亿立方米。黄河、长江、珠江等流域的中上游地区,澜沧江、怒江,还有雅鲁藏布江的中下游流域,是我国水能蕴藏最丰富的地区。西部水能资源可开发量占全国的 82%,已开发量不足 10%。长江干支流总落差 5 800 米,水能蕴藏量 2.68 亿千瓦,占全国的 38.9%,可开发量 19 724 万千瓦,年平均发电量 10 275 亿千瓦·时,占全国可开发量的 40.0%。西南地区水能蕴藏量 2.67 亿千瓦,可开发量 0.9 亿千瓦,年平均发电量 5 067 亿千瓦·时,占全国的 18.3%。但由于受地形、气候、自然地理和地质条件的影响,西部的水资源地区分布极不均匀,南多北少,占西部总面积 57% 的西北地区,水资源量仅占 18%,水能资源仅占 24.4%。

西部地区作为我国主要大江大河的发源地,如何保护、开发、利用水资源和供给优质水是西部"翔式道路"产业结构优化升级必须高度重视的问题,发展包括水能和水利的水业已成为西部产业发展的重要方向。目前,西部地区水资源开发和水业发展的主要问题是:①水资源及水环境保护形势极为严峻。一是植被破坏严重,沙漠化、石质化仍然严重,水源难以有效涵养,地表水、地下水水量显著减少。大批河流断流、湖泊干涸,地下水位下降,最为触目惊心的如黄河断流、罗布泊干涸、青藏高原干化等;二是大面积水源地遭受污染。由于工业生产和城市生活"三废"排放、有害农资施用等,造成水体污染、水质下降,特别是在矿产资源重点开发地区、城镇和人口稠密地区,水源污染问题已到了极为严重的地步。三是由于植被破坏、水土流失、固体污染等,造成河流含沙量增加,清水变黄水、浊水,对水资源的利用造成影响;②水害频频发生,严重影响人民生命财产安全。由于植被破坏、雨涝干旱不均、河水暴涨暴落、水利工程建设缓慢等原因,泥石流、山体滑坡、洪水等灾害频频发生,不仅对西部地区造成破坏,而且严重影响我国东中部地区;③水利工程建设不能满足治理水害、水源保护、水资源开发、城乡用水的需求。西部大开发以来,生态环境建设、水利工程建设取得举世瞩目的成就,但由于生态环境和水利工程建设工程量大、投资需求大,水利建设仍不能满足国民经济和人民生活的需求,不能满足水源和水环境保护、水害治理的要求,不能满足跨区域调水和合理调配区内用水的要求;④水资源浪费极为严重。由于对水资源"宝贵"意义认识不够,由于眼前和局部利益的影响,由于节水型法律法规不健全和节水社会机制没有建立起来,农业大水漫灌、高耗水工业大量耗水、社会日常用水刚性增长、大量水资源不能有效循环和重复利用等问题,长期不能从根本上得到解决,造成水资源浪费问题仍然非常严重;⑤水资源开发利用产业化水平低。不能有效地把市场机制、产业化经营方式用于水资源和水环境保护、供水和节约用水、区域调水、治理水害之中,也在很大程度上成为西部水资源开发利用的严重障碍。

根据西部地区水资源开发利用状况、存在问题和人类开发利用水资源的方式、方法变化的基本趋势,构建西部地区水资源开发和水业发展模式的基本思路是:以加强水资源和水环境保护、建设全国优质水源地、建立节水型社会、保障国民经济发展和人民生活用水需求为目的,从加大水利工程建设和生态环境建设投资力度、加强节水和水污染治理措施、加快引入水资源开发利用和保护市场化、产业化机制入手,积极推进水资源保护、水资源合理开发利用和水业发展。

1. 努力加强四大全国水源地保护和开发建设

一是加强两大南水北调优质水源地保护和开发建设。一个是青藏高原长江和黄河源头优质水源地建设。这里是黄河、长江的源头,也是全国南水北调西线工程所在地区,该区要重点加强水环境保护、水量保持,实施生态调水和工程调水方案,加强对黄河干流的水资源供给;另一个是秦巴山区汉、丹江中上游优质水源地建设。这里是全国南水北调中线工程的水源地。要重点加大力度实施涵养水源的生态措施,加大力度实施水污染防治的产业调整措施、技术措施和工程治理措施,切实加强水环境保护、水质保护和水量保持。二是加强长江、黄河上游两大地域的水土保持和水源保护工程建设,重点是坚持不懈地抓好长期以来实施的"天保""三北""长防"等生态建设和环境综合治理工程。

2. 加强西部地区六大区域性水源地保护和建设

根据西部地区水资源分布及其空间运动特点和规律,为保持西部水平衡、水源保护,保证城乡生产生活用水,必须加强六大地区性水源地保护和开发建设。一是新疆塔里木盆地和准噶尔盆地周边绿洲和外围山地水源地;二是内蒙东部诸河流的大兴安岭西坡发源地;三是黄河北干流诸支流和渭河流域众河流发源的陕北西部、陇东、秦岭北麓水源地;四是长江干流四川盆地众支流发源的巴山、

米仓山、川西山地发源地;五是西江及云贵高原、广西盆地诸河流发源的云贵中北部及大娄山地区水源地;六是雅鲁藏布江中上游及怒江、澜沧江等河干支流水源地。六大区域性水源保护和开发建设重点地区,应该把水能和水利资源开发并重,把水资源开发和水源与水环境保护并重,把生态措施和工程措施并重,加大投入,加强建设。

3. 加强节水、水源保护和水污染防治

加大水资源保护和节水宣传教育的力度,提高党政领导、企事业单位经营管理者、广大人民群众对水是最宝贵资源和节水的认识。在工农业生产、服务行业和日常生活中大力推广应用节水技术、节水设施,提高水资源有效利用水平和循环重复利用率,建立节水型社会。加大对高耗水和水污染行业、领域的治理整顿力度,制定严格的降耗和污染排放标准,严禁节水和排水非达标企业的新建和继续运营。加强合理利用和科学开发水资源的工作,区域性大型重点水利工程和生产项目配套水源工程建设,都要充分考虑区域水量平衡,保证基本生态用水,坚决杜绝过量开采水资源和破坏水环境及整个生态环境的掠夺式开发。加强节水法律法规建设,把建立节水型社会的要求作为评价党政领导干部政绩的重要指标,促进形成全社会节水的良性机制。

4. 积极引入市场机制,发展水产业

以市场定价机制为引导,以供水工程建设和管理成本为基准,合理确定工业、农业、服务业和居民生活用水价格;对主要供水工程的投资建设和管理,引入市场化、产业化经营运作机制,允许民间资金、区外境外资金投资并参与工程建设和管理;促进水源工程、生态工程以发电、供水为主,综合开发旅游、林业、渔业、体育、文化娱乐等经营活动,实施产业化经营;对水环境保护、水土保持、水污染治理等重大工程建设,一方面要加强财政投资,另一方面要通过采取与产业开发、土地经营、资源利用收益相结合的方式,积极利用市场化机制加快推进;对重要水源地区加强水资源开发和保护工程建设、实施生态涵养工程,以及当地用水重大工程建设,国家要给予地方以水源涵养和水环境保护经济补偿,要加大中央财政对这些地方转移支付的支持力度,调动地方加强水源地保护、建设的积极性。

(五)装备制造经济技术资源开发和装备制造业发展

国家20世纪50年代加强内地建设和60—70年代"三线"建设,奠定了西部地区良好的装备制造经济技术基础,关中、成渝、南贵昆地区和贵阳、兰州等城市,集中了一大批研发机构、大中型企业、较先进的技术装备和有较高素养的劳动大军,形成了以国防科技工业为主导的比较完备的西部现代装备制造产业体系,其中航天、航空、汽车、机车车辆、机床、电力设备、工程机械、仪器仪表、动力机械、专用设备等,在全国占有重要地位。世界制造业中心向中国转移、国家实施西部大开发和老工业基地改造、国家加强国防现代化建设等都对西部地区发挥装备制造经济技术资源优势,振兴现代装备制造业,创造了新的机遇和有利条件。加快发展装备制造业对于西部产业结构升级和技术提升、加快工业化步伐、增强产业竞争实力和自主增长能力,具有重大意义,同时会有力地推进国有企业改制、劳动就业增加、居民收入提高。

根据目前西部装备制造业经济技术优势和国内外产业分工、市场竞争特点,构筑西部地区装备制造经济技术开发和装备制造业发展模式的基本思路应该是:着力于建设国家级军民高技术产业基地,从建立军民融合机制、加强国际联合合作、加大技术改造和资本重组入手,加快构建以国防科技工业为重要支持的西部现代装备制造业科研、生产体系,实现西部产业结构和技术升级、参与全球产业分工和市场竞争。

1. 加快用现代高科技改造提升装备制造业

装备制造业是资本、技术密集型产业,对高科技具有很强的承载力。同时,由装备制造业的性质所决定,用高科技改造传统产业就必须首先改造装备制造业,装备制造业成为用高科技改造传统产业的最重要切入点。关中、成渝、南贵昆地区高新技术产业开发区首先要考虑现代装备高科技的研发和推广应用,要把装备制造业改造作为传统改造的重点领域。用高科技改造装备制造业,必须以信息化、自动化为先导,带动技术和结构全面升级。要在目前加强制造业企业信息化示范的基础上,尽快全面推广应用等信息化技术,加快提高企业管理水平、自动化水平和竞争实力。

2. 加强装备制造业的跨区、跨国、跨所有制合作和资本重组

抓住世界制造业中心向中国转移和我国支持发展装备制造业的机遇,积极招引国际著名企业进入,积极走出去参与国外同行业、企业兼并或合作发展。充分利用国际优势资本和市场力量,加强企业资本优化整合,激活存量资本,带动企业制度改革和注入发展活力。要加强与欧洲著名大公司在飞机、机床、工程机械、仪器仪表等方面的合作,加强与日、韩、美企业在汽车、动力机械、专用设备、机车车辆、电子信息装备等方面的合作,加强向东南亚、南亚、南美、非洲等国家的资本输出和投资合作,有针对性地加快获取世界先进技术、高科技人才等优质资本和市场空间,提高市场竞争力,扩大全球产业分工和市场份额。

3. 努力构建以国防科技产业为先导的军转民、军民融合机制

西部的装备制造业主要源于国防科技产业,大多是 20 世纪 80 年代以来军转民的产物,许多装备制造业生产和军工装备生产同在一个企业,继续借助国防

高科技研发和产品生产能力发展装备制造业是增强装备制造业实力的重要途径。同时,从国外特点看,军民融合、军民互动、寓军于民是军工生产发展的重要趋势,要充分利用我国加强国防科技产业现代化的战略机遇,按照军民融合、寓军于民的方式和机制,以民用装备制造业的现代化支持国防科技产业的发展,同时为民用装备制造业发展争取发展机会和空间。

4. 加强建设军民高技术产业基地,形成以成渝、关中为主体的国家装备制造业基地建设

西部的国防科技产业及装备制造业主要集中分布在关中、成渝、南贵昆地区和兰州、贵阳、汉中等城市。不管从原有发展基础、军民融合机制、科教支撑条件、产业与社会配套服务,还是从军民高技术产业基地蓬勃发展的态势,以及装备制造业自身要相对集中布局的要求看,都应进一步建立和建设国家、区域军民高技术产业基地,形成并强化成渝、关中为主体,包括兰州、贵阳、汉中等在全国的国防科技产业和装备制造业地位。国家应结合西部大开发、振兴老工业基地、加强国防现代化建设,加大对成渝、关中装备制造业发展的支持力度。西部的陕西、重庆、四川等省市,要把装备制造业作为主导产业来发展。要在国家主持下,按照发挥市场配置资源基础性作用的要求,加强关中、成渝及兰州、贵阳等装备制造业的有机整合,增强总体发展实力和国际竞争力。关中、成渝两地要注重发挥各自优势,在互补、互援、互动中促进共同发展,重点在航天、航空、汽车、机床、通信设备、数字化家电、计算机软件、电子元器件、石油钻采机械、冶金压延设备、动力设备、电器设备、工程机械、仪器仪表、专用矿山设备、轻工机械等方面形成优势,参与国内外市场竞争,加快发展步伐。

第六章

实施"翔式道路"（一）
——应突破的关键问题

推进"翔式道路"的关键，就是要突破传统经济发展方式中存在的五个主要难点：一是促进人与自然和谐发展，可持续发展目标。二是积极推进知识密集型发展，保持区域竞争优势。三是加快提高产业质量和效益，转变经济发展方式。四是充分体现以人为本思想，使尽可能多的人参与到经济发展中并能够分享经济社会发展的成果。五是发挥城镇辐射带动作用，促进城乡协调发展。

一、突破的关键之一——促进人与自然的和谐

(一) 建立生态环保型经济社会

"翔式道路"的一个重要目标,是建设生态环保型经济社会,即能够实现可持续发展的经济社会形态。建立生态环保型经济社会的实质就是促进人类行为方式与其生存环境相互关系的有机协调,在人类社会与自然界之间构建"社会－经济－自然"复合生态系统。

生态环保型经济社会必须同时遵循两种规律,即生态学规律和经济规律;必须融合两种系统,即自然生态系统和经济社会系统。在两种规律相互统一的基础上,综合经济社会和自然生态两大系统于一体,构建统一的经济社会与生态环境大系统。通过促进这一综合大系统的结构优化、功能最大化和增强自组织能力,实现人与自然的和谐、经济社会与环境的有机协调。

生态环保型经济社会系统中自然与经济社会协调的途径可概括四层含义:一是经济社会活动过程不直接破坏环境和生态平衡。如矿产开挖、农耕等直接从自然界采掘资源的产业的生产过程,要努力避免造成山体滑落、地面塌陷、林草破坏、水土流失、土地沙化等。二是生产和消费活动不宜排放有害物质和能量破坏环境和生态平衡。如要尽量减少生产和消费活动过程排放"三废",避免造成污染,破坏环境和生态平衡;又如加工制造业生产过程,要努力减少排放有害的热、光、声、磁、电等，避免对人体的危害，对环境和生态平衡的干扰。三是科学、合理、有效利用资源，综合利用和循环利用资源，避免对资源大量浪费和破坏，特别是对不可再生资源的破坏和浪费，以免导致资源短缺加速，威胁人类发展和生存。四是人类社会通过建立循环经济、加大环境修复和污染治理等努力，改变已发生和已存在的自然与经济社会不协调的问题。

(二)发展循环经济

循环经济是一种融入生态法则，把清洁生产和资源综合利用、重复利用融于一体的经济体系。循环经济的本质特征表现在四个方面：一是具有生态化的内部组织方式和产业、产品结构；二是具有以生态价值和经济价值双重目标为指向的网络化内部经济循环系统；三是系统的外部物质运动形态表现为"资源—生产和消费—再生资源"的循环过程；四是系统外部物质利用功能上具有"减量化—再利用—再循环"(3R)和"低攫取—高效用—低排放"的特征。

建立循环经济从发展观的层面上看，其意义和作用在于：一是体现了新的经济观，即在传统工业经济的资本循环、劳动力循环的基础上，强调自然资源也应该形成循环；二是体现了新的价值观，将生态价值作为主要指向，利用生态化组织体系实现经济社会与环境的和谐；三是体现了新的生产观，即在生产中不断提高自然资源的利用效率，循环使用资源，尽可能地利用可再生资源替代不可再生资源；四是体现了新的消费观，提倡物质的适度消费、层次消费，在消费的同时考虑废弃物的资源化，建立循环生产和消费的观念。

建立循环经济的实际操作原则是"减量化、再利用、再循环"，即在经济活动中实现资源利用的减量、产品的再利用、废弃物的再循环。减量化原则属于输入端方法，即在生产的投入端尽可能少地输入自然资源，旨在减少进入生产和消费过程的物质量，从源头节约资源使用和减少污染物的排放。再利用原则属于过程性方法，即尽可能延长产品的使用周期，并在多种场合使用，目的是提高产品和服务的利用效率，要求产品和包装容器以初始形式多次使用，减少一次性用品的污染。再循环原则属于输出端方法，即最大限度地减少废弃物排放，力争做到排放的无害化，使物品完成使用功能后重新变成再生资源，实现资源循环利用。3R原则在实际操作中的重要性不是并列的，建立循环经济也不是简单地通过循环利用实现废弃物资源化，而是强调在优先减少资源消耗和减少废物产生的基础上综合运用3R原则，其操作顺序是：减量化—再利用—再循环。

(三)推广清洁生产

清洁生产也叫无害环境生产、低废无废生产或绿色生产。推广清洁生产的根本目标就是充分利用物质资源,把有害物质成分转化为有效资源,减少和避免污染物的产生,保护和改善环境,保障人类健康,促进经济与社会的可持续发展。

推广清洁生产的意义在于:一是突破了传统污染治理手段的被动性和事后性。清洁生产将污染预防纳入到产品设计、生产过程和所提供的服务之中,实现污染防治的全过程控制,由末端治理转向初端治理,被动治理转向能动治理,事后治理转为事中治理。二是突破了传统污染治理的抛弃式和有限性。清洁生产将污染治理转化为物质成分的利用和污染物质的彻底化解,以无污染物产生为目的,实现了由抛弃物质向再生资源获取的转变,由有限制治理向根本性治理的转化。三是突破了传统的使用、消费后进行救治和污染治理量大、面广,难以有效实施的局面。清洁生产通过将污染物质资源化、消费产品绿色安全化,提高了消费者的安全保障系数和污染危害治理效率。

清洁生产主要包括以下方面:一是清洁及高效的能源和原材料利用。包括清洁利用矿物燃料,加速以节能为重点的技术进步和技术改造,提高能源和原材料的利用效率等。二是清洁的生产过程。包括采用少废、无废的生产工艺技术和高效生产设备,尽量少用、不用有毒有害的原料,减少生产过程中的各种危险因素和有毒有害的中间产品,生产原料的再循环,优化生产组织和实施科学生产管理,进行物质转化利用并辅以必要的污染治理,实现清洁、高效的资源利用和再生产。三是清洁的产品。产品应具有合理的使用功能和使用寿命,产品对人类健康和生态环境不产生或少产生不良影响和危害,产品应易于回收、再生和重复利用等。

(四)发展环保产业

发展生态环保型经济、建立循环经济、推广清洁生产、促进经济系统和生态环境系统的融合,需要有一个发达的环保产业体系作保障。为此,必须从以下方面做出努力:一是发展环保科学技术研究,提供强有力的理论与技术支撑;二是要加强经济生态化内部组织方式的研发和管理实施,优化配置系统资源;三是要加强污染治理、清洁生产及其他各类环保型专业化设备的研制,形成环保设备制造产业;四是加强后期污染治理活动的组织实施,形成污染治理、污染物处置和污染伤害损害处理救治产业;五是发展废旧物质回收、资源化处理产业;六是加强污染监测、预警、环境咨询、教育等环保信息产业。

二、突破的关键之二——积极推进知识密集型经济发展

"翔式道路"强调,当今世界各国的竞争突出表现在知识、技术和人才的竞争,经济发展方式的转变也首先表现为向主要依靠科技进步促进生产方式、经济增长方式的转变。为此,必须加快提高经济社会的知识密集水平,充分发挥科技是第一生产力的作用,依靠科技进步加快推进产业结构升级。

(一)构建知识密集型经济机制

构建知识密集型经济机制,是加强科技创新,提高产业科技含量,推进知识密集型发展的内在动力。

构建知识密集型经济机制,必须在加快经济体制改革,不断完善社会主义市场体系的基础上,在以下方面做出努力。第一必须构建有效连接世界科技前沿的科技创新平台,不断增强吸收、消化、集成、再创新的模仿创新和自主创新能力。第二,必须建立以企业为主体、以市场为导向、以产学研联合为重要方式的市场化创新机制。第三,必须构建主要依靠科技进步促进发展的产业结构、产品结构、组织结构、人才结构和管理方式。第四,建立全球化开放式科技与经济竞争机制和本国、本地区推进科技进步的政策法规和社会文化环境。

(二)提高产品科技含量

始终把提高产品科技含量作为产业发展和工业化的重要任务,是加快推进科技进步,加快产业结构升级,增强自主增长能力,解决生产和发展中问题及弊端的重要突破口。产品要向商品转化,要在市场竞争中取胜,必须适应现代生产、生活的需要,经得起市场的检验。在市场竞争的导向下,企业必须要加快开发新产品,提升产品的科技含量,提高产品质量,带动产品以及产业结构升级。通过提高产品科技含量,一是可以促进企业走上主要依靠科技进步促进发展的路子,提升知识技术集约水平;二是可以最大限度地满足现代产业发展对装备技术的需求,满足现代生活方式日益增长的消费需求。

(三)提升装备技术水平

装备技术水平是决定产业科技进步水平和产业竞争实力的关键因素。提升产业技术水平和产品科技含量,都必须首先提升技术装备和生产工艺水平;解决

传统产业经济发展方式上的问题和弊端,也必须依靠提升技术装备水平。

(1)要通过加快更新装备技术加快改造传统产业。实施"翔式道路",推动产业知识密集型发展,首先要注重加快设备更新,提高折旧率,积极采用智能化、自动化、柔性化、集成化等现代装备技术,特别是推动大型成套设备的高新技术化。

(2)要通过加快更新装备技术,解决生产方式上的问题。结合发展清洁生产、循环经济和提高节能降耗、安全保障的要求,结合提高经济质量和效益,积极采用新技术、新工艺、新型设备,提高产业装备技术水平。

(3)要在积极引进先进装备技术的同时,在具备条件的情况下,大力发展现代装备制造业,为提升产业和技术水平提供强有力的装备技术支撑,增强推进产业技术进步和结构升级的自我装备能力。

(四)加快信息化步伐

(1)加快企业信息化步伐。要全面推广应用计算机集成制造系统(CIMS)、计算机辅助设计系统(CAD)、计算机辅助制造技术(CAM)和柔性技术等信息化制造技术,提高工艺技术水平和产品质量;加快推广应用企业资源计划管理系统(ERP)、计算机辅助工艺计划、企业流程再造系统(BPR)、供应链管理系统(SCM)等信息化组织管理技术,提高资源优化配置能力和生产效率;积极发展应用电子商务、客户管理系统(CRM)等信息化技术,构建企业现代物流系统和采购销售系统;加快企业信息化设施建设和局域网发展,支撑企业内部信息化发展,促进企业社会上网。

(2)加快政府部门和行业管理机构、行业协会的信息化水平,提高相关管理机构信息发布、政策引导、项目审定、市场监管的公开、公正、透明、机敏程度,提高监管、调控和服务水平。

(3)加快社会咨询、中介服务、技术市场、劳动市场、科研机构等社会服务的信息化步伐,增强服务功能,提高社会服务水平。

(五)发挥高智能人才的作用

提高产品科技含量,提升装备技术水平,加强科技创新,首先必须要有一批拔尖高智能人才,这是多层次人才体系和人才群的中坚。

(1)必须形成广泛借用国内外社会人才或者广泛吸纳社会人才智慧的机制,利用社会力量和智慧加快科技进步。

(2)必须建立引进人才和充分发挥已拥有人才作用的机制,激发人才的科技创新积极性,激励发明创造。

(3)必须建立加快人才成长的培育机制,围绕企业技术创新,以市场化科技竞争为导向,适应现代科技发展潮流,不断培育科技新人,促进科技人才的知识更新,努力提高创新实力。

三、突破的关键之三——加快提高产业质量和效益

实施"翔式道路",必须把发展质量和效益放在产业发展的突出地位,坚持质量第一、效益优先原则。这是经济发展从以外延扩张、粗放增长为主,向以内涵发展、集约经营为主转变的重要内容,也是经济量的积累达到一定水平后向质的提升转变的基本规律的反映,也是经济持续发展的内在要求。

(一)建立质量效益型发展机制

(1)加强科学化管理。充分运用现代管理手段、方法、方式,增强内部自组织能力,挖掘发展潜力,激发经营活力,强化质量、技术和效率管理,保证质量和效率。

(2)加强质量、效益监督和检验。建立和完善质量、效益监督机制和管理体系,形成严格的质量、效益奖惩制度,加强质量、效益保障。

(3)加强标准化体系建设。标准化是提高发展质量和效益的根本保证。通过实施产品标准、工艺标准、检测试验方法标准、安全标准和卫生环保标准,提高技术水平和标准化;通过实施经济、技术、行政、生产经营等管理标准,提高管理效果和水平;通过实施责任、权利、方法等标准,提高工作效率和增强工作岗位责任。

(二)努力提高发展效果

(1)投入产出率高。走"翔式道路",必须依靠采用先进技术,加强科学管理,在尽量降低环境、社会压力,减少对资源、资本攫取的基础上,实现低投入、低消耗、高产出、高效益。

(2)产出社会效果好。一方面必须以优良的品质、丰富多样的品种、效能安全的性能,最大限度地满足生产和建设对物质产品的需求,为经济发展和社会进步提供物质技术保障。另一方面不仅有物质产品生产,而且要能够提供丰富、优质的精神文化产品,满足社会文化发展和人民精神生活的需求。

(3)创造社会价值丰厚。新型工业化必须能够创造出丰厚的价值,对每个参与其中的劳动者带来良好的工作、学习、生活环境,对劳动家庭财富积累给予有效支撑,对不具备劳动条件的社会成员提供社会保障,不断增加全社会的收入和福利。

(4)不断增强自我积累发展能力。以良好的投入产出效率、社会效果和价值

翔式道路

创造为保证,不断增强自我投入发展能力,调动各种经济社会要素,保持经济社会活力,形成良性积累和持续、稳定发展的内在动力。

(三)坚持质量、效益、速度相统一

一是速度和质量、效益相统一。高速度必须以高效益为前提,只有具有较好效益的增长速度,才能促进国民经济持续快速健康发展。必须有机协调速度目标与质量、效益目标,推进新型工业化所要求的速度,是具有良好经济效益和保证质量的速度;所要求的经济效益和质量,是有一定速度的质量和效益。要坚持速度服从质量和效益。在效益优先和质量保证的前提下加快发展速度,这样的速度才是切实可行的速度,才是有实际效果的速度。要坚持以效益和质量求速度。如果一味追求发展速度,只顾增加产值而不重视提高质量,就无法取得良好的经济效益,所谓的高速度也难以为继。必须用高质量、高效益保证自我投入能力,从而促进加快发展。

二是质量、效益和结构相统一。要实现良好的质量和效益,就必须优化产业结构,以结构优化保证质量和效益,推动加快发展。一方面要促进经济社会结构协调化和高度化。经济社会协调化和高度化都有利于提高附加值和综合效益,实现稳定协调发展,提高发展质量。实现协调化,就是要增强产业间的有机联系,促进经济和社会协调发展,形成科学的产业序列和社会文化结构,并有利于遵循产业和社会经济结构演进规律,促进产业和社会文明高度化。实现高度化,就是要通过技术创新,以满足社会需求为导向,促进产业结构和社会文化结构优化升级,并进而实现更高产业结构层次和更高社会文明水平上的协调发展。另一方面要把存量调整与增量调整相结合。结构优化升级既有存量调整又有增量调整,结合产业发展特点有机协调存量调整和增量调整的关系,对提高发展质量和效益具有重要影响。增量调整有利于建立新的部门,对从根本上改变落后的产业和社会经济格局有重大作用,但需要大量的资金和技术投入。存量调整虽然只是对原有的部门进行重新组合,但可以在少增加新投资的条件下,优化组合原有生产要素和社会文化要素,淘汰劣质产品和落后文化,使社会要素向优势产品、产业和社会文化领域集中,促进产品、产业结构优化和社会文明进步。

四、突破的关键之四——充分体现以人为本思想

"翔式道路"是以人为本的发展道路,其所遵从的中国特色新型工业化经济体系是以人为本的经济体系。以人为本的经济体系,就是以尽可能多的人为主

体，满足尽可能多的人的需求的经济模式。具体来说，就是使尽可能多的人参与经济社会发展并能够分享经济社会发展的成果。

（一）以人为本的经济体系要成为提高劳动者整体素养的教育学习体系

经济竞争表面上看起来是经济资源、产品质量和市场占有率的竞争，实际上是高质量的人力资源的竞争。走"翔式道路"，要求不断提高劳动者素质，充分发挥人力资源作用。反过来，新型工业化产业体系的结构方式及社会综合配套，将成为思想道德、文化素养和专业技术教育的大学校，为劳动者提供良好的学习、培训条件。

（1）形成企业内外教育培训体系。由于产业发展的需要，必须建立专职和在职教育、在校和继续教育、技术教育和思想教育相结合的发达的培训教育体系，以满足培养高中级科技人才和高素质劳动工人的要求。

（2）形成人才争先学习进步的氛围。由于劳动、收入竞争的需要，每个劳动者必须自觉地、不断地学习，以提高自己劳动能力和对社会的适应能力，久而久之，学习、培训成为每个人的第一需求，学习、培训和参加劳动生产同等重要。

（3）逐步形成促进学习的良性机制。通过知识技能、文化思想等考核，严格劳动素养标准，建立鼓励学习进步的规章制度，加强建立学习型社会的各种措施，逐步形成促进学习的良性机制。

（二）以人为本的经济体系要能够充分发挥和利用社会人力资本

（1）通过建立知识密集型和劳动密集型有机结合的新型工业化产业体系，最大限度地创造适合社会劳动力结构的各种层次、各种类型的职业岗位，实现产业结构、就业岗位和社会劳动力结构的对接，有机调节劳动力供求关系。这是新型工业化经济体系的突出特点和功能，是新型工业化要研究解决的重大问题。

（2）建立优化选择和使用人才的机制。通过劳动竞争和学习培养，最大限度地挖掘每个人的劳动潜力，使不同性格、素养、知识结构、技能水平的劳动者能够进入相适合的就业岗位，尽情地发挥自己的聪明才智、积极性和志趣，使劳动者得以身心满足。

（3）按照市场经济发展的要求，构建按劳分配和按资分配等多种分配方式相结合的新型劳动分配制度，在经济实体内部和全社会形成激励社会劳动者勤奋工作、积极贡献的机制，使每个劳动者能够各尽所能地为社会发展做出努力。

（三）以人为本的经济体系要能够创造和提供满足个人和家庭生活需求的物质条件

"翔式道路"推进经济社会发展的根本目的，就是最大限度满足人的物质和精神生活需求。

（1）以较高的投入产出水平为保证，实现社会财富和个人财富的不断增值，使人们有经济能力保持良好的生活水平和生活方式，使社会有能力保持较好的公共福利。

（2）保证优质的物质和精神产品供给。新型工业化必须能够向社会提供更为丰富优质的物质产品和社会文化产品，不断满足人民群众日益增长的物质和精神需求。

（3）保证优良的人文和自然环境供给。不仅要最大程度降低对环境的影响和破坏，促进环境保护和修复，而且要为人们构建舒适、优雅、和谐、便捷的人居环境和工作环境，使人们得到良好的身心享受。

五、突破的关键之五——发挥城镇辐射带动作用，促进城乡协调发展

实现社会与经济、乡村与城市、国内发展与对外开放，以及区域之间、不同社会群体之间的协调发展，是实施"翔式道路"，转变经济发展方式、推动产业结构优化升级，走中国特色新型工业化道路的重要特征和重要目标。发挥城镇辐射带动作用，构建城市与区域社会经济统筹发展的良性机制，是促进协调发展的重要途径。

（一）强化中心城市功能，带动产业升级和社会文明进步

城市产生于手工业、商业从农业分离的产业初级分工、分业的社会变革时期，现代区域中心城市则是现代工业、服务业集聚和先进社会文明领先发展的地方。产业结构的演化升级催生了城市，促进了城市的发展；反过来，城市作为新兴的、后次产业和社会文明滋生、发展的据点，也不断地推进着产业结构升级和社会文明进步。所以，城市发展和产业的梯级演进、结构升级和社会文明进步密切相关。走"翔式道路"必须重视城镇建设，特别是要加强区域中心城市建设，促进第一、二、三次产业综合发展、经济与社会文化相互支撑、经济结构与社会结构不断优化升级，最终实现社会经济稳定、协调发展。为此，必须重视中心城市具

有特色的主导职能的发展,这是一个城市和其他城市分工合作、共同发展的要求,也是城市发挥优势、增强自主发展能力的要求。同时,随着城市规模增长、产业集聚和根据城市带动区域社会经济全面发展的要求,必须促进中心城市的综合发展,使其从交通、矿产、加工制造、旅游等单一职能或者产业结构层次低下的状况向科技、教育、文化、金融、物流、饮食等也相应配套发展、产业结构层次不断优化升级的方向发展,从而带动区域产业结构不断升级、经济与社会协调发展。

(二)优化城镇空间布局,促进区域经济协调发展

不同等级的城镇在产业发展和带动区域社会经济发展中的作用不同,特大、大城市的现代文明很大程度上要通过中等城市、小城市、乡村城镇的梯级传递,才能广泛地影响、辐射周围地区。"翔式道路"要求重视建立职能分工明确、规模等级层次和空间布局合理的区域城镇体系,以充分发挥带动不同区域、不同地方社会经济发展的作用,促进区域经济协调发展,在最大限度发挥各区优势、特色的基础上,弱化不平等的区域差别。为此,一是必须重视构建大、中、小城市和小城镇有机结合的层次关系;二是必须重视以城镇为"点",以重要交通干道为"线",以点连线,点线带面,构建区域城镇空间布局构架。一般来讲,在自然、社会经济状况空间变化与差异不大的"均质"化区域,我们可以构建类似于克里斯塔勒"中心地"理论中所描述的均衡的城镇等级层次结构和空间布局模式,但是一般很难形成。"点轴"式布局或者空间"轴带"网络式布局成为我们最为常有的形态。

(三)重视农村小城镇的发展,促进城乡协调

小城镇和广大农村最为贴近,是直接影响乡村地区发展的经济、文化中心。积极发展农村小城镇,不仅是城镇建设问题,更重要的是通过建立和完善城镇体系,要使现代文明集聚的城镇对区域辐射带动的触角伸向农村,甚至边远、贫穷地方延伸,促进农村在现代社会经济发展中得到相应的发展,改善农村居民的生活方式和生活水平,努力缩小城乡差距。促进农村小城镇发展的重点,首先要加强县城的建设和发展,使其真正成为农村、县域综合性社会经济中心;二是要加强县域城镇体系发展的规划,促进城镇职能有机协调、分工合作,构建由县城—跨乡中心镇——般建制镇—乡村小集镇组成的、布局合理、规模层次有序的县域城镇体系;三是要加强小城镇镇区基础设施、不同功能区的规划和建设,优化城镇人居环境,创造产业和社会文化集聚的条件,增强对农村人口、产业的凝聚力,加强城镇对农村全面繁荣和农业生产发展的服务功能。

第七章

实施"翔式道路"（二）
——建设军民高新技术产业基地以打造产业高地

  西部建立的高新技术产业开发区，有力促进了高技术产业的发展，成为国民经济持续强劲增长的基础性力量，为调整经济结构、转变经济发展方式做出了巨大贡献，为实现经济社会又好又快发展积累了有益的经验。关于高新技术产业开发区（科技工业园区）、经济技术产业开发区（科技工业园区）建设问题，各方面研究较多。这里，主要探讨建设军民高技术产业基地（园区）的问题。军民高技术产业基地，简言之，就是由军民双方按照平等互利、优势互补原则来相互配合协作，共同发展高新技术，并在某个地域形成产业集聚或者产业集群。军地高新技术产业基地，包括地方的高新技术产业开发区（科技工业园区）、经济技术产业开发区（科技工业园区）和军民高技术产业基地（园区）。

一、军民高技术产业基地的建设原则

（一）产业选择原则

军地融合应选择什么样的高技术产业，既有利于军地互动、有利于平战转换，又有利于提高经济效益，这是一个值得认真考虑的重要问题。高技术产业很多，如2001年世界经济合作与发展组织（OECD）界定的高新技术产业，有航空航天制造业、计算机与办公设备制造业、医药制造业、电子及通信设备制造业和专用科学仪器设备制造业。2002年7月我国统计局规定的高新技术产业有核燃料加工、医药制造业、医疗仪器设备及器械制造业、航空航天器制造业、通信设备制造业、雷达及配套设备制造业、广播电视设备制造业、电子计算机制造业、电子器件制造业、电子元件及组件制造业、家用视听设备制造业、其它电子设备制造业、专用仪器仪表制造业、公用软件制造业等。那么，选择军民高技术产业，应遵循怎样的原则呢？

（1）要考虑其带动效应，争取选择的产业能带动一大批产业向前发展，促进国家与地区的产业结构优化升级。

（2）产业选择应充分考虑军民现有技术、工艺、设备条件，最大限度发挥现有资源优势。也就是说应选择与军品结构相似、技术相通、工艺相近、设备设施通用的产业，作为军民融合共同发展的产业。

(3)产业选择应选择与军品技术同源性强、市场需求量大,且属于国民经济发展中的新兴产业和成长性产业。因为这些产业经过军民双方共同努力,易成为国防科技工业和地方工业新的经济增长点。

(4)产业选择应符合国家"十三五"规划确定的产业规划。

简言之,军民融合产业应选择那些带动性强、产品需求量大、经济效益好,国家规划发展,且利于军民一体化发展的产业作为纽带。由于民用核能、民用飞机、民用航天、民用船舶等产业,与军品结构相似、技术相通、工艺相近、设备设施通用,产业带动性大,且属于国家支持的高技术产业,电子信息制造、新材料、新能源等,许多技术与军品技术同源,市场需求量极大,属于国民经济新兴产业和成长性产业,因此,均可作为军民融合的理想产业。

(二)技术发展原则

为了提高军民高技术产业的全球竞争力,其技术发展应采取以自主研发为主,自主研发与引进消化吸收相结合的原则。因为高技术研发投入资金多、开发难度大、风险高、时间长,通过引进消化吸收国外先进技术,投入少、风险小、收效快,能在较短时间以较少的成本与较低风险,缩小与国外发达国家的技术差距。但是,高技术虽然研发投入资金多、开发难度大、风险高、时间长,但收益高,收益时间也长,国外通常都采用技术保密、封锁的政策,以博取最大利益。特别是关系国家安全与经济竞争力的高新技术更是如此,其他国家很难通过引进获得。所以,我们必须投入大量人力、物力、财力,积极从事技术的自主创新研究。

"十三五"时期到2030年,国家将根据社会经济发展需要,确定航空发动机及燃气轮机、深海空间站、量子通信与量子计算机、脑科学与类脑研究、国家网络空间安全、深空探测及空间飞行器在轨服务与维护系统作为高新技术产业重大项目。而国家高技术产业发展"十三五"规划则把种业自主创新、煤炭清洁高效利用、智能电网、天地一体化信息网络、大数据、智能制造和机器人、重点新材料研发及应用、京津冀环境综合治理、健康保障专项工程等列为今后五年国家将重点组织实施的九大高技术产业专项工程。在这些专项工程中,作为军民融合技术开发的重点领域是:

(1)新材料。包括高性能金属材料,新型无机材料,精细化工与有机材料,先进材料制备、加工及应用技术。

(2)新能源及资源综合利用。包括新型节能与清洁能源技术及装备,可再生能源利用技术及产品,废弃物减量及综合利用技术,海洋资源综合利用技术。

(3)电子信息。包括信息传输,新型电子器件,软件开发,物流及自动识别技术。

(4)公共安全。包括监控、预警、防卫技术与产品,危险物处置与灾难救助技术及装备,信息安全技术。

(5)光机电一体化。包括先进制造技术,专用设备和高性能仪器仪表,交通运输工具工艺技术应用,自动检测与无损检测技术等。

(三)产业发展原则

建立完整的、上下配套的产业链、且有竞争力的产业集群,是军民高技术产业发展的基本原则,也是重要原则。因为产业链条完整、配套良好,便于实施供应链管理,能从整个产业链条上优化配置资源,使参加产业链的所有企业、单位最大限度地发挥其效能,取得整个产业链的最大效益。如果将完整的、上下配套的供需产业链集聚在某个区域集中发展,即将产业集群,就地采购供应、加工配套、组装销售等,就能大大缩短运输距离,减少交易成本,提高相互学习效果和工作效率,增加产业竞争力。

现在,产业集群越来越受到世界各国和地区的高度重视。一些发达国家和地区都制定了自己的产业集群发展规划,都有一批独具竞争实力的产业集群。现代经济竞争已从过去一个企业对付另一个企业的单独竞争,发展成为一个产业链对另一个产业链、一个产业集群对另一个产业集群的竞争。这里一定要注意产业链完整、上下成龙配套,如果产业链不符合此要求,产业集群就产生不出集聚和扩散效应,也就不能产生更大的经济与社会效益。反过来,产业链完整配套,但却没有集群,使从事该产业的企业,即该产业链上的企业到处随意布局,那就形成不了合力,该产业就很难发展,我国过去经济发展的事实已经证明了这一点。故我国军民高技术产业发展,应坚持产业集群的原则。

(四)基地运作原则

政府牵头推动,市场化运作,是军民高技术产业基地运作的原则。军民高技术产业基地建设与发展,是由两个受制于不同管理体制,承担不同使命的主体——国防科技工业与地方工业实施完成的。管理体制的二元性,国家军事经济的安全性、保密性,使得国防科技工业部门与地方工业部门通常很难沟通协调,发展一些军民融合产业、特别是军民高技术产业困难。这种情况,就必须政府出头露面,以国家权威牵头规划,并组织协调此事,同时,还应制定财政、金融、产业发展、土地使用等一系列方针政策进行积极推动。显然,没有政府的前拉后推,要使军民高技术产业基地健康、顺利发展是不可能的。由于国防科技工业企业、单位与地方工业企业、单位是不同的经济实体,在经济社会中又都追求各自最大的经济利益。因此,要使它们在高技术产业领域合作,必须不分大小、国有

与民营、地位平等，必须优势互补、利益互惠、风险共担，即按市场化运作，走战略联盟之路。利用生产联盟、技术联盟、销售联盟等，以解决管理体制与竞争机制、创新机制、激励机制等机制问题。目前，军民高技术产业基地发展存在的主要问题就是体制与机制问题。如果能坚持政府牵头推动与市场化运作相结合原则，就能有效化解军民"二元管理体制"带来的种种机制问题。

二、陕西省军民高技术产业基地建设经验

作为军工大省的陕西省①，特别是凝聚了陕西省90％军工科研院所和超过60％以上的军工生产企业的陕西省会西安市②，着力发展军民高技术产业基地（以下简称"产业基地"）在实现国防军工与区域经济优势互补、相互促进方面，进行了有益的尝试和探索，有不少值得总结的做法和值得借鉴的经验。

（一）蓬勃发展的陕西省军民高技术产业基地

近年来，陕西省委、省政府及西安市委、市政府抓住西部大开发的重大机遇期，以推进工业化和城市化、城镇化为重点，在建设以西安地区为主的军地融合高新技术产业基地方面进行了积极探索。2003年，由陕西省科工委与西安市科技局合作设立陕西西安军民两用技术产业基地建设工作部；2004年将军民产业工程列为西安市十大科技创新工程和省科技创新工程；2005年建立军民技术融合科技专项计划，并建立和整合军民技术产业园区。国家航空产业基地、国家航

---

① 陕西省是我国军工大省，军工企事业单位143个（含核地质），职工人数23.25万人，在岗职工21.62万人，占全国军工职工总数的13.27％；资产合计741.62亿元，占全国军工总资产的8.35％。单位中生产企业68个，占全国军工企业总数的8.59％；科研院所33个，占全国军工科研院所总数的12.5％。在航空、航天、电子、核燃料、兵器、船舶等科技开发和设备制造方面具有明显优势，在全国占有重要地位。陕西省共有各类科研院所1 076个，专业技术人员85万多人，普通高等院校52所，军队和军工院校10所，民办高校60所，国家级重点学科65个，科技和教育实力较强，综合实力位居全国前列，发展高新技术产业条件较好。建国以来，国家先后在陕西省建设了一批大型重点骨干企业，特别是经过改革开放之后20多年的技术引进和技术改造，陕西的工业基础进一步增强，经济社会发展水平进一步提高，已成为我国西北地区的科技、经济、教育发展的中心。

② 陕西省省会西安，是我国军工第一大市，聚集了陕西省90％的军工科研院所和60％以上的军工生产企业，形成了各具特色的电子城、飞机城、航天城和兵工城，成为陕西省乃至西北地区电子、航天、飞机、机械制造等高科技密集区域。

天科技产业基地2005年先后启动建设。西安航天科技产业基地2005年开始筹建,2006年9月经国家发改委正式批准建设。西安电子元器件产业基地,以原西京电子有限公司整合兼并有关企业组建创联集团公司为标志,开始有组织的新的创业。其他军民融合产业基地也在逐步形成。目前,以军工大企业为核心的国家和省市军民融合产业基地,在陕西省正蓬勃发展。

1. 西安阎良国家航空高技术产业基地

国家发展和改革委员会2004年8月11日批准成立西安阎良国家航空高技术产业基地。主要依托中国第一飞机设计研究院、西飞集团公司、中国飞行试验研究院和西安航空发动机(集团)有限公司、西安航空动力控制工程有限责任公司等军工单位,从事飞机设计、生产制造、试飞鉴定、人才培养以及飞机机载设备的研发生产。阎良区是产业基地的核心区和新建区,核心区即原有企业所在的城区,新建区即新建的军民产业园区。另有扩展区为陕西关中地区,形成了我国惟一的致力于航空产业研发、航空人才培养、航空装备生产及整机制造、零部件加工、航空服务为一体的国家级航空技术产业基地。在产业基地核心区和新建区内,以大型飞机和新支线飞机为重点,整合国内外航空工业资源,加快了新型飞机的研制生产和现有民机的改进改型。开发的"小鹰-500"飞机一亮相,就引起国内外关注,目前意向订单已有250多架。西飞公司生产的"新舟60"支线飞机实现了批量出口,向国内四川、武汉、北方等航空公司和老挝、津巴布韦、赞比亚、刚果航空公司分别交付了他们购买的首架新舟60飞机。① 目前累计签订国外销售合同32架,年底将累计交付11架,分布在亚非美洲和大洋洲8个国家。② 产业基地发展为地方经济的再次腾飞搭建了得天独厚的平台。西安市阎良区依托基地新建区,建设新型工业园,将在原有的汽车制造、新型建材、机械加工、电子仪表、制造业等产业基础上,以航空航天技术、电子信息技术、光机电一体化技术、生物工程技术、新材料、新能源和高效节能技术、生态科学和环保技术、医药科学和生物医学工程技术、装备制造业及其他在传统产业基础上应用的新工艺、新技术为主导产业,通过了3~5年的努力,建成西部地区最大的现代化制造业加工基地。产业基地进一步依托现有国内最为集中的航空资源,正在加大产业和项目的策划与招商力度,未来5年投入预计达120亿元之多。

2. 西安航天科技产业开发区

中国航天科技集团与陕西省及西安市以合作建设方式,于2005年起着手建

---

① 张崇防、李努尔、冯雪:《"中国造"客机在非洲受好评》,《科技日报》,2006-10-16(2)。

② 韩建昌、秦军:《新舟60飞机批量交付国际用户》,《陕西日报》,2006-7-29(1)。

设这一科技产业开发区,国家发展和改革委员会于当年9月批准建立西安航天科技产业开发区,省市结合的管委会组织机构正在组建中。进区单位有国防科技工业企业及民营企业、地方科技企业。"十一五"期间,中国航天科技集团公司与陕西省及西安市投资100亿元,进行科技攻关和产业化建设。主要是开展新一代运载火箭的研制,完成无毒、无污染、大推力火箭动力系统的研制和关键技术攻关;发展民用通讯、导航定位、微波遥感、集成电路、信息传输及综合运用系统。招商引资,打造"西部慧谷"是此开发区的宗旨。要经过几年的努力,以房地产业为先导产业,以现代知识产业为主导产业,以都市产业为特色产业,以航天高技术产业为支柱产业,以物流、办公、休闲、娱乐、消费旅游为辅助,构筑西安都市生态型工业中心,形成城市与产业相结合的现代化城区。有专家称,这个科技产业开发区铸就的"西部慧谷"将成为未来西安经济发展的第三增长极。

3. 西安电子城电子元器件产业基地

位于西安市南郊的"电子城",汇集了大量电子技术研究与生产单位,但一直存在各自为政、协作较少的问题。为解决这个问题,延长产业链,形成产业集群,打造电子产业"航母",陕西省及西安市支持这里最大的电子新产品研制生产单位西京电气总公司,兼并周围有关企业,成立了创联集团公司,并以之为核心,以富士达公司、科耐特公司为代表,在其周围已聚集了200多家高科技公司,形成统一标准、统一价位、统一出口的陕西电连接器出口基地。西安电子元器件产业园及筹建的材料基地、物流中心、军民两用技术产业企业孵化器等实体,成为基础电子产业的研发生产的国家级基地。同时,创联集团公司重视与民营科技企业的合作,发展军民两用产业。如下属华达工模具制造公司与"海归"博士崔钢都的西安基得曳引技术有限公司合作,研制生产稀土永磁同步曳引机,取代传统的齿轮转动曳引机,主要用于更新电梯和雷达曳引机装置。此项技术1996年由芬兰研制开发投放市场。西安电梯厂、无锡电梯厂和俄罗斯莫斯科电梯商先后订货,有些进军欧洲市场,市场前景十分乐观。① 产业基地企业以产业链延伸带动了西安地区相关上下游产业共同发展,使该区域的基础材料和电子元器件、零件加工和有关电子整机企业迅速发展,为区域经济迅速发展做出了突出贡献。

4. 西安徐家湾航空动力基地

陕西省和西安市自2005年起,以西安航空发动机公司(430厂)为主进行航空动力产业基地建设,主要进行航空发动机和各种叶片制造,同时发展GA731型系列剑杆织机、高速线材、精轧机组、烟(燃)气轮机、风力发电机组、太阳能发电机等民用产品,吸引了国外四家厂商投资,同时,每年承担对外加工5 000多

---

① 沈谦、贾珑:《海归"筑巢"国企研发引来外商》,《陕西日报》,2006-7-24(1)。

万美元。以其加工工艺和衍生的外加工和产品,促进了周边200多家小企业快速成长,极大地拉动了徐家湾地区经济增长。

5.西安新城科技产业园

陕西省和西安市组织,由黄河、东方、秦川、西光、华山、昆仑6家军工单位加盟和地方上百家科技企业入驻,形成了西安新城区科技产业园,总资产已达60多亿元。这些军工企业和地方企业的军民融合产品主要有空调压缩机、光电机一体化产品、混凝土砌块机、汽车、摩托车、自动装卸、仓储、医疗器械等。随着一系列拥有一定乃至全部自主知识产权、科技含量高的产品开发和经营,国防科技工业的技术研发生产优势不断得到显现,使这里成为西北地区规模较大的现代装备制造基地。继上年推出数码手术头镜、G-Ⅰ型电子肛肠镜系统后,西光集团研制开发的口腔图像仪和激光非接触在线检测装置两项新品,获得陕西省国防科学技术委员会颁发的科学技术进步奖。①

6.西安余下精细化工示范园

在西安市户县余下镇,陕西省和西安市以兵器工业惠安公司的纤维素产品为主体,开发精细化工产品产业链,上承"军"——军工硝化棉等产品的研制生产,下接"民"——多种工业味精、油化系列、试剂系列等精细化工产品的研制生产,初步形成军民融合精细化工类高新技术产业基地。

"一区两园五基地"的军地融合总体格局已基本形成。其中,一区指国家军民融合创新示范区,两园指高新区军地融合产业园和经开区军民融合装备制造园,五基地指西安阎良国家航空高技术产业基地、西安国家民用航天产业基地、西安兵器工业科技产业基地、西咸新区沣西新城、洪庆军民融合基地。翱翔小镇、空天小镇、兵器小镇等一批军地融合特色小镇建设,成为西安军民融合产业发展的新亮点。目前,北理工军民融合(西安)创新基地、西工大军民融合创新基地、陕西空天动力研究院等8个军地融合创新平台已经签署入区协议,中科院光机所、航天科工六院210所、西京公司、航天四院44所等已列入西安市全面创新改革的示范单位,国防科研创新资源活力充分释放。

(二)陕西军地融合产业基地建设的主要做法、经验

陕西省军地融合产业基地建设坚持贯彻军民融合、寓军于民方针,从实际出发,在促进国防科技资源和民用科技资源的互通、互补和互动上进行积极探索,提高了区域科技创新能力和社会资源的有效配置,正在成为军工经济和地方经

---

① 蔡秦玥、白明、沈谦:《西光集团两款新品获科技进步奖》,《陕西日报》,2006-7-26(4)。

济双赢发展的亮点。其主要做法与经验是：

1. 政府规划先行，军地双方协商，在军工企业事业单位比较集中的区域设立军民高技术产业园区

国防科技工业的规划，主要是依据国家安全的军事斗争需要进行能力和布局设置的，地区经济的发展规划，则是根据国家区域发展战略和当地资源利用及拓展进行能力和布局设置的。二者各有各的优势，各有各的特点。选择在军工单位比较集中的地方设立军民融合产业园区，把产业基地作为行业经济和区域经济两种经济共同发展的有效结合部，能够取得明显效果。目前西安地区产业基地建设的形式大体有三种：一是靠近军工企业集中区域，适当扩大范围新划出来一个区域，设立园区或建立开发区，支持鼓励军工企业新建军工企业和民用企业，吸引民用企业进入军品和军工特色民品研制生产，吸引军工单位和民用单位共同进入，如西安阎良国家航空工业技术产业基地和西安韦曲航天科技产业开发区。二是在军工企业本来就集中的政府已建的开发区内，集中军工和地方优质资源设立园区，如西安电子城电子元器件产业基地。三是在军工企业集中区域，多方吸引资金、技术和人力，大力开发建设，加快城镇化和城市化进程，促其形成技术产业区和城镇以至城市。虽然三种方式各有不同，但都是在国防科技工业集中区域；由于政府使园区和开发区享受征地、开发新产品、立项等方便和科技资金等政策支持，军工和地方不少企业和科研院所都希望到园区开发区内取得快速发展，大家共同发展军民两用技术产业的积极性都很高，发展的势头很好。

2. 以产业链延展和产业集群发展为方向，整合军地双方优质资源，推动经济发展

军地双方各有各的技术优势、能力优势和产业优势。陕西省以重大产品或建设工程为龙头，按产业链延展进行社会资源整合，推动产业集群发展，对军地双方经济发展起到了双赢效果。地处西安市徐家湾区的国防军工航空发动机有限公司，其发动机整体生产需要上千个零部件企业配套。在地方政府和军工单位共同推动下，通过军地协调和择优选择，仅在徐家湾谭家乡周围就有100家左右的企业为之配套生产，从而形成了以发动机整体和部件生产为特色的产业集群，并由此带动了发动机维修、售后服务和社会服务业的发展，使这个乡的工业年产值达1亿多元，有效带动了地方经济发展。还有，属于国防军工的西安创联集团有限公司（原西京公司）位于西安市电子城，它整合电子城一大批企业为之配套服务，形成了西安电联接器出口基地，产值以每年20%的速度增长，出口额上亿元。产业链的延展和产业集群的发展，不仅使军工经济有了长足发展，而且对区域经济的发展产生了辐射带动作用，为地方经济发展做出了贡献。

3. 整合军工和地方科技资源，构建多层次的军民两用技术创新平台

西安地区的军工技术资源和民用技术资源都比较丰富，但相互之间缺乏沟通与合作，重复建设、资源浪费问题也很严重。如何解决资源利用的"两张皮"问题，促进军用技术和民用技术的互动合作和相互利用，在建立多层次军民两用技术创新平台上，陕西省做了许多工作。一是建立面向社会开放的军民融合产业信息服务平台。设立科学数据库、图书文献中心、军转民信息网、人才中心等，营造政策、技术、市场、人才等信息资源平台，提供系统、全面、方便、高效的与研发活动有关的公共服务，为军地双方企业事业单位的信息沟通架桥铺路。二是省、市政府在为军民产业企业和项目提供孵化场地、标准厂房、信息网络等硬件支持的同时，发挥西安地区现有29个国家级技术研究或行业测试中心、93个重点实验室的潜能，使之参与军民融合产业园区的平台建设和技术交流。三是省政府整合省域国防科技力量，依托西北工业大学组建了西北工业技术研究院，依托西安交通大学组建了西安工业技术研究院，军地双方共同投资开发先进适用的军民两用技术成果，推进产业化。四是组织国防军工科研单位与陕西省内外科研机构、大型企业、高等院校等共同组建工程（技术）研究中心、企业技术开发中心、软科学研究中心和博士后流动工作站等，开展双边或多边技术协作，实现产学研多种方式的结合。五是鼓励支持各类科研机构、高等院校、工程技术研究中心、企业技术中心等，对军民融合产业基地的企业开放实验室和仪器设备，允许有偿使用科技资源，以推进军地技术联合体的形成。

4. 制定军民两用技术开发和产业化优惠政策、扶持计划和资金支持措施，引导、支持和鼓励军民两用高技术产业持续快速发展

改革开放以来，陕西军工和地方科研机构研制开发了一大批优秀科研成果，但在高科技成果转化为产业的中间过程，一些关键环节未能打通，难以形成生产力。政府制定了一系列优惠政策，设立相应扶持计划，采取了积极的资金支持措施，打通科技成果向产业发展的关键环节，有力地推进了高科技产业化进程。近年来，陕西省和西安市首先重视和制定一系列优惠政策。仅税收优惠政策就有外商投资企业所得税减免优惠政策、外商投资企业再投资免税政策、外商投资企业地方所得税、城市房地产税和车船使用牌照税优惠政策、进出口关税减免政策、内资高新技术企业税收减免优惠政策、国有大中型企业到基地投资税收减免政策、技术服务收入税收减免政策、鼓励研究创新税收优惠政策、软件和集成电路税收优惠政策、企业服务和中介服务税收减免政策、固定资产投资方向调节税暂停征收政策等多项，还有产业用地价格优惠政策等。陕西省和西安市重视设立科技创新计划，拿出专项资金对科技创新予以支持，这对军地双方科技企业吸引力都比较大。政府选择技术含量高、投资规模适度、有望形成新兴产业和新的

经济增长点的重大"军民两用技术"项目,通过项目发布、走访洽谈、资本对接等形式引进资金和管理人才。同时以项目为纽带,组建军民两用技术创新企业,加大实施力度,收到了明显的效果。如陕西地区先进材料的发展,这是国防科技工业和地方经济发展的基础,也是军民两用技术产业化发展的重点。在国防科技科研计划支持的同时,早在2002年,西安市和陕西省就通过重大技术创新计划等渠道,支持西北工业大学张立同院士的高性能碳化硅陶瓷材料开发项目,支持攻关小组打破了国际高技术封锁,突破了材料制度工艺一系列制约,实现工程化的国际性难题。该项目已获得了国家技术发明一等奖。西安阎良国家航空高技术产业基地等,还制定了《知识产权资助基金管理暂行办法》,对专利权、商标权、计算机软件登记或产品登记等予以 300～30 000 元的资助。

5. 发挥产业集团优势,合力打造陕西名牌产品

陕西军工和地方企业在市场经营中已有不少好的产品品牌和企业品牌,但真正成为国家名牌和世界名牌的不多。如何发挥军地双方优势,共同打造区域经济发展响亮名牌,增强国际竞争能力,是一个大问题。如陕西地区的航天航空产业发展,电子元器件产业发展,都有了一定品牌基础。还有兵器惠安公司的纤维素系列产品、华山厂的粉末冶金及双金属复合管、东方厂的空调压缩机、204所的液晶显示材料等都可以做大做强。产业基地和企业正在研究和整合优势名牌资源,实施"名牌"战略,以提高陕西产品国内外市场占有率和知名度,打造能在国内外市场竞争的企业"航空航母"。

6. 西安军民融合示范发展①

党的十九大报告指出,要坚定实施军民融合发展战略,深化国防科技工业改革,形成军民融合深度发展格局,构建一体化的国家战略体系和能力。

当前,西安正全力推进"八大平台"建设,其中包括深化军地融合平台建设,发展先进制造业。西安把军地融合改革作为发展的重大历史机遇和实现"追赶超越"的重要支撑,努力促进军地融合成为"补短板"、助推经济发展的"新引擎",在"军转民""民参军"过程中形成全要素、多领域、高效益的发展格局。与此同时,西安着力加快补齐军地融合"短板",扶持优势民营企业"参军",建设"研究院＋企业＋示范园区＋智库＋基金平台"体系……如今,军地融合产业发展的"西安模式"加速成型。

(1) 聚焦重点领域——培育重大创新平台龙头工程示范企业。

2015年,中共中央办公厅、国务院办公厅印发《关于在部分区域系统推进全面创新改革试验的总体方案》,确定西安成为全国8个全面创新改革试验区域之

---

① 军民融合产业发展"西安模式"加速成型《西安月报》,2017-12-05。

第七章 实施"翔式道路"(二)

一,这为西安市建设发展提供了新的契机与动力。根据国务院批复的《西安市系统推进全面创新改革试验方案》,相关重点任务包括以特色产业基地(园区)为平台,建设国家军民深度融合创新示范区……

在诸多机遇的带动下,经过全市共同努力,西安军地融合在体制机制、承载空间、公共服务、政府配套和主体活力等方面得到了明显优化,取得了一定的成果。特别是今年以来,我市军民融合改革创新聚焦重点领域,在军民深度融合11项授权领域寻求重点突破,培育了一批重大创新平台、龙头工程、创新示范企业和新兴产业。

让我们把目光聚焦在体制机制创新领域,西安市成立了军地融合领导机构、常设办事机构,加强全市军地融合发展的顶层设计和战略规划,同时,开展与本地军工企业、科研院所的干部交流。事实证明,人才的互动促进了信息交流、资源融合和项目合作,为全市军地融合的深度发展营造了良好的氛围。

在承载空间建设方面,西安市构建以高新区军民融合产业园、经开区军民融合装备制造园、西安国家民用航天产业基地、西安兵器工业科技产业基地等为基础的"两园四基地",加速技术、资本、人才、市场、产业链等要素的集聚,为西安军地融合的长远发展打下了坚实基础。在公共服务体系优化方面,西安科技大市场搭建了军地融合信息服务平台,汇聚了各类军工和国防类科技资源,吸收"军转民""民参军"等企业超过350家,吸纳数以百计的科研院所开放共享大型仪器设备,积极促进"产—学—研—用"合作和协同配套。

在政府综合配套支持方面,西安市试行军品研制生产单位政策普惠,帮助"民参军"企业申请预研资金、科研经费,以及技术改造等优惠政策。同时,西安市建立了属地化军民融合产业统计体系,制定了《西安市军民融合统计监测方案》,并已开展试监测,积极探索推进军民产品和技术标准通用化工作。不仅如此,驻地军工企业、科研院所积极参与体制机制改革创新,激发了新活力,释放了巨大的市场潜能。

(2)破解"难点",打通"堵点"——勇于先行先试,壮大军地融合产业规模。

根据国务院批复的《西安市系统推进全面创新改革试验方案》,军民深度融合创新改革试验,将在确保军工企业和产品安全,核心技术自主、安全、可控的前提下,重点依托国家级航空、航天、兵器三大产业基地,以及西安高新区军民融合产业园,着力推进军民融合重点任务。

例如,在航空领域将进一步延伸、完善航空产业链,重点发展大型运输机、新舟系列飞机、无人机等整机制造;在航天领域,将加紧实施新一代运载火箭、卫星测控等重大项目;在兵器领域,将重点发展装备制造、新材料、新能源等产业;在电子信息领域,将重点发展通信、集成电路等产业;在船舶领域,将重点发展水中

兵器、舰船动力等产业；在核技术领域，将重点发展民用核技术、核燃料、核电设备等产业……

在此基础上，为进一步推动军地融合发展，西安市持续出台助推政策，加大扶持力度。例如，《西安市军民融合产业标准化项目扶持管理办法》，鼓励军工单位主导和参与民用国际、国家和行业标准制定；《西安市军工资源共享管理暂行办法》，鼓励军工高校院所及企业释放仪器设备资源，提高设备共享水平及设备利用率，增强军工资源对经济社会发展的服务支撑能力。

与此同时，西安市努力打造创新平台，加速成果转化，积极建设陕西高新技术与应用协同创新中心、陕西军民融合科技创新研究院、陕西空天动力研究院、陕西特种飞行器工程研究院、北理工（西安）军民融合产业创新中心、西工大无人系统创新中心等军民融合成果转化创新平台集群……在此基础上，西安市将全力配合、支持具有创新优势的军工科研院所完成改制，不仅促进其自身成为军民融合产业的生力军，还要带动一批上下游配套企业，延长、拓展产业链条，壮大军民融合产业规模和优势，带动全市产业转型升级和做大做强。

西安市第十三次党代会报告提出，建设国家军地深度融合示范城市，这为西安市经济社会发展提出了新目标。综观西安发展的诸多重大机遇，军地融合是国家赋予西安最鲜明的改革试验任务。西安市要在军地融合体制机制创新、军民资源开放共享、军工科技成果转化、军地融合服务体系、军民融合产业发展等方面形成"西安模式"，加快建设国家军民深度融合示范城市。

勇于先行先试，这是西安市破解军民融合"难点"、打通"堵点"的重要举措。例如，市统计局在多部门的支持下，促进军民融合统计体系建设取得突破性成果，完成了《西安市军民融合统计报表制度》《西安市军民融合发展评价监测方案》《西安市军民融合统计数据管理工作规定》等制度报表设计，并开始数据采集和数据统计，为率先将军工经济属地化统计数据纳入国民经济核算打下了良好基础……

如今，以军民融合为重点的全面创新改革试验，成为西安经济社会发展的重要推动力。为了更好地实现相关目标任务，西安市将努力推动建立省市和国家有关部委、军方、军工单位共同推进的军民融合机制；推动军地融合共享和创新平台建设，支持军地合作共建中试基地、技术转移中心、产业孵化中心；加快建设陕西军地融合创新研究院和陕西省高新技术与应用协同创新中心；加快推进军转民、民融军、军民两用技术产业化，全力推进经开区兵器工业基地、高新区军民融合产业园和航空、航天产业基地建设，促进更多企业和重大项目聚集，形成一批具有国际影响力的军地融合产业集群。到2021年，军民融合产业年营业收入超过3 300亿元。

第七章 实施"翔式道路"（二）

加快构筑军地融合发展的产业高地，这是西安发展的重要目标任务。如今，"空天小镇""兵器小镇""翱翔小镇"等一批军地融合特色小镇的稳步推进，让大家更加清晰地看到了这座城市军地融合领域的活力和潜力，感受到军地融合发展对城市的重要影响。

（3）五星级服务"保驾护航"——培育形成一批特色军地融合产业集群。

推动军民融合工作向纵深发展，需要攻坚克难，可谓任重道远。下一步，西安市将加强工作统筹，聚焦点、抓重点、显亮点，扎实推进军地融合发展，做好国家战略实施的"排头兵"、创新改革的"先行者"。在此过程中，全市各区县、开发区和相关部门将全程做好"五星级"精准服务，为项目建设、产业发展"保驾护航"。

记者了解到，为进一步推动军地融合走向深入，西安市将坚决落实好国家对西安军民融合创新改革试验的11项授权任务，认真分析研究每项工作的推进情况。对已成型的，要继续巩固、深化成果；对进展较慢的，要逐项分析原因，精准发力，加快进度。对于重大创新改革任务实施"挂图作战"，确保高质量完成军民融合创新改革试验任务。不仅如此，西安市各区县、开发区和相关部门将深入一线，切实解决企业实际问题，聚焦重点产业、重点领域，宣传扶持政策，了解企业发展状况及需求，认真梳理改革中的难点、堵点，协调、解决企业在军民融合发展中遇到的问题。

引入"外脑"，科学服务军地融合发展，这是西安市下一步的又一努力方向。对此，西安市将积极引进智库，充分发挥"外脑"作用，为西安军地深度融合以及关联产业的发展提供强大的智力支持。不仅如此，西安市将及时总结、梳理、提炼西安军地融合发展过程中的经验、教训，做好全面创新改革试验的经验梳理和研究，积极为国家实施军民融合战略提供可推广、可复制的经验。在此基础上，西安市将推动军民融合产业国际化合作，结合"一带一路"建设发展，加快军民融合产业"走出去"步伐，推进航空器、北斗应用、微小卫星和空间信息国际合作及应用，建设以空间信息技术为基础的地理信息平台中心，促进军地融合产业在"一带一路"沿线快速发展，巩固和提升军地融合"大市"的地位。

未来，西安市将利用多种途径，进一步加强对西安军地融合相关政策及军民融合突出成效的宣传，吸引更多的军工企业、科研院所及民口企业参与军地融合，同时，鼓励各级干部大胆探索、勇于担当，在积极推进军民融合各项工作中取得更大成效。

如今的西安，正努力抓住机遇，全力推动军民融合深度发展，促进军地融合在弥补短板、追赶超越发展中释放更大能量。按照相关发展目标，到2018年，西安市将呈现军民融合重点突破、创新改革效应凸显、创新能力大幅提升、创新人

才加速聚集、经济转型跨越发展的良好态势;到2020年,军民融合体制机制改革创新先行先试取得明显成效,军民一体化的产业基础基本形成,建成一批创新要素聚集、高端企业汇集、体制机制灵活、服务体系健全的专业园区和产业基地,培育形成一批产业链条健全、协作机制完善、核心竞争力强劲的特色军民融合产业集群,成为这座城市加速发展的有力支撑!

(4)亮点展示——西安市军地融合基本形成多元化集群化发展格局。

西安是我国国防科技工业的重要基地,军工资源丰富、科教优势明显、军民融合基础雄厚。现有军工单位超过110家,从业人员超过20万人,行业门类齐全,基本涵盖了航空、航天、兵器、船舶、电子信息、核技术6大领域,国防科技工业研发和生产能力居全国前列。

其中,航天科研生产力量占全国近1/3,航空产业资产规模、人才总量和科技成果占全国近1/4,被称为中国的"航天动力之乡"和"航空城",拥有集科研、试验、生产于一体的完整军工产业链,具有发展军地融合产业的"先天优势"。

截至2016年底,全市从事军品科研生产配套的民口企业(单位)超过300家,军地融合产业规模达到1 600亿元。综观全市军地融合发展,依托高新区、经开区、航空基地、航天基地等重点区域,军民融合产业园区功能日渐完善,带动作用愈发明显,基本形成了"以军带民、以民促军、军民融合"的多元化、集群化发展格局。

三、重庆市军地融合的做法、经验①

科技的发展需要科学的态度,科技的跨越式发展需要科学的思路。军地融合既是通过产业、技术、人才"溢出",提升整体科技创新能力的过程,也是促进经济结构战略性调整和经济增长方式的根本转变。目前,重庆1/3的工业总产值在军转民企业,1/3的工业总产值在民口配套(军口)和军口溢出企业,1/3的科技资源在军工口。重庆工业不仅实现了由直辖之初的整体亏损到盈利数百亿元的历史性跨越,传统的高消耗、高污染的生产方式也得到了明显改观。重庆市级财政收入近几年持续大幅增长,2004年已突破300亿元,是直辖之初的3倍多。

---

① 张国圣:《技术创新的成功之路——重庆市战略机遇期"军民结合"的调查报告(上)》,《以体制创新推动自主创新——重庆市战略机遇期"军民结合"的调查报告(中)》,《以"创新中心"支撑经济中心——重庆战略机遇期"军民结合"的调查报告(下)》。分别载《光明日报》,2005年11月5.6.7日第1版。

第七章 实施"翔式道路"(二)

如此强劲的增长,出乎很多人的预料。财政收入的增长源于经济活力明显提高,尤其是工业经济的强劲增长。而作为"三线"建设的主要基地、全国最大的国防科技工业城市、计划经济时期的老工业基地,重庆产业脱胎换骨,最主要的动力源来自于军地融合。重庆市牢牢把握"军转民"和"军地融合"的战略机遇,军地融合促创新的做法与经验,特别值得财力相对有限又亟待通过科技进步和自主创新推动经济增长的西部省区借鉴。

(一)技术创新的成功之路

1. "溢出效应"打造支柱产业

20世纪70年代,中央按照"寓军于民、军民融合、大力协作、自主创新"的方针部署"军转民"。重庆迅速作出反应,将对重点军工企业实行军地融合的决策,作为本市经济结构调整和产业重组的风向标,探索形成了以"产业牵引、平台支撑、开放驱动、军为民用、政府促进"为主要特点的军地融合创新途径。长安公司是特大型军工骨干企业,曾生产出我国第一辆军用吉普车。1979年军转民时,长安集团针对国内汽车工业"缺重少轻"的局面,决定强势进军微型汽车和发动机开发生产。与长安一样享有盛名并同属军工企业的中国嘉陵集团和建设工业集团,则选择摩托车作为军转民的突破口。在此基础上,重庆结合在机械制造、仪器仪表、电子产品、金属材料加工等方面的雄厚产业基础,把做大做强汽车、摩托车产业作为产业结构调整的战略任务,提出了建设"西部汽车城"和"中国摩托车之都"的发展目标,实施了加快建设北部新区"十里汽车城"的规划。围绕汽车摩托车产业的开发,以民营企业为主体的地方企业,主动承接军工的"溢出"和"扩散"。通过政策引导和高强度投入的示范带动,培育和发展了宗申、隆鑫、力帆等一批承接军口三大"溢出"效应的著名民营摩托车企业,形成了由建设、嘉陵两大军民融合企业和隆鑫、宗申、力帆三大民营企业共同支撑的重庆摩托车"2+3"格局,以及2 000多家相关配套企业的庞大的汽车摩托车产业集群。2004年中国摩托车行业产销排行榜上,隆鑫、嘉陵、建设、力帆、宗申等5大企业均位居前10名,总产销量占到全国市场的35%,世界市场的15%。2004年,长安汽车产销量列全国微车第一、发动机第二、汽车行业第三、轿车行业第四,其中微车产量占全国1/3,利润占全行业85%,成为名副其实的中国"微车之王"。为其配套的上下游产业的年工业增加值,也达到了250亿元。汽车摩托车产业逐步发展成为占据重庆工业"半壁河山"的支柱产业。由此可见,通过"军民融合"逐步培育出以军工为基础、汽车摩托车为重点的地方支柱产业,不但较好地调整了地方产业结构,同时,迅速地在世界产业结构中找到了位置。

2. 优化配置科技资源，走节约型创新之路

第三军医大学每年来自重庆市的科研经费，比来自本系统的还多70％。不仅如此，包括第三军医大学在内的军队院校和军工单位还经常被邀请参与地方科技政策的制定。重庆市科委主任周旭认为，"不分彼此"的科技政策，是基于重庆实际的必然选择。军工系统有全市1/3的科技人员，全市1/3的工业总产值在军民融合企业，1/3的工业总产值在军民融合相关企业。而重庆又是一个大城市带大农村，财力较为紧张的新兴直辖市，需要探索一条效率更高的科技创新道路。"从资源合理配置、优化组合的战略高度出发，我们必须集成各方面优势科技力量，来弥补科技资源的不足，探索一条节约发展的道路。"周旭说。重庆如何将军工企业"视同己出"，从两件"小事"中可以看出来。2002年6月，全市召开企业新产品开发工作会，决定对新产品开发给予财政补贴、市级产业技术研究与开发资金、信息化带动工业化专项资金。在分享2 100万元财政补贴的55家企业中，一半以上为军地融合企业。为推动军地融合技改项目的实施，"十五"期间重庆市对三线企业的退税累计达到了12亿元。不求所有，但求所在；为你服务，为我所用。开明的政策结出了丰硕的成果：2000—2004年间，重庆军工系统共获得部级以上科技成果奖50余项，其中国家级成果30余项，成果转化率达60％。直辖以来全市认定的高新技术产品中，近1/3在与军地融合的相关企业。"军民融合促创新"，很大程度上改变了重庆工业高消耗、高污染的生产方式。2004年，全市高新技术产品产值占工业总产值的比重上升到20％，接近直辖之初的7倍。重庆由此走上了"科技含量高、经济效益好、资源消耗低、环境污染少、人力资源优势得到充分发挥"的新型工业化道路。

3. 军地同生共长，初显龙头效应

联合攻关、整体创新，区域协作、对外开放。更高层次的军地融合促创新，快速提升了重庆整体的科技创新能力。全市综合科技进步水平指数在全国的排位从2000年的第20位跃升为2004年的第11位，在西部排名第2位。今年"严重创伤救治与损伤组织修复""预防煤矿瓦斯动力灾害""家蚕主要经济性状功能基因组与分子改良"3个项目被列入国家"973"计划。全市每100万元R&D经费（R&D经费指研究与试验发展经费）支出产生的专利和论文数之和居全国第一位，企业新产品销售收入占产品销售收入的比重在全国列第二位，高新技术产业化指数居第四位。军地融合的成功也催生了以军地融合为特色的中国重庆高新技术交易会（简称"高交会"）和"国际军民两用技术博览会"（简称"军博会"）。高交会及军博会不仅已成为国内规模最大、最具影响力的军民两用技术交易平台，还吸引了俄罗斯、白俄罗斯、乌克兰、德国、日本、加拿大等国政府组团参展。

(二)以体制创新推动自主创新

1. 体制创新,确保长效

机制创新是"军地融合促创新"的最大推动力。重庆市委、市政府始终坚持统一领导,科学统筹。凡涉及军地融合的重大问题,都由市委、市政府主要领导亲自协调。通过机制创新,使军地双方互促共进,合作共赢。建立沟通协调机制,消除军地双方信息不对称现象,做到科学决策。重庆与中央各大军工集团均签订了合作协议,建立了军地融合沟通协调会议制度,以畅通信息沟通渠道。军民两用技术重大科技项目联合攻关机制,保证了军地双方科技力量的联合与协作。整体规划,统筹兼顾。"十五"期间,重庆明确提出要充分发挥国防工业在汽车摩托车工业中的骨干作用和高新技术产业中的带动作用。在2003年制定《关于加快推进新型工业化的决定》中,重庆又提出要加快建设包括军事装备及军民两用技术在内的4个国家级研发生产基地。2004年,重庆市委、市政府出台的《关于加快区域科技创新体系建设的决定》,进一步明确要争取建成国家级军民融合科技示范园区。据市科委主任周旭介绍,即将出台的《重庆市科技中长期发展纲要》和"十一五"科技发展规划,都对军民融合作了专题部署。完善法规规章,消除军地融合的体制障碍。直辖以来,重庆出台的《关于加强技术创新、发展高科技、实现产业化的实施意见》《重庆市促进科技成果转化条例》等一系列有关促进经济、社会及科技发展的政策措施中,均对推动军地融合、发展军民两用技术作出了明确规定。除了机制和体制创新外,重庆还在社会职能剥离和主辅分离、资源配置、能源供给、土地供应等方面重点保证军工企业,支持军民融合企业的发展。在用地十分紧张的情况下,重庆九龙工业园区和巴南花溪工业园区优先解决建设集团规模扩张所需的用地问题,使拥有上万名员工、占地上千亩的建设集团于2003年顺利实现了"退城进郊、整体搬迁"。

2. 军地融合,开放驱动

重庆在"军民融合促创新"实践中,打破区域、行业和部门局限,通过扩大对内对外开放,推动军地双方在更大范围和更高层次上互动结合,形成了以"开放驱动"为特点的创新途径。微电子机械系统MEMS是21世纪的高新技术产业。重庆利用中国电子科技集团公司24所的模拟集成电路生产线和重庆大学、第三军医大学等科研机构的研发能力,与德国进行全方位实质性合作。其中,"微型光谱仪器""生物压电阵列式检测器""微泵的应用开发研究"3个项目被列入中国与欧盟间政府合作计划,极大地推动了M(5)MS项目在重庆的研究开发及产业化进程。2004年初,重庆成功研制出拥有完全自主知识产权的"OMOM胶囊内镜"产品,并在当年正式投放市场,实现规模化生产。镁合金创新体系是重庆军民融合,优化配置创新资源的成功典型。为防止军地融合过程中的短期行为,重庆一直将军地融合纳入整体规划,加大对军地融合重点领域、重点企业和重点项目的政策倾斜和资金支持力度。通过政府引导、军地协作,形成了官、产、学、研、商相结合的军民协作集成创新模式。周旭说,技术再创新成就了地方高科技企业,这些企业与传统的军工企业在新产品开发方面既联合又竞争,使重庆的军民融合由过去军工单位单向"溢出",到大力发展军民两用技术,实行"民为军用",进入了"军民互动"阶段。民品生产中的先进技术向军用领域回流,反哺和促进国防工业与军事技术,形成了更具弹性和活力的军事工业基础。在"神舟五号"和"神舟六号"载人飞船上,都有重庆民品企业配套生产的零部件。西南铝业集团有限公司通过与俄罗斯、乌克兰等国家科研机构的科技合作和技术引进,在军民两用新材料领域的生产工艺技术方面取得了突破,不仅为国产化地铁项目、广深高速列车等提供了 800 多万吨优质大型特种型材,其产品还广泛应用于航空航天重大国防工程项目,大大缩短了我国相关战略技术的研发周期。

3. 让技术"核裂变"

镁合金创新体系是重庆军地融合,优化配置创新资源的成功典型。2000年,重庆启动新材料前沿领域——镁合金的研究开发与产业化攻关。在重庆市委、市政府的协调下,重庆大学、西南铝业集团、兵器部 59 所、长安公司等近 10 余家军地单位共同组建了共性技术研究、支撑产业发展的研究开发平台——重庆市镁合金材料工程技术研究中心。短短 5 年内,重庆镁合金研究开发与产业化从无到有,形成了年产 250 万件镁合金汽车摩托车零部件、1 000 吨镁合金通用型材和 3 000 吨废镁回收再生的生产能力,累计生产以汽车摩托车镁合金零部件为主的各类压铸件 270 余万件、挤压型材 100 吨、军用镁合金材料若干,实现镁合金相关产值近 2 亿元。重庆由此成为我国镁合金研发与产业化的重要基地。通过军地双方紧密联合协作,建立起产、学、研的开放式共享平台,融合军地双方原本彼此分离的科技、经济资源,在互动互促中迸发创新活力,是重庆镁合金产业迅速形成和发展的重要原因,也是"军民融合促创新"的实质。市科委副主任、重庆大学轻金属材料研究中心主任潘复生教授认为,在镁合金创新体系中,军地共同组成重庆镁合金推进办公室和重庆市镁合金专家组,充分整合和优化配置区域内的科技人才等资源,调动了各方积极性,达到了单纯依靠市场机制所不能达到的效果。

(三)以"创新中心"支撑经济中心

1.联合攻关,成果共享

第三军医大学创伤烧伤复合伤实验室,是投资 8 000 多万元组建的国家和市级重点实验室。第三军医大学、重庆汽车研究所等军地科研单位,在此基础上共同组建"车辆/生物碰撞安全重庆市重点实验室",集合交通医学领域和汽车研究所、长安汽车集团的军地技术骨干,形成军地结合的"交通医学和汽车碰撞"交叉学科创新团队。这个团队针对我国居高不下的道路交通伤害,开展道路交通伤害临床医学研究,多项成果填补了我国在交通安全及生物碰撞研究方面的空白。在"军地融合促创新"实践中,重庆充分发挥政府在资源整合上的独特优势,优先支持军地双方联合攻关的科研项目,形成汇集军地双方科技领军人物的创新团队并实现成果共享,成效显著。重庆医科大学王智彪教授领衔研制我国首台具有完全自主知识产权、开辟世界医学领域超声无创治疗技术先河的大型医疗设备——高强度聚焦超声肿瘤治疗系统。项目在理论研究上取得突破后,积极引进军队院校高层次人才,并利用重庆军地产品、设备配套生产,迅速实现了这一原始创新成果的产业化。这一产品已先后通过英国、韩国和欧盟相关认证,并已出口英国、日本、新加坡,巩固了重庆在临床超声医学研究中的国际领先地位。

2.规模经营,创新资源

科技发展需要大手笔投入,也需要精打细算,盘活现有科研资源。对于财力相对有限的西部地区来说,科研资源配置的效率,在很大程度上决定着区域科技创新能力的高低。20 世纪 90 年代,重庆计算机研究所和重庆工业自动化仪表所同时面临产品开发困境,共同的需求使两个研究所走到了一起。两所合并后,原计算机所的软件设计基础与自动化所的机械自动化研发能力相互整合,利用科技资源的优势,将研发方向确定为汽车电子产品,实力大增。重庆市科委由此产生了以股份制组建"重庆联合研究院"的设想,既充分发挥各个院所的个体优势,又整合它们的科技资源。这一设想目前已进入实施阶段。以全面整合科技资源为突破口,重庆于 2004 年初在全国率先提出建设"三大科技平台"的构想。初步形成了以军地科技资源共享为核心,以重点实验室、工程技术研究中心等为主体的"研究开发平台体系";以大型科学仪器设备、自然科技资源共享为核心的"资源共享平台体系";以"重庆高交会暨军转民博览会"、技术交易常设市场、生产力促进中心、大学科技园等为依托的"成果转化平台体系"。三大科技平台使军地两方的科技创新资源得到有效整合和充分利用,弥补了公共科技平台资源的不足和分布的不合理,成为创新创业的公共服务平台。到 2003 年底,重庆企

事业单位和科研院所拥有的大型科学仪器设备总价值超过 8 亿元。资源共享平台启动后,这些设备的利用率当年便从 30% 提高到了 70%。

3. 发挥"创新中心"支撑作用

重庆市科委主任周旭认为,"军地融合促创新"是重庆的必然选择。作为西部唯一的直辖市,重庆在全国经济大局中具有"承东启西、左右传递、纵贯南北"的作用,是推进西部大开发的一个战略突破口和重要支撑点。作为新兴直辖市,重庆又有特殊市情。它不仅是我国六大老工业基地之一,更是全国最大的军工基地,面临着完成库区移民迁建任务和加快库区发展、振兴老工业基地、解决"三农"问题、加强生态环境保护和建设等诸多难题。为破解上述难题,加快建设长江上游经济中心,重庆确立了通过强化"三大科技平台""军民两用技术""市场配置资源""政府主导和调控"等四个环节,深化"军民融合促创新"的发展战略。军地融合重点领域、重点企业和重点项目,被列入地方经济"十一五"规划。周旭说,重庆希望通过持续推进"军地融合促创新",使重庆的科技创新能力到 2010 年进入全国前 10 名以内,2020 年全面实现把重庆建成长江上游科技创新中心的目标,为中央确定的 2020 年将重庆建成长江上游经济中心的规划提供坚实的科技支撑。

4. 以军民融合为特色的全面创新路径①

彭宇行说,重庆是国家重要中心城市,长江上游地区经济中心,国家重要的现代制造业基地,西南地区综合交通枢纽,经济社会保持了高速健康发展,我们为重庆取得的成绩感到振奋和高兴。

作为全国军工大市,重庆军地融合发展的市场化程度非常高、融合程度非常深,特别是通过军民融合发展、科研技术转化,汽车、船舶重工、声光电等一个又一个产业壮大崛起,开创了可复制推广的经验和做法,值得我们认真学习借鉴。

彭宇行说,绵阳是国家全面创新改革试验区域,四川省委、省政府要求绵阳以军地融合为主题,努力建设国家军民融合创新改革发展示范基地。完成这样的重要使命,绵阳需要向重庆市等先进地区学习。希望两市深化交流合作,共同探讨军民融合深度发展的对策,共同推动军民融合深度发展;加强科技和产业协作,推动两地企业协作配套、互利共赢;完善互动机制,建立常态化的交流合作机制。同时,诚邀重庆来绵参加第四届中国(绵阳)科技城国际科技博览会。

张志奎介绍了重庆市军地融合深度发展工作有关情况。重庆一直坚持将"军民产业融合"作为产业发展优先方向,把"军技民用"作为军地融合产业发展

---

① 学习成功经验借鉴先进做法积极探索以军民融合为特色的全面创新路径。
彭宇行率市党政代表团赴重庆市考察学习,并出席两市军民融合发展工作座谈会。

的主动力,把"军地融合基地"打造作为军地融合的主要载体,把"军博会"作为军地融合产业人才、技术、招商的重要平台,把"绿色通道"建设作为军地融合产业发展的重要保障,把"智能制造"作为军地融合产业发展的新引擎,军地融合产业的经济总量全国领先。自主汽车研发能力国内最强,重庆汽车产业成为全市第一支柱产业。"民参军"领域成果丰硕,目前民口军品配套单位众多。希望与绵阳在进一步优化军民融合产业发展工作中,加强合作、学习借鉴,不断形成全要素、多领域、高效益的军民融合深度发展格局。

四、贵阳市"科教兴市"做法、经验[①]

(一)重大科技攻关计划引领

2005年11月20日,"十五"国家科技攻关计划"制造业信息化关键技术攻关及应用工程(贵阳市)"课题,在贵阳顺利通过科技部专家组的验收。课题主持人贵阳市原科技局局长郭华玲介绍,被科技部批准为全国制造业信息化工程重点城市的贵阳市,"十五"期间投入制造业信息化的资金2.9亿元,建立示范企业103家,培训人员2万余人次。通过制造业信息化工程的实施,贵阳市制造企业的技术创新、技术开发、生产制造、市场竞争等方面的能力得到了普遍的提高,并带动了全市GDP快速增长。2004年,贵阳市国内生产总值达到443.63亿元,比上一年增长13.7%,"十五"前四年该市国内生产总值平均年增长率达到12.3%。

制造业信息化工程带动全市GDP快速增长,仅是贵阳市"十五"期间科技支撑经济实现跨越式发展的一个方面。郭华玲说,发展大科技,建设大贵阳,是贵阳市委、市政府的重大决策。"十五"期间,贵阳市不断强化科技工作的基础性、先导性和全局性,以自主创新为重点,以集成创新和消化吸收再创新为核心,以发展高新技术产业和特色支柱产业为主线,在科技创新方面突出技术创新的体系和科技服务创新的体系的建设,为全市经济社会发展提供了强有力的科技的支撑和引领。

"十五"期间,贵阳市科技工作按照市委、市政府提出的全面实施"科教兴市"的战略决策,按照"有所为,有所不为"和在局部可跨越领域实现突破的方针,基

---

① 刘志强、筑科宣:《发展大科技建设大贵阳——贵阳市"十五"科技成就回眸》,《科技日报》,2006年1月9日第2版。

本完成了"十五"科技计划的发展目标及重点任务,全市科技自主创新能力和整体科技水平有显著提高。"科教兴市"战略不断深化,成为国家"科教兴市先进城市""全国知识产权专利试点城市""全国制造业信息化试点城市"等。一批应用于本市经济发展的技术取得突破;科研机构改革平稳过渡;全市科技创新服务体系基本建立;科技外事活动、创新环境逐步改善。为"十一五"科技支撑经济快速发展奠定了坚实的基础。

科技发展整体水平上台阶。"十五"期间,贵阳市首先注重实施"一抓一"工程,有力地推动了科技环境营建和制度创新。党政领导先进的科技决策理念确保了贵阳科技先导的战略地位,成为引领"十五"期间贵阳市经济、社会和科技协调发展的重要保障。该市始终坚持政策先行、立法保证,将科技进步纳入各级领导绩效考核指标,并以文件形式发布;将科技三项费的增长幅度列为硬性指标。

围绕着"科教兴市"和建设循环型的生态经济城市战略目标,贵阳市相继实施了一系列重大战略举措。在科技人才、科技计划管理、产学研联合、军民科技合作、科技中介服务等方面,相继出台了《关于加强技术创新,发展高科技实现产业化的若干意见》《贵阳市科学技术奖励办法》《重点科技项目技术咨询评估暂行办法》《关于加强开发区建设发展高新技术产业的决定》等一系列政策法规。

由于科技创新政策环境进一步优化,全市科技发展整体水平得到进一步提高。区域科技竞争能力继续保持省内领先地位,成为全省唯一连续三届参加全国科技进步考核并获先进称号的市(地、州),是全国制造业信息化试点城市和全国首个循环经济试点城市。市级科技三项费连年增长,由 2001 年的 3 300 万元增至 2005 年的 6 200 万元,年均增长 17.42%,高于同期全市经济增长速度。据不完全统计,2001—2005 年,投入科技三项费近 2 亿元,实施市级科技项目 553 个,年预期产值 40.82 亿元,预期利税 10.37 亿元;科技风险投资运行规模发展到近 2 亿元,实施科技风险投资、担保、借款项目 70 余个,近 80 家企业经扶持后,销售收入增长近 8 亿元,新增利润 7 000 万元,上交税收 9 000 万元。与此同时,全社会科技投入也有较快增长。2003 年全市科技活动经费增至 8.41 亿元,其中 R&D 经费支出占 GDP 比重达到 1.10%,全市科技研发及转化能力明显提高,呈现出高新技术和传统产业齐头并进的态势。

(2)2005 年 8 月,科技部在该市召开的全国新材料特色产业化基地会上,全国材料领域知名专家以现场打分的方式,对全国 43 个材料特色产业化基地运行绩效进行考评。贵阳新材料产业化基地获 83 分,在全国 43 个材料特色产业化基地中排名第四,在 18 个综合类基地中排名第二。

据贵阳市原副市长翟彦介绍,材料产业已经成为该市的龙头产业。贵阳在氧化铝、钎钢、磷化工、有色金属等部分材料领域拥有一批全国知名的龙头企业。

截至2004年底,全市规模以上材料企业309家,占工业企业总数的54.5%,产品收入占全市工业企业销售总收入的53.4%,利税13.94亿元,占工业企业利税总额的33.6%。以基地为主体的新材料产业具有明显的技术、人才、资源和基础优势,已在有色金属材料、磷化工金属材料、纳米改性及聚合物材料、电子信息材料及产品等领域形成了许多优势产品和优秀企业集群。材料特色产业正在贵阳迅猛发展,已撑起贵阳经济的一片天。

贵阳以发展国家级新材料产业化基地为突破口,集中扶持一批新材料骨干企业,全力做大做强,通过高新技术成果转化及产业化,带动新材料和相关产业的发展,有效地带动全市材料产业的发展,从而加快贵阳市工业结构的优化与升级。目前,贵阳市新材料产业已形成了以贵阳国际新材料产业园为龙头,带动乌当电子信息材料、开阳息烽磷精细化工材料的一园多片格局。

(3)"十五"期间,贵阳市高新技术产业和传统制造业改造提升的发展态势喜人。以现代中药、电子信息、新材料、装备制造业等为代表的具有竞争优势的高新技术产业得到了快速发展;依靠高新技术和先进适用技术的普及推广,全市磷化工、铝加工、烟草、能源、食品工业等传统优势产业的技术水平得到进一步优化和提升。电子信息产业异军突起。南方汇通1英寸微硬盘产量超过80万片,并获国家863专项5项。中药现代化支柱作用开始显现,建成扎佐、乌当、息烽、花溪、清镇五个医药园区,一批新药获得国家生产批号,神奇、益佰、汉方等7家企业进入全国中药企业销售百强。2004年,全市药业企业实现总产值38亿元。

贵阳市2004年实现规模以上高新技术企业产值83.42亿元,增加值28.78亿元,分别占全市规模以上企业的6.49%和16.43%;全市规模以上高新技术企业出口交货值达11.23亿元,占全市规模以上工业出口交货值的38.6%,高新技术产品出口量呈现出加速发展的趋势;高新技术工业企业百元固定资产实现利税66.28元。作为高新技术产业重要基地的国家高新区,5年来的各项主要经济指标都保持了年均20%以上的增长速度,在引领区域经济发展、加速地方优势产业的集约化、特色化发展方面发挥着越来越重要的作用,已经成为具有一定创新能力的高新技术产业集聚区和创新区。

在传统产业高技术化方面,以建设国家级制造业信息化示范城市为契机,大力实施制造业信息化1050工程,积极应用高新技术、信息技术提升改造传统产业,新建信息化基础平台7个,推广应用技术273项,促进了传统产业的生产工艺、装备水平和管理水平的提高,23家示范企业新产品平均开发周期从409.3天减少到242.25天,降低40.8%,平均年度库存占企业全部流动资产的比例从33.26%降低到31.88%,平均年销售收入从22 936.79万元增加到34 839.06万元,增长了58.9%。

翔式道路

在现代农业方面,新建了一批特色农产品基地,农业新产品、新技术得到普遍应用。建立"三农"科技专家服务中心10个,完成农村贫困人口培训3.6万人,建成了贵阳国家级农业园区,其中乌当园区累计吸纳资金2.42亿元,引进了上海美阳、贵州芊芊园艺、贵州金太阳兰花公司等30家企业,引进新技术12项,新品种300余个,带动农户1500余户。全市农业先进实用技术普及率达85%以上,良种覆盖率达95%以上。现代农业技术的普及推广,使示范基地核心区土地产出率高出全市平均水平75.7%,农业劳动生产率高于全市平均水平91.2%,农民人均纯收入增长率达8.1%。

区域创新体系基础基本夯实。贵阳市作为省会城市,高校、科研院所集中,但由于资源分散、投入不足、自主创新能力薄弱,于是,该市走集成创新之路,将整合科技资源作为工作重点来抓。通过创新平台建设,聚集政府、高校、科研院所企业的资源,努力打造具有贵阳特色的知识创新体系和技术创新体系。

(5)体制性束缚是科技发展的最大障碍。"十五"期间,贵阳市更多地注意体制改革,不断增强开放力度,加强科技立法和科技进步条例的施行力度;充分利用校市合作,较好的优化整合了区内外科技资源。同时,注重培育科技中介服务体系,促进科技资源整合。通过大力发展中介服务平台,搭建立体中介服务体系,打通政府、金融机构、企业、大学、科研机构的关系,初步形成了"官、产、学、研、金、介"的创新价值链,大大促进整合了资源,区域创新体系的基础基本夯实。

"十五"期间,围绕提高全市自主创新能力、综合科技实力和增强企业市场竞争力,在电子信息、中医药、新材料等领域相继建立了一批国家和省级的企业技术中心、工程中心及研发中心,成功创建国家级863微硬盘研发中心和国家级复合改性聚合物工程技术研发中心,投入7600万元建成了集大型科技基础条件平台、国家863计划项目工程技术中心、科技孵化器、科技技术交易、科技会展和科技培训、国内外学术交流为一体的贵阳科技大厦。

通过努力,全市企业技术创新手段和条件得到改善。以企业为主体的技术创新体系框架基本形成,国家级企业技术中心达到4个,省级企业技术中心32个,兴建科技进步示范工程单位11个。同时,切实加强科技创新服务体系建设,做好企业诊断、咨询服务、共性技术推广、技术交易、技术培训等服务工作,积极促进科技成果向现实生产力转化。几年间相继建立和完善了贵阳国家级重点生产力促进中心、省级贵阳技术咨询评估论证中心和贵阳中药现代化高新技术创业服务中心、贵州新材料生产力促进中心等科技中介服务机构,新建区市县生产力促进中心5个,开辟了技术交易市场,开通了"贵阳中药现代化信息网""贵阳新材料信息网"。全市科技体制管理创新初见成效,以科研机构内部机制转换为切入口,已将原来12个市属科研机构精简为"三所一园一中心",并已发展成具有一定实力的科技型企业、科技植物园和科技中介服务机构。

在省、市、区及有关部门共同努力下,由贵州科学院牵头,整合原贵州工业大学、贵州省工程复合材料中心、贵州省纳米材料工程中心、贵州省理化测试分析中心等单位的优势资源,在园区组建的"贵州省材料技术创新基地",为园区和全市新材料产业搭建起了高起点的技术创新平台。基地得到科技部的高度重视,获得国家西部科研基地引导资金的支持,并被科技部称为"贵州模式"在全国推广。2004年底,科技部以创新基地为主体,批复成立"国家复合改性聚合物材料工程技术研究中心",实现了贵州省国家级工程技术研究中心零的突破。此外,贵阳市科技发展还注重对民营科技型企业的扶持,通过项目倾斜、经费引导等方式,引导大量的民营资本进入科技型企业,有力地培育了新的经济增长点。

针对科技人才紧缺问题,贵阳市在2004年实施了科技人才强市"百千万"培训工程,培训非公企业高级科技人才114人,制造业信息化人才1 137人,贫困农村科技人才13 489人,全市科技人才队伍不断壮大。同年还启动了"金筑科技英才"工程和香港生产力促进局联合举办培训班,组织部分专业技术带头人和中青年科技干部到香港接受培训,把握国际科技发展态势,提高科技管理能力和科技研发能力。

为了适应不断改革发展的新形势、新要求,贵阳市科技局不断深化科技管理体制改革,努力建设服务型政府机关,将国际通行的ISO质量管理体系引入科技项目管理之中,开展以项目管理为核心的ISO质量体系建设,工作效率和服务质量大幅度提高,各项工作朝着管理科学、依法行政、优质服务、廉洁高效的目标不断迈进。同时,贵阳市还建立了区市县科技进步监测评价指标体系,对区市县每年科技进步环境、科技活动投入、科技活动产出、科技促进社会经济发展等内容进行量化评分,督促基层加强科技工作,使区市县科技工作步入科学化、规范化轨道。

(二)高新技术产业研发生产基地建设

2005年底,贵阳市与贵州省科技厅形成了共建中国西部(贵阳)高新技术产业研发生产基地的共识。自此,贵阳市以厅市携手共建区域高新技术产业创新平台为精彩开篇,拉开"十一五"科技发展大幕。

贵阳市原科技局局长郭华玲告诉记者,"十一五"期间,是贵阳实现经济社会跨越式发展和"做表率、走前列"的关键时期,要以"自主创新、重点跨越、支撑发展、引领未来"的科技工作总方针来指导工作。在整合省内外、国内外科技资源的基础上,进一步在科技研究的技术创新方面,在科技创新的服务方面,走出新的一步。通过科技资源的强力整合和优化配置,使科技成果转化、科技队伍建

设、科技体制改革方面取得更大突破。

谈到"十一五"科技发展目标,郭华玲说,"十一五"期间是贵阳市为实现未来宏伟目标夯实基础、搭建框架至关重要的战略机遇期。依据中共中央及中共贵州省委、中共贵阳市委《关于编制国民经济和社会发展第十一个五年规划的建议》文件要求和《国家中长期科学和技术发展规划纲要(草案)》的有关要求和精神,在依据《贵阳市中长期科学和技术发展战略研究》提出的"自主创新—开放融合—重点跨越—系统推进—引领未来"战略指示方针的核心理念和相关成果的基础上,经过5年努力,在贵阳市初步建立一个功能较为齐备的科技创新体系,全市科技持续创新能力和科技实力显著增强。

此外,郭华玲向记者着重介绍了贵阳市"十一五"科技发展的重点任务。贵阳市科技发展要以实现国民经济战略性转型为主攻目标,以集成创新和二次创新为切入口,加速提升全市自主创新能力为主旋律,围绕继续推进高新技术产业化和促进传统产业高技术化这两大战略任务,根据全市跨越发展的科技需求,按照有所为有所不为的原则,重点围绕实施"1810科技行动"(搭建一个体系、建设八个平台、实施十大工程)进行战略性部署。一是建设具有贵阳特色的区域科技创新体系。"十一五"期间,科技体制改革的阶段任务是按照市场需要和科技自身发展规律,基本建成具有贵阳特色(政、产、学、研、金、介六大主体元素良性互动)的由以企业为主体的产学研相结合的研发体系和社会化科技中介服务体系构成的区域科技创新体系。其总体目标是:进一步优化配置社会科技资源、合理布局科技力量,以体制创新为动力,完善科技创新的运行机制,稳定形成"结构优化、布局合理、精干高效、纵深配置"的以城市为中心,辐射带动农村的城市创新格局。二是建设一批能有效支撑科技创新活动的基础条件平台。磷、铝、煤循环经济科技发展平台,中小企业制造业信息化研发平台,新材料产业科技平台,中医药产业科技平台,生态农业科技平台,先进制造业为主体的军民两用公共条件平台,电子信息产品技术平台,科技公用基础服务平台。三是实施"十大工程"。资源与环境保护科技支撑工程,高新技术产业化科技工程,循环经济科技工程,实施先进制造业工程,社会发展的科技工程,社会主义新农村科技发展工程,金筑科技人才工程,现代服务业科技工程,科技发展战略研究工程,科学普及工程。

(三)科技创新长足发展[①]

"十二五"期间,贵阳市科技创新工作紧紧围绕社会经济发展中心任务,积极整合科技资源,加快技术转移、科技成果转化与产业化步伐,在创新体系建设、创

---

① 贵阳市"十三五"科技创新发展专项规划。

新能力提升、高新技术产业发展及全社会科技进步等方面取得了长足发展。

1. 科技投入稳步增长,科技进步成效显著

"十二五"期间,科技投入规模持续扩大,全市财政科技投入逐年递增,由2010年的3.61亿元增至2015年的12.38亿元,占地方财政支出比例由1.77%增至2.76%;仅市级科技部门安排的财政科技投入就从2010年的1.15亿元增至2015年的3.09亿元,年均增长33.66%。

"十二五"期间,贵阳市科技发展以大数据、大健康产业为引领,科技竞争实力和技术转化能力不断增强,有力促进了全社会科技进步。科技进步贡献率由2010年的51.54%增至2015年的56.64%,科技进步统计监测指数一直居于全省首位。

2. 创新环境日趋优化,科技产出成果丰硕

"十二五"期间,贵阳市进一步深化科技体制改革,制定并出台了《关于实施"筑巢引凤"计划推进科技创新的意见》等一系列政策措施,初步构筑了政策支持、人才吸引、资本扶持、科技成果转化四位一体的创新环境,有效推动了科技跨越和产品竞争力的跃升。在《2015年中国新兴城市报告》中,贵阳市综合排名从2010年的第65名上升为第1名。

"十二五"期间,贵阳市不断推动大数据、大健康、先进制造、新材料等领域技术创新,组织实施了一批重大关键技术项目和支撑计划项目,科技产出成果丰硕,获得国家级、省级科学技术奖400余项。专利申请量和授权量稳步增长,分别达35 850件、20 335件,较"十一五"期间分别增长234.6%、209.8%。

3. 科技平台加快建设,创新服务日趋完善

"十二五"期间,贵阳市科技创新平台建设加快推进。贵阳信息技术研究院(中科院软件研究所贵阳分部)、贵州大学的贵阳创新驱动发展战略研究院、贵阳大数据发展战略重点实验室等一批创新平台相继成立,在特色和优势产业领域构建了9个产业技术创新联盟。截至2015年底,全市拥有国家级研发机构16个,省级以上重点实验室47个、企业技术中心105个,市级以上工程技术研究中心145个。

"十二五"期间,贵阳市搭建了"一站一台"、大数据交易所等科技条件平台;"新三线"咖啡吧、博雅众创空间等新型孵化器相继投入运行;贵州省科技风险投资有限公司、贵阳市科技金融服务中心等科技金融服务机构不断壮大,构建了开放协作、高效运行的科技创新服务体系。截至2015年底,全市有生产力促进中心41家(国家级示范中心4家)、众创空间26个、科技金融服务机构12家,资本总规模超过10亿元。

4. 高新产业发展迅速,创新团队快速集聚

"十二五"期间,贵阳市以大数据、大健康、先进制造产业为代表的高新技术产业得到快速发展。高新技术产业增加值年均增长45.6%,已突破280亿元。截至2015年底,全市高新技术企业218家,国家级创新型企业6家,省级创新型企业73家,市级创新型企业117家。

"十二五"期间,贵阳市共引进31支高水平创新创业科技人才团队;与清华大学、北京大学、浙江大学等联合举办贵阳市科技创新高级研修班、青年科技人才培训班,举办了50多期科技大讲堂,培养了大批科技管理人才和青年科技人才,为推进全市高层次创新型科技人才队伍建设和"人才特区"建设夯实了基础。

"十二五"以来,贵阳市科技工作取得了积极成效,但R&D投入、万人发明专利拥有量等指标值仍低于全国平均水平,作为全省科技创新"火车头"和"发动机"的作用尚未充分体现,与建设"创新型中心城市"的新目标还有较大差距。

"十三五"时期是贵阳市可以大有作为的重要战略机遇期,是实现弯道取直、后发赶超的最关键时期,必须抢抓战略机遇,抢占创新先机,精准创新路径,大力培育发展新技术、新产业、新业态,推动大众创业、万众创新,释放新需求,创造新供给,全面打造创新型中心城市。

五、四川省绵阳市产业布局调整带来跨越式发展的做法与经验[①]

2005年,绵阳科技城建设取得重要突破。对绵阳工业经济来说,2005年是个收获颇多的年份。2005年绵阳规模以上工业完成总产值430.37亿元,同比增长25.4%,完成工业增加值118亿元,同比增长24.8%,增幅在2004年全省倒数第一的基础上跃居全省前列,利润总额实现12亿元,利税总额实现24亿元,两项工业增长速度在全省六个重点工业城市中排名第二,摆脱了2004年负增长、名列全省倒数第一的不良状况,特别是GDP同比增长13%以上,高于全省平均水平,财政收入突破40亿元大关,比上年净增近6亿元,比上年增长16%。

为什么2004年绵阳几项经济主要指标排在全省后面,2005年却跃居全省前列?绵阳市原市委书记谭力一语中的:"建设绵阳科技城关键在工业,要害在

---

① 李保平:《绵阳加速科技城建设——产业布局调整带来跨越式发展》,《科技日报》,2006-01-24第9版。

第七章 实施"翔式道路"(二)

工业,必须进行产业布局革命,握紧打造五户百亿企业和大力发展中小企业这两个拳头,构建绵阳六大工业产业集群,实现绵阳新跨越。"绵阳市市长唐利民说道:"把绵阳建成西部投资环境最好的城市,加大招商引资力度,借力迈向工业化,牢固树立工业强市、工业兴市、工业富市,把工业蛋糕做大做强。"长期以来,外界都有这样一种共识:长虹是绵阳工业经济发展的生命线和唯一支柱,这对于长虹是一种骄傲,也是一种压力。如果长久维持这种格局,就会形成地方经济发展过独木桥的畸形态势,如何把"一棵大树变成一片森林",绵阳市委、市政府敢于以市场经济为原则,遵循城市发展规律,全力调整产业布局。市委、市政府提出打造长虹、攀长钢、九洲、新华、江电5户百亿企业和大力发展中小企业这"两个拳头",构建绵阳六大工业产业集群,重振绵阳工业雄风,在2005年GDP、工业增长速度、工业增加值速度要走在全省前列,到2010年GDP达到880亿元,工业总产值突破千亿大关,财政收入力争突破百亿大关。

把绵阳建成西部投资环境最好的城市,简化手续,实行"一章"对外,加大招商引资,借力迈向工业化,把工业蛋糕做大做强,产业新布局又将对绵阳的经济发展是个巨大推动。绵阳市原市委书记谭力、市长唐利民多次强调国家给绵阳经济发展这么多鼓励和支持,一定要给投资者创造一个很好的投资环境,包括硬环境,还要有软环境,借力打造六大工业产业集群,迈向工业化。上一年是绵阳招商引资年,到位资金105亿元,工业项目占到了70%,其中投资亿元以上的工业项目60个。仅次于成都,成为省第二。绵阳市在国企改革中,坚持阳光作业,实行公开、公正、公平竞标兼并,把职工利益放在首位。先后有国内外10多家优势企业来绵阳进行公平竞标收购东材公司、方向机总厂,实现在有产权成功转让。双马与世界500强,全球第一大水泥生产商拉法基集团实现强强联合,还引进世界500强沃尔玛、中石化落户绵阳。通过国有产权的转让,盘活存量资产20多亿元,安置职工近万人。外地的优势企业带来了品牌、资金、技术、管理和市场优势,同时带来了新观念、新机制。如今的绵阳经济结构结束了一枝独秀的局面,六大产业集群已形成规模,5户百亿企业发展势头强劲,一大批中小企业快速发展,组建了"三个强大的工业集团军",支撑绵阳经济大跨越的脊梁。

长虹进军3G手机,"金杯"七款车型落户绵阳,九洲国际软件园500万套数字电视机顶盒建设、攀长钢50万吨棒材生产线开工、江电60万千瓦发电机组投入商业运营。绵阳5户百亿企业掀起工业雄风。据主管工业的原副市长林新介绍:通过产业新的布局,以长虹、九洲、新华、攀长钢、江电5户百亿企业为"第一集团军",丰谷、双马、利尔化工、丰泰、华丰等52户优势企业为"第二集团军",外来企业和中小企业为"第三集团军"。除5户百亿企业外,今年52户重占企业工业总产值达到135亿元,增长23%,其中双汇集团、东材公司产值将首次突破10

亿元,双马、华晨瑞安、丰谷酒业、长林肉类、银河建化 5 户企业产值过 5 亿元,过亿元的企业将新增 20 户,重点企业由 52 户增加到 80~100 户。绵阳工业重点企业的前 30 户要分别达到 50 亿元、30 亿元、10 亿元。2010 年绵阳工业总产值要突破千亿大关,推动科技城建设。"十二五"期间绵阳工业取得的成就可以用六个"新"进行归纳总结①。

(一)工业综合实力迈上新台阶

2015 年,全部工业增加值达到 728.03 亿元,是"十一五"末的 1.8 倍,工业增加值占 GDP 比重达 42.8%,较"十一五"末提升 1.3 个百分点,高于全省平均 1.7 个百分点,对全市 GDP 增长的平均贡献率达到 53.2%;绵阳全部工业增加值占四川省的比重由 2010 年的 5.37%提高到 2015 年 6.02%。

(二)产业结构调整取得新进展

已形成以电子信息、汽车、新材料、节能环保、高端装备制造、生物、食品、化工八大重点产业为支撑的较为完备现代工业体系,2015 年八大产业占全市工业比重达到 74%。新兴产业及军民融合产业快速增长,2015 年,高新技术产业、战略性新兴产业分别占全市工业比重达到 51.99%和 34%,"十二五"期间,军民融合产业总产值增长 1.46 倍。

(三)创新能力提升取得新成效

截至 2015 年,已建成重点实验室 25 个,工程技术研究中心 18 个,工业设计中心 4 个,工业技术研究院 1 家,省市级产学研创新联盟 22 个,各类科技企业孵化器 43 个,企业技术中心 140 个;规模以上工业企业研究与试验发展经费支出占主营业务收入比重达 1.29%。

(四)两化深度融合进入新阶段

"十二五"期间,绵阳获批国家三网融合试点市、信息消费试点城市、全光网城市等。长虹"彩电智能制造试点示范"项目成为四川省唯一入围工信部 2015 年智能制造试点示范的项目,并成功获批工信部"2015 年智能制造专项"。

(五)绿色低碳发展再上新水平

"十二五"期间,万元工业增加值能耗累计下降 47.81%,超出全省平均水平

---

① 绵阳市"十三五"规划。

8.83个百分点,淘汰落后和化解过剩产能企业共84户,腾出土地资源207亩,实现节能40余万吨标煤。

(六)产业集聚发展实现新突破

截至2015年底,全市共有产业园区12个,其中国家级产业园区2个,省级产业园区8个,国家新型工业化产业示范基地2个,省级新型工业化产业示范基地2个;产业园区规模以上工业总产值从2010年的1 071.8亿元增加到2015年的2 356.43亿元,年均增长30%。

六、关于建设军民高技术产业基地的建议

建立军民高技术产业基地(园区),应该说是军民融合、寓军于民、军民协调发展的科学有效之路。如何走好建立军民高技术产业基地(园区)之路,实现路径和政策机制的选择至关重要。根据陕西省建立军民高技术产业基地(园区)的调研,提出以下建议。

(一)各级党政和国防科技工业主管部门,应树立促进生产要素在军民之间合理流动的科学发展观

国防科技工业在区域工业经济中具有明显的比较优势,在经济发展中占有重要地位,是可持续发展的重要物质技术基础。改革开放以来,国防科技工业系统认真贯彻实施"军民融合、寓军于民"战略,在出色完成国防建设任务的同时,民品生产发展取得显著成绩,已成为所在区域主要特色产业。但是,军工自我封闭、自成体系、军民分割的体制尚未彻底打破,国防经济与区域经济"二元结构"的格局依然存在,军工厂所改革相对滞后,市场竞争能力不强,资源优势特别是人才、技术优势还没有得到充分发挥。其结果不仅不利于军工企业平稳较快发展,不利于国防经济产业结构调整和优化升级,而且影响到国防经济对区域经济的作用以及两者的协调发展。认真解决这些突出矛盾和问题,促进国防经济与区域经济紧密结合,实现优势互补、相互促进、协调发展,不只是对军工企业自身的生存和发展至关重要,而且对于加快区域经济社会发展、全面建设小康社会具有不可或缺且比较重要的意义。令人欣喜的是,目前正值加快国防经济与区域经济合作创新发展适逢重大机遇期。我国国民经济与社会发展"十一五"规划提出加快"寓军于民"体制改革的决策,为军民协调发展提供了大的良好的政策支持;振兴老工业基地、西部大开发等重大战略的实施和区域经济的快速发展,为

军工融入区域经济搭建了良好平台;国家加大国防建设投入,军品科研生产进入新的高峰期,为军工的跨越式发展及推动区域经济带来了难得机遇;社会主义市场经济取向的各项改革逐步完善,为军民互动创新发展创造了更为有利的发展环境。各级党政必须紧紧抓住这前所未有的重要战略机遇期,充分利用当前有利条件,加大改革开放力度,加快军民互动创新发展,为国防建设和区域经济建设做出更大贡献。如何加快国防经济与区域经济合作创新发展?必须坚持科学发展观,深入贯彻落实国家关于"军民融合、寓军于民、大力协同、自主创新"的方针,以推动军工体制改革为动力,以做大做强国防经济、加快区域经济发展为目标,充分发挥国防科技工业优势,加强军工与民用行业之间的各种合作,促进生产要素在军民之间合理流动,构建军民产学研合作技术创新体系,形成一批军民共生的产业集群和企业群落,实现军民互动创新发展。从而使军工体制创新取得突破性进展,军工技术创新和生产能力大大增强,国防经济在区域经济中的比重大幅度增加,国防经济与区域经济的协调发展实现重大跨越。

(二)从中央到地方,建立军民协调发展的组织领导机构

实行军民融合、寓军于民,促进军民协调发展,涉及到国家和地方诸多产业部门及相关行业,需要国家和地方加强合作,高层推进。最为关键的是,不久前开始的"大部委"改革,将为西部省份解决军地体制分割问题提供良机。为此,应向国务院建议:中央尽快组建军民协调发展的组织领导机构和工作班子。在地方,依照地处陕西省杨凌的"杨凌农业示范区"部(委)省合作形式,允许并支持地方成立省军民协调发展指导委员会。该委员会由省市区与国家国防科工主管部门主要领导牵头,由国家发改委、财政部、国资委、信息工业部、国防科技工业集中省会市政府及军工集团公司负责同志组成。委员会采取定期或不定期联席会议形式,研究制定省市区军民融合、寓军于民的战略规划,确定军民两用技术的发展方向及重大项目,指导示范城市的试点工作,协调解决有关重大问题。指导委员会的办事机构设在省市区国防科工委,吸收省市区有关部门参加,具体负责军民协调发展的组织实施和日常工作。指导委员会下设立专家咨询机构,以省市区内部分两院院士和知名专家作为成员,着重对军民协调发展中的专业技术问题加强研究论证,为决策提供智力支持。更要建议的是,积极行动起来,启动军民协调发展工作。在中央尽快组建工作班子后,在地方可先选择陕西、重庆、四川和西安、重庆、成都等建立示范城省市试点,率先进行。

(三)构建军民产学研合作技术创新机制

军民互动创新发展的一个重要问题是,在"二元管理体制"下探索"一元技术

创新机制"。技术创新机制是推进军民两用技术双向转移、发展军民两用技术的关键。政府的科技、国防科工、教育、信息产业等有关部门和单位，必须加强对军民两用技术的规划指导和组织协调，引导军工和民用单位围绕区域重点发展的高科技术产业，加强科研开发，力争在军民共用性较强的电子信息、先进制造、环保科技和新材料技术等方面率先取得突破。积极组织军工先进技术参与传统产业技术改造，选择一批重大科技项目和重大设备国产化项目进行联合攻关，促进传统产业升级换代。对军工和民用单位联合申报的军民两用技术研发项目或合作承担的国家重大科技项目，优先给予扶持。被认定为高新技术产业的项目，享受高新技术产业开发区的各项优惠政策。

建立和完善多层次、多元化、多渠道的军民两用技术投融资体系。如设立军民两用技术专项资金，重点扶持军民两用急需的关键技术和共性基础技术研究，对转为军用的民用科技项目和效益显著的军转民技术项目给予一定的资助。加大对进入中试和产业化的军民两用技术项目风险投资的支持力度，积极吸引境外和社会资本参与军民两用技术产业化开发，鼓励技术持有者以技术入股等多种方式与民营企业开展合作，创造条件帮助符合条件的军民两用高新技术企业改制上市。

促进军民两用科研生产设施双向开放，实现资源共享。在做好保密工作的前提下，鼓励军工单位利用可以开放的实验室、试验场、高技术设备和工业厂房等设施，承担民用科研、生产和试验任务。引导地方科研机构和实验室积极承担军品科研生产和试验任务。依托重点科研院所或大型企业建立军民两用技术开发中心，支持军工单位、民用单位和大专院校共建重点实验室、中试基地，加快军民兼容的基础能力和发展平台建设。充分利用军工单位的铁路专用线、专用站台、库房、货运车辆及三线调迁单位原址设施等，发展运输、仓储和教育、旅游等第三产业。

促进军民人才交流，实现人才资源充分利用。在确保国家秘密、不损害所在单位合法权益的前提下，允许军工和民用单位科技人员通过调动、借调、兼职等形式合理流动。有关部门在办理工作调动、户口迁移、劳动保障手续等方面要简化程序，提供方便。鼓励军工科技人员在法律和政策允许的范围内，兼职从事技术开发、技术服务，创办、领办或协办各类企业。继续选拔军工科技管理人员到市县挂职，注意选拔军工优秀人才到各级党政机关及人大、政协任职。省上评选劳动模范、"三五"人才、"有突出贡献专家"、"享受国家特殊津贴专家"等，要根据军工人才的实际贡献适当提高比例。可由地方财政每年拨出专款对优秀国防科技成果给予奖励。

大力发展中介机构，促进军民科技资源的优化配置。原地方国防科工委应

尽快制定国防科技成果转让实施办法,加强国防科技成果推广转化机构建设。各级政府应尽快建立和完善社会化科技服务体系,发展各类科技中介机构,培养和发展技术市场,建立军民两用技术、人才和科研设施数据库,完善经济、科技、教育、党政机关信息网络体系,定期或不定期发布各类科技信息,扭转科技资源军民分割、信息不通、流动不畅的局面。

(四)打造强势产业形成军民互动创新发展的平台

军民互动创新发展,必须有其载体——平台建设。这个平台是军民产学研技术创新机制基础上的产业集群和企业群落。这是军工系统和地方政府的共同责任和义务,都应在抓好主业的同时做好。国防科技工业集中省份装备制造业之所以具有比较优势,一定程度上是因为武器装备制造业及其相关装备制造业发达。只要能够重视在军民产学研技术创新机制基础上的发展产业集群和企业群落,就是以实际行动实施军民互动创新发展的共赢策略。军工单位自身出于维护世界和平的使命和为地方经济发展贡献力量的义务,应自觉适应目前世界武器装备发展态势,不断强化市场意识,树立产业观念,由注重型号发展向注重产业发展转变,由注重单一产品发展向注重产业链发展转变,在积极争取国家订货的同时,发展军品外贸,扩大军品产业化规模,增强竞争优势。地方政府和部门应从巩固和发挥装备制造业优势促进区域产业结构调整升级的高度出发,支持军工单位,抓好高新武器装备科研生产,巩固和提升武器装备制造业及其相关装备制造业的优势地位,使之由军工优势进一步转化为区域经济优势。这个理念要落实到具体工作中,就是要地方一方面能为高新武器装备科研生产开辟"绿色通道",做好地方性条件保障工作,确保军品科研生产任务圆满完成。另一方面,鼓励支持地方民用企业和科研院所积极参加军品协作配套,重视发挥军品的产业关联效应、技术扩散效应和投资乘数效应,使武器装备制造业成为拉动区域经济的增长点。不可忽视的是,军民互动创新发展,没有切实的重大措施不行。陕西省提出的配合国家推进军工主导民品产业化工程、大力培育新兴产业,军民共同打造一批具有区域竞争力的产业集群,支持军工参与区域经济开发和大型工程建设等做法,是值得借鉴的。

(五)深化国防科技工业"寓军于民"体制改革

如何切实推进"寓军于民"体制建设进程,我们曾做过长期的努力,其症结依然是能否真正打破军工封闭体系问题。根据国家关于建立"小核心、大协作"军品科研生产能力结构的思路,我们应不失时机地引导和鼓励有条件的民用厂所参加军品科研生产。地方国防科工委要积极提供军品需求信息,做好科研生产资质、保密资格审查认证及生产许可证管理等有关工作。地方发改委、科技厅等有关部门要从立项、投资等方面帮助参与军品协作配套的企业、科研院所搞好技术改造和保障条件建设。再者,地方应支持军工企业搞好产权制度改革,促进军民之间资产重组。组织引导有实力的民用企业和科研院所通过互相持股、参股等多种形式,参与军工企业改制,推动军工企业投资主体多元化。鼓励军工和民用厂所打破部门、行业及所有制界限,以资本为纽带,进行多种形式的联合重组,逐步形成一批主业突出、具有较强自主创新能力和市场竞争能力的企业集团,并酌情给予所得税退还、减免税收、增提折旧等优惠政策,支持其通过发行企业债券、境内外上市等渠道做大做强。地方也应进一步做好部分企业关闭破产工作,加快军工企业改革脱困步伐。各级政府和土地、财政、劳动等部门要根据国家政策,妥善解决好军工企业在关闭破产中的有关问题;争取国家财政支持,切实做好破产企业的职工安置、经济补偿和下岗职工基本生活保障等工作。地方政府还必须继续支持军工企业实行主辅分离,剥离企业办社会职能。各级政府要严格按照有关文件精神,通过试点,探索多种模式的分离办法,有步骤、分阶段地帮助军工企业逐步剥离办社会的职能,减轻军工企业负担。军工企业创办的全日制普通中小学及公安等职能单位,根据国务院文件精神,按属地原则予以接收管理。对军工企业所办医院、市政机构、消防机构、社会机构、生活服务单位等辅业分类区别,其社会管理职能由政府相关部门接管,其余通过出售、转让、股份制改造等市场化方式分离。历史负担比较重、自身难以分离办社会职能、难以分流富余人员的,各级政府要给予一定的财政补助,对极少数特殊困难企业移交机构的运行费补助年限可适当延长。人事劳动部门要尽快解决军工科研院所的社会统筹问题。

(六)不断优化军民互动创新发展环境

国防经济工业集中省份始终重视优化军民互动创新发展的良好环境,把国防经济发展纳入地方国民经济和社会发展总体规划,统筹安排,长期以来做了不懈的工作,成效显著。在区域经济调整和优化产业结构、促进产业升级的当前,地方尤其应更加重视军民互动创新发展的环境建设问题。地方国防科工委要做好军工企业"军转民"、地方工业"民转军"及军民两用技术发展规划,并与国家军工主管部门做好计划衔接工作。地方发改委、科技厅和有关市政府要将"军转民"、"民转军"、军民两用技术及军工产业布局纳入地方科技、经济和社会发展的总盘子,对国防经济和区域经济发展统盘协调。地方政府和部门应适应新情况,突出政府对军工企业的经济职能,为之发展提供良好服务。进一步改革项目管理办法,简化审批手续。对政府给予资金支持的军转民项目,要提高办事效率,

确保项目落实；军工单位自筹资金、需要纳入地方发展规划的项目，由国防科工委负责审核并与发改委作好协调落实；对企业自主开发、不使用财政资金的项目，政府应积极予以支持。有关部门要针对国防科技工业及军民协调发展中的突出问题，研究解决办法，制定具体政策。各级领导要切实转变工作作风，深入基层，帮助军工企业及时解决实际问题，重大问题要一事一议，特事特办，并确定专人负责落实。典型的作用是十分重要的，没有借鉴则可能走弯路。因此，地方可考虑建设军民互动创新发展的示范城市。陕西提出要努力把西安建设成为军民融合、寓军于民、军民协调发展的示范城市。地方要充分利用中心城市国防科技工业聚集程度高、产业基础好、创新能力强的有利条件，在军工体制改革、军民两用技术开发、军工主导民品发展和创办军民融合产业园等方面给予重点支持，使中心城市军民互动创新发展走在全省前面。同时要争取国家和有关行业在产业布局、项目安排等方面对西安给予倾斜，力争把中心城市建成国家级军民协调发展示范城市。为了更好地协调各方关系，加强对军民协调发展的领导，建议地方建立部省合作、高层推进的组织协调机构。如成立军民协调发展指导委员会，成员由发改委、国防科工委、财政部、国资委等有关部门和省市的领导组成，共同研究制定本省军民融合、寓军于民的战略规划，确定军民两用技术的发展方向及重大项目，指导示范城市试点工作，协调解决有关重大问题。指导委员会的办事机构一般可设在各省区市的国防科工委。指导委员会同时应设立由省区市部分两院院士和知名专家组成的咨询小组，做好对决策的参谋服务。

第八章

实施"翔式道路"(三)
——建设关中、成渝、南贵昆军民融合科技经济区及重点开发空间联动、带动

关中、成渝、南贵昆军地融合科技经济区是实施翔式道路的重点开发空间。建设关中、成渝、南贵昆军地融合科技经济区,对西部省份高新技术产业开发区、示范区与军民高技术产业基地来说,意义重大。基于以往研究成果,借鉴国内外发展民用产业的政策措施,结合对关中、成渝、南贵昆建设军地融合科技经济区条件论证,提出建设关中、成渝、南贵昆军地融合科技经济区的政策建议。同时,强调加强关中、成渝、南贵昆军地融合科技经济区互接互动和有机整合,才能充分调动和发挥关中、成渝、南贵昆军地融合科技经济区对西部产业结构优化升级的核心带动作用。

一、建设军地融合科技经济区论证

关中地区是西北地区(秦、甘、宁、新、青、内蒙)的经济核心区,成渝地区、南贵昆地区是西南地区(渝、川、滇、黔、桂、藏)的核心区,关中、成渝共同构成西部实施"翔式道路"的产业核心区域。这三个核心区域的共同特点,是其产业的国防科技工业基础与国防科技工业特色。在此三者产业带上,集中了西部军地高新技术产业开发区(园区)。为了进一步提升高新技术产业,打造产业高地,应抓紧建设好关中、成渝、南贵昆军地融合科技经济区。建设综合性基地是创新发展模式和提升发展能力与水平的重要举措,是深化改革、加快发展的产物。目前西部有西安阎良航空高技术产业基地、西安国家民用航天产业基地等领域行业性基地,缺乏综合性基地。中央 2006 年赋予上海浦东开发区综合改革配套经济区、天津滨海新区金融改革试验区的新名称,2007 年又批准四川和重庆跨省区设立成渝统筹城乡协调发展综合试验区。通过上海浦东开发区式的"赋予""综合改革配套经济区"式的在关中高新技术产业带建立军地融合科技经济区,结合"成渝统筹城乡协调发展综合试验区"建设成渝军地融合科技经济区,对西部高新技术产业开发区、示范区与军民高技术产业基地来说,个体和整体效应都是重大的。

(一)成渝、关中建设军地融合科技经济区的重要条件

成渝地区包括四川的成都、绵阳、德阳、眉山、乐山、资阳、内江、自贡、宜宾、

泸州、遂宁、南充、广安、达州14个地级市,重庆的渝中、大渡、江北、沙坪坝、九龙坡、南岸、北碚、渝北、巴南、万盛、双桥、涪陵、长寿13个区,綦江、潼南、铜梁、大足、荣昌、壁山6个县和江津、合川、永川、南川4个市,面积约17万平方公里,人口8 724万人,分别占西南地区的6.6%和35%。关中地区包括西安、宝鸡、咸阳、渭南、铜川五个地级市和杨凌农业高新示范区,面积5.55万平方公里,人口2 180万人,分别占西北地区的1.3%和18.7%。

1. 关中、成渝、南贵昆地区具有建设关中、成渝、南贵昆军地融合综合改革配套经济区的经济实力

关中、成渝、南贵昆地区经济集聚程度高,增长速度显著高于西部其它地区。2016年,成渝地区实现国内生产总值29 729.48亿元,占西南6省(市、区)的31.1%;关中地区实现国内生产总值12 525.19亿元,占西北6省(市、区)的17.2%。两地人均GDP分别为67 432元和48 976.17元,均明显高于西部地区平均水平。

2. 关中、成渝、南贵昆地区具有较强的国防科技工业和装备制造业实力

成渝、关中是我国"一五"、"二五"和"三线"建设时期重点布局建设地区,在国防科技工业和装备制造业方面具有较强实力。2016年,成渝地区规模以上工业企业资产和工业总产值均占到西南地区的40%以上,其中,重型机械、军用飞机、电子信息、汽车、核工业和其它军事工业研制在全国占有重要地位。关中地区规模以上工业企业数、资产总额和工业总产值均占到西北地区的20%以上,形成了汽车及零部件、电气机械、通信设备、电子元器件、工程机械、机床工具、航天、航空、兵器、船舶、核工业等较为完善的工业体系,重型汽车、挖掘机、数控机床、电子元器件、石油钻采、支线飞机、军用飞机,都代表着我国装备制造和国防科技工业的水平。(见表8-1、表8-2)①

表8-1 成渝地区经济社会发展指标

市(州)	地区生产总值 亿元	第一产业 亿元	第二产业 亿元	第三产业 亿元	人均地区生产总值 元
成都市	12 170.23	474.94	5 201.99	6 493.3	76 960
自贡市	1 234.56	136.13	695.37	403.06	44 481
攀枝花市	1 014.68	34.25	702.72	277.71	82 221
泸州市	1 481.91	178.07	875.77	428.07	34 497
德阳市	1 752.45	219.52	946.41	586.52	49 835

---

① 《四川统计年鉴2017》。

续表

市(州)	地区生产总值 亿元	第一产业 亿元	第二产业 亿元	第三产业 亿元	人均地区生产总值 元
绵阳市	1 830.42	280.29	876.04	674.09	38 202
广元市	660.01	106.44	307.41	246.16	25 072
遂宁市	1 008.45	153.62	530.18	324.65	30 615
内江市	1 297.67	204.52	741.62	351.53	34 667
乐山市	1 406.58	153.27	761.01	492.3	43 110
南充市	1 651.4	354.98	760.63	535.79	25 871
眉山市	1 117.23	169.45	586.95	360.83	37 227
宜宾市	1 653.05	231.99	907.17	513.89	36 735
广安市	1 078.62	170.23	557.01	351.38	33 130
达州市	1 447.08	310.02	601.2	535.86	25 921
雅安市	545.33	76.58	291.26	177.49	35 335
巴中市	544.66	89.92	253.94	200.8	16 405
资阳市	943.44	155.34	511.46	276.64	37 308
阿坝藏族羌族自治州	281.32	44.05	132.9	104.37	30 171
甘孜藏族自治州	229.8	59.27	82.71	87.82	19 596
凉山彝族自治州	1 403.92	280.71	684.15	439.06	29 549

表 8-2　关中地区经济社会发展指标①

地区	生产总值 亿元	第一产业 亿元	第二产业 亿元	第三产业 亿元	人均生产总值 元
西安市	6 282.65	232.01	2 200.36	3 850.28	
铜川市	311.61	23.91	159.76	127.94	36 803
宝鸡市	1 932.14	171.46	1 227.06	533.62	51 262
咸阳市	2 390.97	345.32	1 385	660.65	48 016
渭南市	1 488.62	224.81	685.2	578.61	27 743
杨凌示范区	119.2	7.61	63.12	48.47	58 386

3. 关中、成渝、南贵昆地区是西部以至全国重要的农业生产基地

成渝地区农业经济发达，是我国粮食、油料、蚕茧、生猪、水果、蔬菜和多种经

---

① 《陕西统计年鉴 2017》。

济作物的主产区。2016年农林牧渔总产值占西南地区的近40%,粮食、肉类、水果总产量占到30%以上。关中地区粮食、果业、畜牧业和蔬菜业发展已形成优势,是全国重要的水果生产和出口基地、肉牛和奶源基地,其中水果产量占到西北地区的近50%,在全国各省区中居首位。关中拥有全国唯一的杨凌农业高新示范区,是我国农业高新技术密集区和辐射源。

4.关中、成渝、南贵昆地区是西部的科技、文化、金融、商贸中心

成渝地区拥有高等院校64个,科研机构200多个,高级科技人员10多万人,国家级高新技术产业和经济开发区4个,电子信息、生物工程、环保产业、核工业等高新技术产业在全国占有重要地位;关中地区拥有普通高等院校42所,国家和省级重点实验室和工程技术研究中心100多个,高级科技人员8万多人,国家级高新技术产业和经济开发区4个,2002年国家科技部先后批准建立国家关中高新技术产业开发带和国家关中星火产业带,形成了电子信息、先进制造、软件、新型材料、现代农业等优势高新技术产业。成渝、关中设有中国人民银行、开发银行等大区域金融分支机构,初步形成了以资金存贷、同业拆借、证券买卖、外汇调剂为主的金融市场和产权交易市场,2002年金融机构年末存款余额分别占西南、西北地区的45%和30%以上,贷款余额分别占西南、西北地区的45%和28%。关中、成渝、南贵昆地区2002年社会消费品零售总额分别占西南、西北地区的46.7%和25%。

5.关中、成渝、南贵昆地区是西部对外联系的重要平台

关中、成渝、南贵昆地区是西部地区对外经济发展较快的地区。成渝地区进出口和利用外资总额分别占西南地区的45%和52%以上,关中地区进出口和利用外资总额分别占西北地区的25%和50%以上。

6.关中、成渝、南贵昆地区具有优越的区位

成渝地区位于长江上游黄金水道沿岸,有宝成铁路、成昆铁路、襄渝铁路、川黔铁路、湘黔铁路、长江航运及航空线路与西北、云贵、长江中下游地区及全国各地紧密联系。关中地区位于第二亚欧大陆桥中段,是西北地区出入东中部地区的门户,我国西部两条南北大通道包头—西安—重庆—贵阳—南宁铁路和银川—宝鸡—成都—昆明铁路分别在西安、宝鸡和陇海线交汇,西安咸阳国际机场已建成现代化大型航空港,以西安为中心的"米"字形公路主骨架连通周边省区和主要城市。

(二)建设关中、成渝军地融合科技经济区的必要条件

过去几年,我国设立了国家高技术产业基地,已经成为带动产业结构优化升级和区域经济积聚发展的重要力量。国家高技术产业基地授牌新命名30个高

技术产业基地。其中,陕西省西安市与北京市、上海市、天津市、深圳市、湖南省长株潭地区,重点围绕信息、生物、民用航空航天、新材料、新能源等产业领域,建设综合性国家高技术产业基地6个。对西部来说,建设国家高技术产业基地,是以军民高技术产业基地为特色的,不仅有利于地方科技经济发展,而且走出了国防科技工业转型升级新路,是国防科技经济改革的排头兵。面对迅速发展、激烈竞争的区域经济态势,西部要始终保持"前列"地位,需要坚持不懈的能力,需要继续大力解放思想、锐意创新,需要下更大力气!从提升我国国防科技工业能力水平的战略高度考虑,从国防科技工业集中省份充分发挥国防科技经济优势促进军地科技经济融合发展角度出发,根据国内外创新发展模式、提升竞争力的经验,我们应敏锐而切实地在关中、成渝建设军民融合科技经济区,为产业结构优化升级,以至经济建设、国防建设及其两者又好又快发展不断做出探索和贡献。

1．作为改革发展试验区和最强劲区的高新技术产业开发带,创造了建设关中、成渝、南贵昆军民融合科技经济区的区域科技经济条件

西部有13个高新区,其中建立在直辖市和省会城市和直辖市的8个,建立在非省会城市的5个。按所在省份,陕西3个,四川、广西各2个,重庆、云南、贵州、甘肃、内蒙、新疆各1个。高新区已成为西部高新技术产业发展的先行区、新体制的试验区、现代化城市建设的示范区、经济社会发展的最强劲区和重要增长点。特别是西安、成都、重庆等城市的8个高新区,是全国53个国家级高新区的重要组成部分,西安、成都、重庆高新区在1994年以来综合指标一直位居国家级高新区前列,成为国家级高新技术产业标准化示范区和我国要建成世界一流高科技园区。在陕西省的杨凌国家级农业高新技术产业示范区,是我国唯一的国家级农业示范区。这表明,西部高新区集聚的关中、成渝高新技术产业带,已经并将更好地发挥高技术产业高地作用,在西部以至全国产生较大影响。令人欣喜的是,由于高新区超常发展且呈强劲态势,带来了西部高新区及其周边经济社会的重大变迁与变革。

2．处于全国领先地位的军民高技术产业基地,创造了建设关中、成渝、南贵昆军民融合科技经济区的国防科技经济条件

国家国防科工委和西部省份重视国防科技经济"军民融合、寓军于民"战略的实施,重视发挥国防科技经济优势促进区域科技经济发展,军工民品和军民高技术产业基地迅速发展,处于全国领先地位,引领我国国防科技工业和国防科技工业集中省份军地高技术产业发展新趋势。关中平原已形成西安阎良国家航空高技术产业基地、西安国家民用航天产业基地等国家级军民高技术产业基地,以及西安军民两用技术产业电子元器件基地、西安航空发动机基地、西安新城科技产业园、西安精细化工基地等以军工大企业为核心的军民高技术产业基地。四

第八章 实施"翔式道路"(三)

川省建立的"成都、绵阳、德阳高新技术产业带",提出了"发挥优势,突出重点,强化创新,加强集成"的新思路。成、绵、德地区已经形成了经济、科技和生产力布局的相对优势,成都、绵阳两个国家高新区以及德阳高科技产业园区的建设和发展,已成为四川重要的高新技术产业化基地,并在电子信息、生物技术、新材料、机电一体化、航空航天、激光和核技术等高新技术领域形成相对优势。重庆"十五"期间明确提出,要充分发挥国防工业在汽车摩托车工业中的骨干作用和高新技术产业中的带动作用。在2003年制定《关于加快推进新型工业化的决定》中,重庆又提出要加快建设包括军事装备及军民两用技术在内的4个国家级研发生产基地。2004年,重庆市委、市政府出台的《关于加快区域科技创新体系建设的决定》,进一步明确要争取建成国家级军民融合科技示范园区。《重庆市科技中长期发展纲要》和"十一五"科技发展规划,都对军地融合作了专题部署。重庆《关于加强技术创新、发展高科技、实现产业化的实施意见》《促进科技成果转化条例》等一系列有关促进经济、社会及科技发展的政策措施中,均对推动军地融合、发展军民两用技术作出了明确规定。

3. 军地高新技术产业的互动合作、创新发展,在建设关中、成渝、南贵昆军地融合科技经济区的行政体制与机制创新方面,做出了重要而成功的尝试与探索

促进军地科技经济资源聚集效应得到充分发挥的关键,是军民互动合作、创新发展体制与机制的形成。近年来,地方高新技术产业开发区与以国防科技工业为核心的军民高技术产业基地,无论在体制建设上,还是在资源的互通互补、发展的互动合作上,也都探索和总结出一系列成功做法,值得借鉴。一是产业链形成并不断壮大,产业发展较快。二是开放军地产业信息服务平台,并继续鼓励支持军地产学研单位合作组建新的信息服务平台,实现人才、技术、资金等优势资源互补共用。三是整合军地研发力量,加快实施自主创新战略。西部省份及其各级政府充分发挥国家级重点实验室、技术研究和行业测试中心的科技、人才优势,大力提高原始创新能力、集成创新能力和引进消化吸收再创新能力。同时,借助国家和区域力量,选择军民两用项目,组建军民两用技术产业企业。四是发挥军地合作优势,合力打造名牌。五是逐渐形成产业集群,省(区市)会周边卫星城镇呈现崛起态势。

4. 军地高新技术产业创新发展对区域自主创新能力的大幅度强化,提供了建设关中、成渝、南贵昆军地融合综合配套改革发展试验区必须的科技支持

国防科技工业企业自主创新和军地融合地方高新技术产业开发区的发展,大大强化了国防科技工业企业和区域自主创新能力。以陕西为例,据不完全统计,省域已有企业孵化器28个,其中国家级科技企业孵化器9个(包括4个大学科技园);生产力促进中心44家,其中国家级生产力促进中心3家;高校和科研

院所科技成果转移中心34家；产学研型工业研究院2家。以孵化器、大学园、产业基地为主体的科技产业孵化能力建设和以生产力促进中心为主体的科技中介服务机构建设、以风险投资和技术产权交易为主体的投融资体系建设，构成了创造科技创新的良好氛围，有效地促进了科技成果转化。

5.区域经济社会改革发展的巨大成就与良好态势，奠定了建设关中军地融合科技经济区最基本与最重要的经济社会基础

近年来，西部省份国防科技工业总产值以至经济总量连年攀升，生产总值和财政收入持续大幅度增长，工业对经济增长的主导作用突出，支柱产业的支撑作用明显，经济运行质量提高，自主创新步伐加快，重点项目建设成效显著，区域协调发展势头强劲，改革开放和经济建设取得重大进展。关中、成渝、南贵昆地区装备制造业、高技术产业增势迅猛，会展经济蓬勃兴起，现代服务业快速增长，辐射带动作用明显增强，保持了率先发展的好势头。以交通为重点的基础设施建设取得重大进展，现代中药、生态旅游等绿色产业快速发展，进入工业化和城市化的加速期，呈现出若干重点领域突破发展的新趋势。能源化工基地建设卓有成效，进入跨越发展的新时期。启动实施科技创新工程，知识产权创新体系初步建立，科技进步对经济增长的贡献率达到40%以上。西部经济社会的改革发展及其巨大成就与良好态势，极其有利于创新发展模式，是建设关中、成渝、南贵昆军地融合科技经济区最基本与最重要的基础。

（三）建设关中、成渝、南贵昆军地融合科技经济区的政策建议

建设关中、成渝、南贵昆军地融合科技经济区，对西部省份高新技术产业开发区、示范区与军民高技术产业基地来说，个体和整体效应都是重大的。这里，借鉴国内外特别是国家国防科工委提出的发展民用产业的政策措施，在对以往研究成果进行总结的基础上，提出建设关中、成渝综合改革配套经济区的政策建议：

1.树立充分发挥国防科技经济和地方科技经济优势、加快形成军民高技术产业集群和产业带的指导思想

国家国防科工委和西部省份以党的十九大精神为指导，深入贯彻落实科学发展观，坚持"军民融合、寓军于民"方针，紧紧围绕国防科技工业转型升级战略和建设西部经济强省、发展经济，加强政府引导扶持，深化军民融合体制机制创新，完善互动合作平台，创造良好发展环境，充分发挥国防科技经济和地方科技经济优势，大力发展军民两用技术产业，加快形成军地融合高新技术产业集群和产业带，实现国防科技经济与地方科技经济的有机融合、良性互动、优势互补、共同发展。在此指导思想下，应坚持军民融合原则、市场导向原则、科技创新原则

和体制机制创新原则。坚持军民融合原则,即发挥本省区市国防科技经济优势和区域资源优势,发展壮大军民高技术产业,促进军民融合。坚持市场导向原则,即以企业为主体,面向国际国内两个市场,大力开发适销对路产品,做强优势企业,做大优势产业。坚持科技创新原则,即依靠科技进步引领军民融合产业发展,加快科技成果转化,增强企业自主创新能力,提高核心竞争力。坚持体制机制创新原则,即支持军工企业、科研院所改革,建立现代企业制度,形成与市场经济接轨的新机制。同时,一个重要的问题是,要有通过较大努力有望实现的目标,而且应该长远设想与近期规划相结合。起码应培育一批具有自主知识产权、掌握核心技术的军民融合企业;壮大一批市场潜力大、技术含量高、经济效益好的军民融合支柱产业;打造一批市场影响力大的名牌产品;形成航空、航天、电子等军民融合特色明显、对经济发展具有带动作用的产业集群。根据目前西部国防科技工业民用产业发展现状与增幅,西部国防科技工业民用产业产值至少应达到 2015 年比 2005 年翻两番,军品、民品比重达到 4∶6,使军工经济在全省经济中的比重大幅度提升,基本形成军民良性互动协调发展的格局。

2. 明确发展的重点领域、重点企业和项目、龙头产业

应围绕本省区市重点领域,通过实施一批重点民品项目,发展龙头产业,推进军工民用产业做强做大。重点民品项目:

(1)民用航空产业。以中国航空集团公司在陕、川等地单位为依托,以西飞、陕飞、成飞、一飞院、西航等总体单位为龙头,做强做大航空产业。积极参与大型飞机的研制,争取更多的研发配套任务;重点推进 RJ21 新支线飞机、新舟 60、新舟 700 飞机、运八 F600 飞机和无人机的研制和生产,加快改进改型,扩大生产规模,提高市场占有率;加快通用飞机、公务机的开发研制,尽快形成新的系列机型,满足市场需求;提升航空发动机、飞机起落架、各类机载设备等航空关键零部件和系统的研发、制造、集成能力,满足主机发展需要;加强与国内外航空企业的合作,扩大转包生产的种类和规模。同时大力发展飞机维修、飞行培训、航空运动和旅游博览等航空服务业,着力培育航空配套产业,延伸产业链条,拓展产业领域,加快产业聚集。

(2)民用航天产业。以国家载人航天工程和月球探测工程为重点,以航天四院、六院为龙头,加强先进推进技术的研究,加快液氧/煤油发动机系列化研制,加快发展卫星有效载荷、空间计算机等星载设备和卫星地面应用设备,促进以卫星通信广播、卫星导航、卫星遥感为核心的卫星应用产业发展。发挥航天特种技术优势,大力发展特种泵阀、液力变矩器、防雹火箭、覆铜板、柔版印刷设备、智能仪表和重大工程自动化控制系统等民用产品,壮大航天技术应用产业。

(3)核能和核技术应用产业。按照国家积极发展核电的方针,支持核 405 厂

核燃料扩能改造工程,加快核燃料加工设备国产化进程。以核524厂、262厂为重点,大力发展核电设备、核仪器、核医疗设备及核非标设备制造,不断扩大市场份额。

(4)民用船舶动力制造。以船舶408厂为重点,加快舰船动力制造技术的引进消化吸收,突破制约大功率柴油机关键件生产的瓶颈,提高国产化率,扩大舰船用中低速大功率柴油机的研制生产能力,大力开发船用辅机、陆用电站及核电站应急机组等新型产品,形成系列化、规模化发展格局。

(5)新能源、新材料。依托航空430厂、船舶408厂,通过引进国外先进技术,大力开发兆瓦级风力发电设备;以船舶705所、兵器248厂、西北工研院等单位为重点,以市场需求为牵引,积极开发太阳能硅片、太阳能电池极板、太阳能LED照明、碟式太阳能热电系统等产品,着力培育太阳能利用产业。以西工大、航天四院、六院、兵器204所等为重点,加快碳纤维、碳/碳复合材料、陶瓷基复合材料、TFT液晶显示材料、超纯超细硅微粉、新型无氟制冷剂等新材料的研制生产,促进产业化发展。

(6)特色化工及化工生物设备制造。发挥兵器204所、845厂在特色化工领域的研发生产优势,大力发展精制棉、纤维素醚类衍生物、醋酸纤维丝束、各类催化剂、绿色无公害农药等化工产品;以兵器804厂、204所、213所为龙头,整合军工和地方民爆产业资源,着力发展无梯、安全、无污染的新型民用爆破器材,促进产品更新换代;以核524厂、航天六院、航天四院等企业为重点,围绕陕北能源重化工基地建设,加强加氢反应器、精馏塔、闪馏罐、反应系统、结晶系统、特种压力容器等装置的研制,为石油化工、天然气化工、煤化工、盐化工等提供大型成套设备。

(7)制冷设备及新型纺织机械。以航空114厂、212厂、兵器844厂为重点,大力发展空调压缩机、工业空调、车船用空调等制冷设备,提高市场竞争力。以航空430厂、141厂、212厂、631所为重点,大力发展剑杆织机、喷气织机、高速并条机、气流纺纱机等新型纺织机械和电子控制系统、纺机电机等纺机配件,扩大市场份额。

3.制定切实科学的支持引导政策

(1)省区市及有关地市人民政府每年应安排一定的项目引导资金支持军民融合产业发展。对国防科工委专项资金支持的在西部军转民技术开发项目、军民两用技术开发项目、军地融合产业化项目,地方政府要给予配套资金支持;对军地融合重大科技专项、军地融合重大产业化项目、军地融合技术改造项目和军地融合产业基地建设,要优先列入省区市科技发展规划、装备制造业等专项计划,给予资金扶持。

(2)要鼓励军工企事业单位收购、兼并省内地方企业。对被整体收购的国有企业原有不良资产,按有关规定可予以核销,对非经营性资产准予剥离。在收购、兼并、重组过程中涉及存量划拨用地的,所获土地收益纳入预算管理,实行收支两条线,按规定经批准后可用于职工安置;涉及存量土地、房屋转让中的有关费用按照现行的有关政策给予减免。①

(3)应大力支持军地融合产业的集聚发展。对省区市与国防科工委及有关军工集团公司合作共建的军民融合产业基地,应安排一定的资金支持基地发展。陕西省政府在今后五年内,每年安排1 000万元资金,用于产业基地基础设施建设贷款贴息,对产业基地各项税收省级留成部分全部返还产业基地,专项用于扶持产业基地内军地融合高技术企业。有关地级市政府也安排一定的资金支持基地发展。②

(4)享受税费征收的优惠政策。可对列入省区市重大科技产业化计划的军民融合项目,其产品从销售之日起,一定年限之内新增的企业所得税、营业税和增值税地方收入部分由财政列收列支返还企业,项目用地有偿使用费的地方收取部分返还企业,免收购置生产经营用房交易手续费和产权登记费,免征建设过程中的上水、排水、煤气增容费和供电补贴费,免收组建项目公司时行政机关收取的有关费用(国家有规定的除外)。返还和免收的税费应主要用于企业的技术开发。③

(5)鼓励军工企业增加研发投入。对财务核算制度健全、实行查账征税的军工和军地融合企业,允许按当年实际发生的技术开发费用的150%抵扣当年应纳税所得额;实际发生的技术开发费用当年抵扣不足部分,可按税法规定在5年内结转抵扣;被认定为军地融合创新型高技术企业的可参照前3年实际发生技术开发费的平均数,实行研发经费预提留列支,年终据实汇算清缴。④ 可对进入国家高新技术产业开发区和国家军地融合产业基地的军工及军地融合高新技术企业,符合有关政策规定的,自获利年度起两年内免征企业所得税,免税期满后减按15%的税率征收企业所得税。⑤ 凡符合国家鼓励类产业的军工和军民融合型企业,可按规定享受西部大开发企业所得税2010年前减按15%税率征收的

---

① 依据《陕西省关于进一步深化我省国有企业改革的意见》。
② 依据《陕西省政府与有关集团公司签署的战略合作协议》。
③ 依据《陕西省关于深化科技体制改革,加快科技计技术产业化的决定》(陕发[1999]13号文件)。
④ 依据《国家中长期科技发展规划纲要》配套政策。
⑤ 依据《国家中长期科技发展规划纲要》配套政策。

优惠政策。①

(6) 重奖创名优品牌企业。可对首次获得中国驰名商标、中国名牌、中国出口名牌的省区市军工和军民融合企业，由省政府给予一次性重奖。②

(7) 鼓励加大军地融合产业的技术改造投入。在省区市内投资于符合国家产业政策的军地融合产业技术改造项目，其项目所需国产设备投资（不包括财政拨款）的40%可从企业技术改造项目设备购置当年比前一年新增的企业所得税中抵免，不足抵免的投资额可用以后年度企业比设备购置前一年新增的企业所得税延续抵免，抵免期限最长为5年。对符合国家产业政策中鼓励类的军转民和军地融合项目，在投资总额内进口先进技术设备，除国家规定不予免税的商品外，均免征关税和进口环节增值税。③

(8) 积极引导民间资金和国际资本投入省区市军民高技术产业。风险和创业投资公司投资军转民的中小高新技术企业，可实行投资收益税收减免，符合相关条件的，其投资额的70%可以抵免企业的应纳税所得额，当年不足抵免的可延续5年抵免。④

(9) 发展军民两用技术交易市场。军工和军地融合企业进行技术转让以及在技术转让过程中发生的与技术转让有关的技术咨询、技术服务、技术培训所得，年净收入在30万元以下的，暂免征收所得税。超过30万元的部分，依法缴纳所得税。从事技术开发、技术转让和与之相关的技术咨询、技术服务取得的收入，免征营业税。⑤

(10) 帮助军地融合企业拓宽融资渠道。证券监管部门要对基础条件比较好的军地融合企业给予辅导，支持和帮助其上市融资。省区市发展改革委、人民银行分行要积极引导和支持符合基本条件的军地融合企业按国家有关规定发行短期融资券、企业债券，金融机构要做好代理发行工作，多渠道筹集发展资金。

---

① 依据《财政部、国税总局、海关总署关于西部大开发税收优惠政策》（财税［2001］202号）。

② 依据《陕西省关于深化科技体制改革，加快科技计技术产业化的决定》（陕发［1999］13号）。

③ 依据《财政部、国税总局关于印发＜技术改造国产设备投资抵免企业所得税暂行办法＞》（财税字1999］290号文件）。

④ 依据财政部、国税总局《关于促进农产品连锁经营试点税收优惠政策的通知》2007年2月7日。

⑤ 依据财政部国家税务总局《关于企业所得税若干优惠政策的通知》（财税字［1994］001号文件）。

4. 应有可操作性强、实施效果好的措施

（1）应加强组织领导。应成立省区市军民高技术产业综合配套改革发展试验区协调领导小组，可通过改建现有的军地融合协调领导小组成立。目的在于进一步加强对全省军地融合工作的领导，改建、充实和加强领导小组办公室力量，统筹省区市军民融合产业发展，协调解决国防科技经济与地方科技经济互动发展中的重大问题。在军工相对集中的西安、成都、重庆和宝鸡、咸阳、汉中、绵阳、德阳、贵阳、昆明等市要设立相应机构，具体负责本地区军工民用产业与地方经济发展的衔接，做好政策引导、产业规划、项目安排、资金扶持等方面的协调服务工作。

（2）应加强战略合作。积极促进国防科工委与省区市以及各军工集团公司的战略合作，建立和完善促进本省区市军地融合产业发展的长效机制，采取定期或不定期联席会议形式，共同协商解决战略合作中的重大问题。省区市军地融合领导小组办公室要积极加强与战略合作伙伴的沟通联系，有关部门要全力配合，创造条件，努力争取更多的重大军民融合项目落户扎根。

（3）应加强统一规划。把军地融合产业发展纳入省区市国民经济和社会发展规划，统筹安排。国防科工系统和省（区）、市有关部门在制定地方经济发展规划时，要把军工民用产业发展同步规划，做好与国防科工委和各军工集团公司的产业规划衔接工作，共同推进实施。

（4）应加强平台建设。进一步搭建和完善军地融合产业发展平台，大力支持民用科技产业基地和兵器等军事科技产业基地建设，积极推进军地融合产业基地建设，形成对省区市经济发展具有明显带动作用的产业集群和特色产业园区。积极支持西北工业技术研究院等工业技术研究院的发展，发挥其集成创新和引进消化吸收再创新作用，推进军民两用高技术成果的转化和产业化。

（5）应加强互动发展。认真落实《国务院关于鼓励支持和引导个体私营等非公有制经济发展的若干意见》等文件精神，鼓励、支持和引导民品单位参与军品科研生产任务竞争和项目合作。省区市国防科工委要做好军品供需衔接和武器装备科研生产许可管理等工作，建立军民两用技术、专家人才和科研设施数据库，及时发布各类需求信息，促进军民科技资源的优化配置和军地经济的互动融合。

（6）应加强服务保障。国防科工委和省市区有关部门要强化服务意识，进一步提高工作效率和服务质量，对军民融合产业发展中的用地、用水、用电、用气和交通运输等生产要素需求要优先保障，为军地融合产业发展创造良好环境。

(四)加强关中、成渝、南贵昆军地融合科技经济区互援互动和有机整合

必须加强关中、成渝、南贵昆军地融合综合改革配套经济区的有机整合与相互协调,达到互援、互补、互联、互动、互强和增强整体实力的目的。主要包括以下方面:

(1)在国防科技产业领域。关中以航天动力、航空、兵器制造为主,成渝以航天、核工业等军事工业为主,加强两区的联合合作,既有利于在相同领域加强优势整合、统筹发展、提升水平,也有利于在差别领域合理分工、有机协调、相互补充、整体做大。以关中、成渝、南贵昆地区为主体,以兰州、贵阳等为辅,共同建设我国现代国防科技产业基地,壮大我国国防实力,为把我国建设成为国防科技产业强国做出贡献。

(2)在装备制造业领域。关中、成渝、南贵昆地区在装备制造业发展中有很大的互补性。成渝地区主要在汽车及摩托车整装、重型机械、环保设备、电视机整机、电信装置等方面具有优势,关中主要在机床工具、高压输变电设备、动力机械、通信设备、电子元器件、汽车零部件及重型车、软件产业等方面具有优势。两地区之间有条件在多层次上实行研发和制造的分工与合作,加强有机整合,以军转民、军民融合为动力机制,以交通运输设备、机床工具、通信设备、动力机械、电气设备、工程机械、计算机软件、仪器仪表、轻工机械、矿山机械、农林机械等装备制造为主,联合打造我国内地现代装备制造业基地,使成渝—关中地区成为与东北地区并列的我国现代装备制造业的"两个极",为把我国建设成为全球现代装备制造强国做出贡献。

(3)在科技教育领域。成渝地区高等院校主要在口腔医学、交通运输、金融学、技术经济及管理、基础数学、应用数学、原子与分子物理、机械设计及理论、车辆工程、精密仪器及机械、生物医学工程、电力系统及其自动化、电工理论与新技术等重点学科上具有优势,在生物工程、高分子化工、口腔医学、光纤通信、声、光、电、仪表等高科技研发领域形成较强实力。关中地区在电气工程与自动化、管理科学与工程、企业管理、计算数学、构造地质学、生理、生物医学、固体力学、机械制造及其自动化、材料学、热能工程、动力机械及工程、流体机械及工程、制冷及低温工程、电机与电器、高电压及绝缘技术、微电子学与固体电子学、电磁场与微波技术、通信与信息系统、计算机应用技术、飞行器设计、航空宇航制造工程、环境工程等重点学科上有明显优势,在电子信息、机电一体化、生物及现代农业技术、新材料和高效节能等科研领域形成重要实力。两地区要扬长避短,发挥各自优势,加强科研机构、高等院校、专业技术培训、科技产业化等方面的联合合作,努力形成聚合实力,扩大对国内外的竞争与影响力,共同打造国家西部高技术产业和科技教育服务基地。

（4）在农业产业化、现代化方面。有机整合和充分发挥成渝、关中的农耕与农业资源和农业科技优势，加强农业科技推广与示范，加快推进农业产业化经营，探索现代农业经营机制，率先推进农业现代化，建成西部现代农业示范区和国家重要的现代农业基地。

（五）充分调动和发挥关中、成渝、南贵昆军地融合科技经济区对西部产业结构优化升级的核心带动作用

根据关中、成渝、南贵昆地区的社会经济及区位特点，按照全面推进"翔式道路"要求，关中、成渝、南贵昆军地融合综合改革配套经济区，应该发挥以下辐射、服务与带动作用。

1. 科技辐射与技术装备

充分调动和利用关中、成渝、南贵昆地区的科研、教育和企事业单位集聚的科技创新能力和人才实力，最大限度地满足西部产业结构优化升级的科技和装备需求。成渝、关中的现有科技力量，除了具有较强的自我研发能力外，最重要的是提供了一个对内对外加强联合研发、交流的平台。如果能够积极地、有效地运用好三个途径，就一定能够起到对西部产业结构优化升级的辐射带动作用：①加大科技投入力度，加强关中、成渝、南贵昆地区的自我创新研究；②以关中、成渝、南贵昆地区为主体，组织、带动西部地区各主要城市的科研力量，加强联合攻关和多种组合的合作研究；③加强与东中部地区和国际科技力量的联合、合作及成果交流。重点要在以下十个方面加大科技成果供给和推广应用，为"翔式道路"的产业结构优化升级提供技术与设备支撑：

（1）农林牧和矿产资源开发与西南石山区、云贵石灰岩区、北方黄土区、西北干旱半干旱荒漠地区、青藏高寒区水土保护。

（2）农林牧生产与加工基地建设与亚热带、温带生物资源再生培植、良种繁育、濒危保护和绿色产品开发。

（3）农林牧资源有效成分提取、多元素综合利用、深加工生产工艺、有机或绿色食品及绿色化工产品开发、生产标准化体系建设。

（4）多种伴生矿综合开发、多元素矿物质分离提取、矿产资源多价值利用、复杂地质条件下采矿、矿产资源深加工工艺、绿色环保型生产工艺、生产集群的公共设施共享与技术配套。

（5）农林牧矿产资源开发及加工中的清洁生产技术、"三废"处理与循环再利用技术、低耗少排高效节约技术、安全生产技术、循环经济体系构建中的技术配套与标准化建设。

（6）国防科技工业现代尖端技术与军转民开发，精密机床、仪器仪表、航空、航天、汽车、电力设备、电子元器件、计算机软件、工程机械、矿山专用机械、农林牧专用机械及其自动化、智能化、环保型产品研制。

（7）西部特种环境条件下的工程建设和加工生产设备与工艺技术开发。

（8）农林牧生产与矿产开采及其深加工生产体系、产业集群和循环经济发展中的信息化技术、软件支援技术开发。

（9）电子政务、电子商务、远程信息技术，现代物流、金融、通信、医疗、建筑、设计等现代技术手段和信息化管理技术。

（10）在西部地区发展环境条件下，协调产业结构优化升级模式与人力开发、促进人的全面发展和最大限度满足居民现代物质与精神生活需求的关系。

2．教育和人才服务

"翔式道路"的推行，现代人才是关键。一方面要采取走出去和引进来相结合的方式培养和引进所需人才，另一方面要形成西部地区以关中、成渝、南贵昆地区为核心的特有的教育和人才培养体系。关中、成渝、南贵昆地区加强对西部产业结构优化升级的教育和人才服务，重点要在以下方面取得突破。

（1）根据科技创新重点方向的需要，加强专业科技人才培养。关中、成渝、南贵昆地区要充分发挥高等教育实力较强和科研院所密集的优势，面向西部产业结构优化升级的科技需求，加强高等教育的教学、教材改革和专业设置调整，引导国家一流科研院所和大型企业集团内设研发机构结合科技攻关，加大急需科技人才的培养力度。积极培养尖端科技和重大技术攻关所需的高科技人才，加快培养大批能够解决生产与工程建设一线技术难题和实用科技推广所需的实用型技术人才。高度重视科技人才的继续教育，特别是要重视从实践一线专业骨干中培养大批既懂科研又懂管理的现代复合型人才。以各种方式带动各省市对各类各层次科技人才培养，最大限度地满足"翔式道路"对各行各业高中低各层次科技人才的需要。

（2）积极发展远程在职专业技术教育。建立以成渝、关中为核心的远程在职专业技术教育网络，充分利用关中、成渝、南贵昆地区高等教育和专业技术教育资源，加快发展涵盖各市（区、县）的远程在职专业技术教育，特别要重视对在职中低层次技术人员和职工的专业技术培训，广泛提高劳动者技术素养。

（3）加强教育人才的培养。西部地区急需一大批各地方用得上、留得住的在校教育、在职教育老师和教育管理人才，特别是要加强两个方面：一方面是具有奉献精神的农村九年义务教育人才的培养，另一方面是具有现代观念和知识的生产经营一线的在职专业技术教育人才的培养。必须以成渝、关中为主要基地，联合各个省（市、区）会城市，加强高等师范教育和专业技术师资培养，改变农村基础教育和生产一线专业技术培训师资缺乏的局面。

3.金融、融资与物流服务

国家应注重发挥关中、成渝、南贵昆地区银行和各类金融机构相对集中的优势,引导关中、成渝、南贵昆地区资本市场发育相对较快的势头,在西部地区率先对关中、成渝、南贵昆地区加大金融对内对外开放的力度,加快建立健全多层次、多元化资本市场的步伐,使关中、成渝、南贵昆地区成为西部产业结构优化升级的金融中心。主要目的:一是加强对两个经济核心区产业发展的金融融资支撑;二是在于积极构建核心区面向整个西部地区的金融融资服务机制和能力。

由优越的区位所决定,关中、成渝、南贵昆地区不同程度地处于西部物流中心的地位。特别是关中地区,位处第二亚欧大陆桥的中段,基本是西北各省区通向东中部地区的必经之地,也是华北、东北通向西南的通道。其中,西安、宝鸡、咸阳、重庆、成都都是全国重要的陆、空交通枢纽和通信枢纽。各地区充分利用铁路、公路、航空、通信等物流、人流、信息流通道和中枢,积极发展现代物流产业,必将对西部地区社会发展进程产生明显推动作用。关中、成渝、南贵昆地区必须进一步加强交通、通信通道和枢纽设施建设,加快用电子商务等现代技术和手段装备物流产业,用现代体制和机制改造物流管理方式,提高物流产业现代化水平,增强为西部广大地区的服务功能。

4.充分发挥国防科技工业和现代装备制造基地的作用

加快国防现代化、增强国防实力、建设世界一流军事工业强国是我国面临的迫切任务。同时,我们必须认识到,在当前及今后相当长的时期内,我国必须继续坚持在中西部地区建设我国完整的现代国防科技工业体系的基本布局建设方针。这是充分利用现有国防科技工业基础,避免重复建设和另搞一套,多、快、好、省地发展现代强大国防科技产业的必然选择,也是在国家纵深地区建设更具安全、可靠的国防科技产业体系的需要。国家应该进一步加大对以关中、成渝、南贵昆地区为主体,包括兰州、贵阳等地国防科技工业建设改造的投入力度,支持加快建立军转民、军民融合、寓军于民、以民养军的国防科技工业发展的新型机制,增强科技研发能力,构建庞大的国防科技产业集群,提高国防科技工业现代化水平,建立世界一流的现代国防科技产业体系和集约化研制基地。

目前,关中、成渝、南贵昆地区主要的装备制造实力,都是来源于国防科技工业的军转民改造。反过来,装备制造业和民用生产实力的壮大,对国防科技工业又明显形成有力支撑。在关中、成渝、南贵昆地区积极发展装备制造业,不仅是充分发挥现有装备制造业优势的需要,也是军民融合、寓军于民,增强国防科技工业实力的要求。这应该成为我国现代装备制造业和现代国防科技工业发展的一个重要战略思想。国家应该在全国装备制造业布局建设中,对关中、成渝、南

翔式道路

贵昆地区给于积极支持,并引导其加强与东中部地区和国外著名企业集团、科研机构的联合、合作,加快推进关中、成渝、南贵昆地区装备制造业的机制创新、技术创新和结构优化升级,重点发展飞机及零部件、汽车及零部件、原动力机械、机床工具、电气设备、通信设备、计算机软件、工程机械、仪器仪表、矿业专用设备、农林牧专业设备、轻工机械,支持关中、成渝、南贵昆地区建设成为在全球有影响力的我国现代装备制造业基地。

二、建设关中、成渝、南贵昆军地融合科技经济区方案

(一)优势整合与整体推进

1. 加快试验区建设,增强核心带动作用

(1)实施"区内多园"战略。关中、成渝、南贵昆军地融合综合改革配套经济区建设,要实施"区内多园"战略。扩大综合性国家高技术产业基地、国家级高新区、示范区和经济技术开发区以及省级开发区的规模,强化功能,完善设施,增强集聚能力,形成试验区高新技术产业发展的支柱。国家高技术产业基地、高新技术产业开发区,以建成国内一流、中西部最强、最大的高新技术产业创新城为目标,全面加快基地和开发区的国家级大学科技园、国家级环保产业园、软件园、产业园、创业园等产业园区的建设进程。基地、开发区坚持"产业以工业为主、企业以外资为主、产品以出口为主、致力于培育和发展高新技术产业"的方针,吸引更多的国内外知名企业入区,建成市场占有率高的园区,带动周边园区发展。区域性开发区要加快科技创新园和新兴产业园建设,重点抓好招商引资,吸引国内外知名企业入区合作。在陕的杨凌农业示范区要发挥国家级农业大学科技园的作用,加快周边周至、扶风等产业园区建设,加强对西部地区空间扩散和辐射带动作用。

(2)增强产业集聚能力。以科技和体制创新为动力,带动基础设施建设,完善服务功能,创造良好的发展环境,加大招商引资力度,凝聚先进生产要素,增强产业孵化能力和产业集聚水平。国家级基地、开发区要加快建立与一区多园相适应的发展机制,继续保持强大的产业集聚能力,形成持续的发展后劲。区域性开发区,要尽快实行"封闭管理,开放运行",加大招商引资,有效集聚产业,真正发挥创新源和辐射带动作用。

(3)整合基地、开发区优势。各类基地、开发区、产业园区要有机协调,整合

发展优势,明确主导产业,突出发展重点,加强分工合作,真正把分散的区、园组合成有序竞争、有效合作的高新技术产业带,使其成为在全国具有领先优势、在国际上有影响力的高新技术产业化基地和科技、人才高地。

2.优化城乡结构,建设城镇群

西部必须从全面、切实推进西部产业结构优化升级出发,以"寓军于民"为切入点,充分发挥关中、成渝、南贵昆军地融合综合改革配套经济区在区域开发中的作用,以重要交通干线连接主要中心城市、重点资源开发地区,走"翔式道路",重新构建西部地区的重点开发空间构架。按照西部新的空间发展战略,有机协调大中小城市和小城镇的发展建设,形成空间布局合理、规模结构科学,中心城市功能互补,小城镇有序发展,有力支撑西部社会经济发展的城镇群。

(1)省会都市圈。省会都市圈是省区市城镇群的中心,包括主城和地州市所在地及一些县级市。这些区域是西部地区经济最发达、人口最稠密、新兴产业最集中的城市集群。要进一步加强基础设施建设,改善人居环境,提高发展质量,增强城镇功能,促进特大城市与周围卫星城镇的有机结合,提升整体发展水平和实力。中心主城要进一步强化集聚能力,提高集聚效益,建成高新技术产业、现代服务业、科技教育发达、旅游业繁荣,交通通信便捷,适宜人居的现代都市区。主城外围要加快卫星城镇建设,增强经济联系,建设一批功能明确、特色突出的中小城市。

(2)铁路沿线城镇连绵带。以省会都市圈为中心沿铁路延伸,地州市中心城市和小城镇聚集。要打破条块分割,按经济内在联系和资源合理配置的客观要求,统筹安排产业和重大项目,合理规划农业、工业、市场、生态、旅游等各类功能区,明确各城镇的功能定位,促进大中小城市有机结合,带动以县城为主的小城镇的发展。把铁路沿线建设成城镇密集,各城市、小城镇特色鲜明、互为支撑、整体实力强、城镇化水平高的西部地区最发达的城镇连绵带。

3.增强城市功能优化产业布局,培育西南成渝试验区、南贵昆试验区特色产业群

西南地区重点开发骨架主要由以下交通干线连接而成:起始于重庆的成渝铁路(和长江上游沿岸线)—成昆铁路—贵昆铁路—川黔铁路线,再回到重庆市,构成"9"字型的圆圈;由南昆线和黔桂线—南宁至防城和北海线构成"9"字的尾。"9"字型把全国一级轴线长江上游沿岸线和南贵昆地区连接起来,使西南地区形成完整、贯通的空间开发网络。同时,"9"字型的尾向西南直通北部湾沿岸的北海、防城两大港口,也可和湛江港、海南各港口便捷连通,把内陆腹地和西南出海口连接起来,形成西南出海大通道。

(1)"9"字型骨架的顶部是西南经济核心区——成渝军地融合综合改革配套

经济区,有利于通过"9"字型骨架传导成渝地区对广大西南地区的辐射和带动作用。同时,"9"字型圆圈的顶部处于全国发展布局轴线——长江沿岸线的西段,即长江上游沿岸,向东可直通长江中下游和长江三角洲地区;圆圈的底部以贵昆铁路为主轴,是贵昆—湘黔—浙赣铁路东西大动脉的西段,横穿云贵高原,向东直通湘、赣、沪、浙、闽一带,是南贵昆军地融合综合改革配套经济区建设地。这两方面都有利于"9"字型骨架与东中部地区的联系,融入全国布局战略中去。

(2)"9"字型骨架不仅把重庆、成都、昆明、贵阳、南宁5个城市连接起来,而且使南充、泸州、乐山、宜宾、自贡、攀枝花、六盘水、曲靖、遵义、百色、兴义、柳州、钦州、防城、北海等地区性中心城市成为网络上的重要"节点"。更重要的意义在于,不仅有利于发展形成以重庆、成都为核心的"成渝城市圈"和以昆明、贵阳、南宁为核心的"南贵昆城市圈",而且将两大城市圈紧密地连接起来。

(3)"9"字型骨架连通了西南地区最主要的矿产资源和旅游资源重点开发地区。

1)把5大矿产富集与重点开发地区连接起来:①攀枝花铁、矾、钛、锂、稀土等多种矿产重点开发地区;②川南天然气及多种非金属资源重点开发地区;③贵州中东部磷、铝、煤等资源重点开发地区;④黔西、滇中东煤、铁、有色金属及非金属重点开发地区;⑤北部湾海底矿产富集区。

2)经过了2大水力资源集中开发地区:①川西岷江、大渡河、金沙江水能资源集中开发地区;②红水河、南盘江水能资源富集区。

3)把4大重要旅游地连接起来:①广西自然风景与民族风情旅游区;②川西自然风景与人文景观旅游区;③三峡自然风景旅游区;④滇中、滇西自然生态与民族文化旅游区。这对于带动西南地区的资源开发、产业发展,将发挥积极作用。

4.增强城市功能优化产业布局,培育西北关中试验区特色产业群

倒"9"字型空间开发骨架主要由以下交通干线连接而成:起始于西安,经陇海线—包兰线(宝中线可直接连接陇海线上的宝鸡至银川)—西包线再到西安市,构成倒"9"字型的圆圈。倒"9"字型的尾就是兰新铁路线。倒"9"字型的圆圈把黄河中游联成一个整体,倒"9"字型的尾向西北边疆直通我国西北内陆口岸,把西北广大腹地和内陆边疆出口口岸紧密联系起来。

有八百里秦川之称的关中平原和号称塞上江南的银川平原、河套平原,都被串接在了倒"9"字型的圆圈上。其中,西北经济核心区——关中军地融合综合改革配套经济区,位于倒"9"字型圆圈的顶部,有利于把西北经济核心区和广大地区紧密连接起来,发挥关中军地融合综合改革配套经济区对整个西北地区的辐射带动作用。同时,倒"9"字型圆圈南面顶部正处于全国发展布局主轴线之

———陇海铁路沿线上,向东可直通中原、山东及全国各地;倒"9"字型圆圈的北面顶部处于京包—包兰铁路沿线,是西北地区直通华北、京津地区的又一重要通道。两条东西大通道把倒"9"字型重点开发骨架和东中部地区紧密联系,有利于更紧密地融入全国战略布局之中。

倒"9"字型的圆圈连接了西安、咸阳、宝鸡、渭南、天水、兰州、白银、中卫、青铜峡、石嘴山、银川、东胜、包头、呼和浩特、榆林、延安、铜川等黄河中游大中城市。该区在"十一五"期间修建了东通太原、石家庄、北京,西至中卫的东西向铁路干线,"十一五"后期修建了西安经平凉至中卫的铁路线。今后这一地区将形成五横三纵的铁路交通网络和发达的高等级公路网络,把区内20多个大中城市紧密联结起来,在黄河中游地区形成中国最为重要的城市圈之一。

倒"9"字型骨架连接了西北地区最主要的资源开发重点地区,包括8大矿产资源重点开发地区和西北地区主要的农业、生物资源开发地区。8大矿产资源开发重点地区是:①准噶尔盆地石油、天然气、风能、太阳能资源重点开发地区;②塔里木盆地和吐哈盆地石油、天然气、风能、太阳能资源重点开发地区;③白银多种有色金属重点开发地区;④宁夏能源重化工与钽、铌、铍稀有金属重点开发地区;⑤内蒙中西部煤炭及天然气能源资源重点开发地区;⑥内蒙中部稀土及非金属矿产资源重点开发地区;⑦陕北和渭北能源重化工重点开发地区;⑧秦岭有色和贵金属重点开发地区。同时,陇海—兰新线构成以古文化、民族文化、自然风光等为主的"古丝绸之路"黄金旅游线。

(二)产业发展与结构升级

1.发展高新技术壮大新兴产业

通过建立产业孵化基地、专业产业园区和实施重大科技产业化项目等多种方式,选择具有比较优势的产业领域优先发展,努力将高新技术新兴产业发展成为试验区的主导产业和重要的经济增长点。

(1)信息产业。信息制造业要重点建设五大生产基地。一是在数字化家电产品领域,突出数字化高清晰度彩电及智能化冰箱等新型家用电器的开发生产,积极推进数字化高清晰度彩色显像管、显示管、投影管、光引擎产业化进程,培育数字化三维虚拟演播室、等离子显示器(PDP)等产业;二是在电子元器件领域,重点发展片式元器件、电力电子器件、新型传感器件、压电陶瓷器件、光电子器件产业,建成新型元器件生产基地;三是在移动通信及网络设备生产领域,重点抓好移动交换系统更新换代、CDMA移动通信系统及终端、网络路由器等产品产业化,积极推进移动通信系统更新换代及产品的研发进程;四是在计算机硬件设备生产领域,以彩色显示器为突破口,以为整机配套为方向,做大做强外围设备;

五是在军工电子领域,以军事需求和民用需求为目标,提高水平,扩大规模,实现军民融合,促进民品发展。

软件产业要以国家级西安软件园为基地,重点抓好 CAD/CAM、工业过程控制、管理信息系统、信息服务、金融财税、医疗、教育、娱乐及多媒体、信息安全保密与病毒防治等八大应用软件。进一步发展技术开发平台、数据库管理、中文信息处理、网络通信等四大类支撑软件。建立软件工程研究中心,建成世界知名的软件加工与出口基地。

(2)先进制造与自动化产业。以重大电力成套装备、光机电一体化、数控系统及装备、工业过程自动化等领域为重点发展方向,力争在数控机床、输变电控制设备、配电过程自动化系统、新型建筑机械、计算机集成制造、光通信器件等领域有所突破。积极推进数控加工中心、大型输变电成套设备、智能仪表、新型压缩机、模具快速成型、宽幅振动压路机、新型风机泵、磁光电流互感器等高新技术项目的产业化,加快敏捷制造环境下产品开发与设计技术、系统集成与优化技术、先进制造工艺与装备技术的研发步伐。

(3)现代医药与生物工程产业。重点开发创制药物、现代中药、生物医药及制品、新型医疗器械等产品,在基因工程药物、现代中药产业化关键技术等方面力争有重大突破。抓好红霉素系列药物及利君沙针剂、维奥欣片剂、脂质体应用技术、血液分析仪专用试剂、生物芯片、人工虎骨粉、畜禽基因工程疫苗、重组蛋白技术、中药标准提取物及中成药标准制造技术等产业化项目。力争加快新型化学合成药物、控释与缓释技术、中药传统饮片改良技术、医药生产控制技术的研发和产业化进程。

(4)新材料产业。重点开发高性能金属材料、功能材料、复合材料和结构材料。通过自主开发研究与引进国外先进技术及关键设备相结合,力争在一些重点关键新材料的制备技术、工艺技术以及节能、环保和资源综合利用技术上有突破性进展。抓好阴罩带钢、金属纤维及其制品、片层化独石式变压器用压电陶瓷、液晶材料、稀土材料、单晶铜材、钛材、铌钛合金材料等产业化项目的建设,重点研发微电子、光电子材料。将关中建成具有较大规模和较高层次的新材料研发与生产基地。

(5)先进环保产业。重点开发油、气、水、煤污染治理的控制装置、新型工艺及换代产品。加快清洁生产技术、生态环境预警防治技术、水生物处理技术、大气生物处理技术、大气污染防治技术、固体废弃物处理技术、生物治污技术的研究开发和成套技术的产业化进程。实施大气污染和水污染治理,加强对产生污染的领域、行业改造,重点在水泥和化肥制造行业,推广干法水泥和加压硫化床粉煤气化制合成气技术。抓好氟利昂替代物、无磷环保液体洗涤剂及专用助剂、无铅汽油添加剂、无公害农药、干式 TRT 技术等重大项目,加快锌空气电池、太阳能电池、清洁燃料、汽车关键部件和醇类汽油的研发和产业化步伐。

(6)航天产业。重点开发小卫星、卫星通讯、导航与定位技术、卫星信息传输及综合应用系统,进一步发展防雹增雨火箭、火箭人工降雨、飞机人工降雨等高新技术和产品。

2. 加快推进农业现代化繁荣农村经济

在保证粮食生产稳定安全的基础上,充分发挥杨凌现代农业技术对西部的辐射、示范、带动作用,加快国家关中星火产业带建设,以果业和畜牧业产业化经营为突破口,推动农业产业化进程和农村经济结构调整,确保农民收入的持续增长。

(1)利用现代农业技术改造传统农业。依托杨凌,推进农科教结合,建立起高新技术向农村、农民转移和扩散的传递机制。利用现代生物、信息等技术,以旱作农业、设施农业、良种繁育、基因工程、节水灌溉、秸秆利用、病虫害防治、植物化学、新型栽培、农副产品深加工等领域的科研开发和高新技术产业化为重点,抓好节水灌溉工程技术成套装备、基因疫苗工程、小麦育种、胚胎工程、新型植物营养注射助剂技术、高效低毒无残留农药、玉米杂交良种工程、新型高效植物生长调节剂、秸秆生物肥料、优果示范工程、农副产品深加工等项目建设。利用先进的生产工艺和方法,改造传统农业,全面提高农业综合技术水平。

(2)以农业产业化经营为主线,提高农业组织化程度,培育壮大主导产业。以西部国家大型商品粮生产基地和国家优质小麦、大米、玉米等生产基地建设为契机,稳定提高粮食综合生产能力,推广新品种,生产优质专用小麦、大米、玉米,满足现代食品加工业的需要。全面实施优果工程,发展生态果园和出口基地,搞好产品转化加工和综合利用,不断拓宽国内外市场。大力发展以肉牛羊、奶畜为主的节粮型牲畜,加快高产优质奶牛扩繁技术的推广应用和畜禽疫病防治体系建设,扩大鸵鸟等特种养殖规模。在稳定发展大路菜的基础上,提高土地利用率和蔬菜质量,扩大蔬菜设施栽培面积,大力发展反季节蔬菜,重点提高精细、名特优和无公害蔬菜。

(3)加快农业产业化龙头企业发展。围绕粮食加工和果业、果汁、乳业企业等一批规模大、效益好、管理水平高、带动能力强的龙头企业,建设原料基地,在投融资、新技术开发和市场开拓上给予扶持。按照"多元投入,择优扶强,制度创新"的发展思路,鼓励和引导多种所有制经济参与农业产业化经营,以资本为纽带,重点发展股份制和股份合作制企业,鼓励农民以出资入股等多种形式发展龙头企业。各类龙头企业要为农民提供信息、技术、流通等方面的服务,逐步建立和完善与基地、农户之间风险共担、利益共享的利益机制,增强辐射带动作用。

引导农民建立各类合作经济组织,提高农民进入市场的组织化程度,扶持发展各类行业协会和农民专业合作经济组织,发挥其在联合农户、保护农民利益、沟通市场信息、组织产品运销方面的重要作用。

(4)延长农产品加工链条,提高农业生产的附加值。以果业、畜牧产品加工为重点,大力发展农副产品加工业。引导乡镇企业向农产品加工业转移。运用先进工艺、技术改造传统的农副产品加工业,新上一批科技含量高。有市场前景的精深加工项目。

(5)完善农业社会化服务体系,为农业发展提供保障。鼓励和支持社会各方面力量参与农村社会化服务,引导科研、教育单位与企业"联姻",走产、学、研相结合的路子,为农民提供全方位的服务。建立健全各级农技推广体系,为现代农业生产提供技术支持。建立高效、准确的农业信息收集、整理和发布系统,及时为农民提供市场信息。发展农业职业技术教育和培训,不断提高农业劳动者素质,培养适应市场经济要求的新型农民。

3. 以信息化带动工业化改造提升传统产业

机械装备、食品加工、纺织、建材、有色金属、能源、化工等传统工业是西部地区工业的主体,是加快推进工业化的重要支撑。要加紧用以信息化为代表的高新技术和先进适用技术对其改造,提升传统工业的技术和规模水平,并以此带动其它相关产业、产品和企业,形成特色鲜明的试验区产业群。

(1)机械装备制造业。走自主创新与技术引进、合作开发相结合的路子,加快先进的信息装备技术、数控加工技术、工业自动化技术、环保技术、网络化制造技术等在生产、管理和营销中的应用,提高装备制造业的信息化水平。以飞机制造、输变电设备、工程机械、机床工具、汽车及零部件等有比较优势的产品为重点,同时抓好工业自动化仪表、制冷设备、轻工机械等具有较好基础的产品改造升级,使机械装备制造业真正成为高新技术的重要载体,提升机械装备工业的整体实力。

1)输变电设备。以西电东送 750kV 输电线路和 ±500kV 直流输电线路配套输变电设备为载体,重点发展 800kV 级高压开关、电力变压器、电抗器、高压电瓷、复合外套避雷器、复合绝缘子以及 500kV 输变电设备小型化和智能化项目。

2)工程机械。重点发展适用于治沙、造林、西气东输、军用等方面的大吨位液压挖掘机、装载机、高原性推土机;开发铁路道渣、大坝干硬性混凝土摊铺设备、大型节能环保沥青混合料搅拌设备。建设年产 500 辆 PC-400 型大吨位液压挖掘机项目、350 台沥青混凝土铺机项目、150 台稳定三合土拌和机、年产 1000 台装载机等项目。

第八章 实施"翔式道路"(三)

3)汽车及零部件。优先发展适应高速公路需要的重型车、重型载重车和豪华大客车,支持高档医疗车和运钞车等专业汽车扩大规模。零部件重点发展变速器、汽车车桥、半轴、盘式制动器、轮胎螺栓、车用蓄电池等产品。抓好一批重大重点项目。小轿车制造应走与国外同行业大集团合作的路子,引进资金,引入品牌,实行规模化生产。

4)机床工具。以提高数控化率为方向,优先发展以数控磨床、电火花成型机床为代表的精密数控机床系列和以精密复杂刀具、精密功能部件为主体的工具和功能部件产品,研制开发柔性制造单元和柔性生产线成套设备、汽车工业及其它产业专用机床等。重点建设高效数控磨齿机、高速主轴、滚动直线导轨以及滚珠丝杠、柔性制造单元和自动生产线、复杂刀具扩能等项目。

5)飞机制造。加强与国内外大型企业的合作,抓好大型飞机研制,进一步拓展飞机零部件转包生产领域,抓紧开发生产新一代支线客机、专用微型飞机和机载设备。重点建设波音737-700垂尾、舱门转包生产技改、飞机发动机盘环内航空零部件技改、650MN多向模锻水压机生产线等项目。

(2)食品加工业。抓住国家推进农业产业化,实施农副产品深加工示范工程的机遇,依托龙头企业和名牌产品,推广生物、信息、环保等先进适用技术,提高产品的技术含量和附加值,促进食品工业的优化升级。重点发展果蔬加工、乳制品、肉制品、饮料制品、方便食品等。

1)果汁加工。重点发展苹果、梨、猕猴桃等果品的深加工。加快浓缩果汁行业的整合,开发冻干果片、果粉,发展饲料、果胶等产品。把试验区建成我国规模最大、综合实力最强的果品生产基地。

2)乳品加工业。重点支持银桥等名牌产品的扩产改造,采用现代灭菌技术、保鲜技术、生物发酵技术,优先发展液体奶、活性乳酸奶等产品。进一步提高婴幼儿、老年人以及特殊人群需要的配方奶粉的产量和质量。

3)肉制品。以多品种、精加工、小包装为方向,大力发展卫生、方便、风味独特的分割肉、冷却肉和中式风味低温熟肉制品和清真牛羊肉食品。

4)饮料制造业。提高苹果酒、猕猴桃干酒、葡萄酒和果汁饮料的品质和规模,扩大啤酒市场占有率,加快白酒的香型改进,使传统名优产品再创辉煌。

(3)纺织工业。围绕增加品种、提高质量、扩大出口、增进效益,加快试验区内纺织企业的技术改造,提高装备技术水平,以棉纺及印染为重点,积极发展产业用纺织品和适应市场需求的服装产品。加快行业改组,促进行业整合,积极吸引外资、中东部资金参与重组,实现产业升级。

1)棉纺织及印染。提高清梳联、精梳机、无梭织机等新型技术装备的比重,使50%以至更多的纺纱设备达到国内先进水平,精梳纱比重超前。重点发展无梭布和印染后整理产品。

2）服装及产业用纺织品。重点培育名牌服装生产企业，支持民营中小企业开发蓬盖类材料、栽培基材、医疗卫生保健材料、工业用材料、建筑材料、环保材料、包装材料、汽车内饰材料等产业用纺织品，使之成为纺织工业新的经济增长点。

（4）建材工业。走大规模、高起点的路子，调整水泥结构，发展新型建材。同时积极引进国内大型企业投资，支持大公司大集团的发展。按照节约并合理利用资源，加强环境保护的要求，加速淘汰落后工艺，关闭不符合国家产业政策的小水泥企业，优化生产布局。2015年已形成试验区建材工业形成结构优化、布局合理、节能环保、竞争能力较强的产业格局。

大力发展新型干法水泥。在石灰石资源富集地区建设大型熟料基地。有资源的地方重点支持2~3家大公司和企业集团发展新型干法水泥生产线。坚决淘汰湿法窑、中空窑等落后工艺。不再新建日产2 000吨以下的水泥项目。同时，大力发展散装水泥和商品混凝土搅拌站，推广矿渣和粉煤灰超细粉磨。

以环保、节能、利废为重点，加快使用以粉煤灰、煤矸石等工业废渣为原料的生产技术，推进非黏土类空心制品、混凝土砌块、轻质板材和复合板材等新型墙体材料的发展。因地制宜发展新型建材产品。

（5）有色金属工业。以钼、钛、铝、铅、锌等产品为重点，围绕提高品质、节能降耗和环境保护，加快现有采、选、冶、加生产工艺的技术改造，推广应用坑内矿山无轨开采技术、选矿厂预选抛废技术、多碎少磨、多段磨矿新工艺等先进采矿技术，湿法冶金和生物冶金技术，大型预焙阳极电解槽生产电解铝技术等，提升技术水平。发展钛材深加工、锆合金管材、层状金属复合材、钼深加工、铝及其深加工等产品。抓好铜川铝厂改造、宝鸡有色金属加工厂钛材及层状复合材深加工、金堆城钼业公司钼产品深加工等项目建设。

（6）能源工业。以煤炭、电力为主，通过结构调整，巩固提高能源工业。煤炭工业要统筹规划，引入新机制，适时开发新矿区，重视改造有发展潜力的老矿区。压缩高硫煤产量，限制、淘汰落后生产能力，关闭资源枯竭、布局不合理、达不到基本安全生产条件的煤矿。电力工业要通过"以大代小"，优化火电的机组结构、技术结构，建设高参数、高效率、调节性能好的大型燃煤机组。

（7）化学工业。以煤化工、精细化工为重点，稳定化肥生产，发展复合肥、有机钾肥、腐殖酸有机液肥等新型有机肥料。采用先进的气化、脱硫、脱碳技术及合成气直接合成二甲醚技术发展甲醇、二甲醚等深加工产品。精细化工要推广生物技术、新型高效精馏、氧化、硝化、磺化、氟化、还原等先进技术，发展专业化程度高、附加值高的技术密集型产品，逐步淘汰合成氨中的水洗脱碳、常压变换等落后生产工艺。

4. 大力发展现代服务业健全完善市场体系

以市场化、产业化和社会化为方向,重点培育和发展以旅游、现代物流、金融保险、信息服务业等现代服务业。充分运用现代经营管理方式和电子信息技术改造传统服务业,提高技术含量和整体水平。

(1)旅游业。分阶段、有步骤地建设文物古迹文化旅游区。尤其要加快世界文化遗产级人文景观建设,丰富展示形式,提升景观品位。合理开发自然旅游资源,重点建设对中华民族传统文化有代表性的重要自然景观旅游区。通过重大重点项目建设,逐步形成具有不同试验区特色的自然景观格局。积极开发观光度假、民俗风情等专项旅游和集科普性、趣味性、参与性为一体的现代文明景观旅游,使农业科技示范区、军工特色高技术产业基地、高新技术开发区、西安卫星测控中心、航天城、飞机城、科技城等尽快形成旅游新热点。

加快试验区精品旅游线路建设。建设好以省会城市为中心,四向辐射的旅游线路。构建旅游销售网络,改进宣传促销方式和服务手段,加快与国际旅游业接轨。加强配套服务体系建设,提高综合接待能力,形成"食、住、行、游、购、娱"协调发展的新格局。

(2)现代物流业。建立和完善物流运输网络体系。依托国际机场,发展国际航空货运和航空快递,拓展航空过境、中转和直达运输等各类服务,进一步开辟国际大都市直达航线,形成以航空港为中心、连接国际、辐射西部的航空物流网络。充分发挥铁路枢纽优势,推进铁路仓储、装卸、包装、销售、信息的一体化经营,加快建立铁路快捷货运网络体系。

建设多形式、多业态的商贸流通体系。引进新型商贸业态,重点推广连锁经营、特许经营、物流配送、代理制、会展经济等现代营销方式。推进电子商务业,建设电子网络商品交易体系。拓展服务领域,发展信贷消费、租赁消费、服务消费。发挥传统商贸业优势,改造、提升现有专业市场和批发市场,高水平地创办一批大型综合商社,发展具备信息化、标准化管理条件的商贸新型业态,使其从传统的交易方式、管理手段向现代信息管理、物流化发展,实现有形市场与无形市场有机结合。建设综合性仓储超市、购物广场,对大型农副产品、工业消费品和生产资料批发市场进行改造,培育和发展辐射中西部地区乃至全国的专业批发市场,促进第三方物流企业的发展。完善农村市场体系,培育具有较强专业化水平的经营实体,引导农产品直接进入大型批发市场。

(3)金融保险业。拓展试验区省会城市资本、证券、保险市场,建立健全金融、保险和风险投资体系。发展地方金融机构,吸引外资银行、保险、财团和国内区域性、政策性、股份制银行在省会城市和中心城市设立分支机构,形成各类金

融机构并存、适度竞争、稳健经营的金融体系。适度发行城市公益性基础设施彩票。发挥农村信用社融资能力，发展产业投资基金、创业投资基金和西部开发投资基金。加快发展证券和产权交易市场，支持优势产业中的优秀企业上市，搞好上市公司重组。在发展传统保险业的同时，努力开辟保险新业务，增加保险新品种，培育多元化保险体系。

（4）新兴服务业。发展信息服务业，培育一批专业从事信息服务的企业和组织，开展信息提供服务、信息技术应用服务和接入服务，推动网上服务业。运用现代技术建设信息交换平台及公众信息平台，制定政府及各行业数据共享标准，开发经济、科技、教育、环境、人文、旅游等信息资源，加强数据库和信息系统建设，强化公共信息共享。建立以政府信息为主系统，其它信息为子系统的综合性信息系统，促进电子政务、电子商务、智能交通、地理信息等信息资源的数字化、宽带化、综合化、智能化和个性化应用，努力提高信息质量和水平。开发信息精品，拓展信息服务新领域，促进信息服务业的规模化、正规化和商业化。

发展会计、咨询、法律等各类中介服务机构，规范中介行为，促进服务业市场化和社会化，加大服务业所需人才特别是市场、外贸、金融、信息咨询等人才的培养力度，改进用人机制，提高服务水平。

（5）发展社区服务业。鼓励社会力量投资兴办社区服务实体和服务项目，使社区服务业走向产业化。拓展社区服务新领域，建立起面向社区老年人、儿童、残疾人、贫困户、优抚对象等特殊群体的社区救助，面向社区单位的社会化服务和面向下岗职工的再就业工程。发展壮大社区医疗、社区文化、社区保险、家政服务等，促进社区服务市场化、家庭服务社会化和家政服务公司化。发展家庭送餐和餐饮连锁经营，培育一批方便城乡居民生活的餐饮企业。加强服务业设施和网点建设，鼓励创办各种便民、利民的社区服务企业。

（6）教育文化产业。加快高校产业发展。扩大高等学校办学自主权，增强办学活力，壮大教育规模。多元化吸纳资金，加快高校基础设施建设，充实办学条件。大力发展来华留学生教育。加强高校与企业的联合，新建一批校企联合研究开发中心、技术成果转化中心等。推进学校后勤社会化，形成适应高校改革和发展需要的后勤保障系统。发展文化产业，培育文艺演出业、电影音像业、文化信息业、文化娱乐业、艺术教育业、文化旅游业、民间艺术业等产业。抓好广播电视信息网络股份公司、电影业股份有限公司、报业集团公司、出版集团公司、发行集团公司等产业集团的组建和运营，增强市场竞争力。

(三)改革创新与对外开放

1. 加快管理体制的改革与创新

(1)继续推进以基地、开发区体制创新,防范向旧体制的复归。按照精简、效能和"小政府、大社会"的原则,体现基地、开发区管理机构"特""精""活"的特色,强化管委会的综合管理职能,消除园区内条块之间、条条之间、块块之间互不隶属、各自为政的局面。明确基地、开发区及管委会的法律地位,把改革创新的体制优势、政策优势和服务优势转化为法制优势,保障基地、开发区"行使一级政府经济管理权限和部分社会事务管理权","封闭管理、开放运行",真正发挥出市场化改革的试验和示范作用,通过建立和完善土地储备制度,运用国有土地使用权招标、拍卖出让等方式,进行基地、开发区建设机制的创新,提高基地、开发区建设的市场化程度,并以此吸引区内外各类资金投入,提高基地、开发区建设速度和质量。

(2)强化政府公共职能,实现政府职能的根本转变。试验区的中心城市政府,要坚持社会主义市场经济观念,打破行政壁垒和条块分割,适应市场经济和加入世贸组织的要求,按照"缩小范围、规范程序、改变方式、完善监管"的原则,继续开展行政审批制度改革,加快政府职能转变,为园区企业制度改革提供帮助,为园区和城市内外构筑一体化要素市场、建立各类资源互通共享机制提供支撑,促进科技与市场、科技与资本的有机结合,促进科研开发产业化进程和辐射效应的发挥。

(3)构建制度化的试验区经济一体化协调组织和各基地、开发区及各类科技园区的协商制度,协调各园区政策行为,形成共同遵守的区域公约和法规,营造无特别差异的政策环境。省区市成立协调指导小组,下设产业规划、技术指导、招商引资、政策协调等功能性小组,负责拟定和督促落实"一线两带"总体发展规划和政策措施,指导地州市制定和实施产业发展、招商引资和相关措施。充分发挥试验区市长联席会议的作用。配合试验区协调指导小组协调跨园区或跨地区发展问题,如重点高新技术的协同攻关,统一规划实施交通、信息高速公路等基础设施项目建设,生产生活等社会保障制度改革的行政协调等。将产业结构调整从行业性调整转向空间结构调整,强化试验区经济一体化的基础条件。要充分发挥社会团体、民间组织、行业组织和市场力量等非制度化协调机制在试验区经济一体化发展中的推动作用。

2. 加速科技成果产业化的机制创新

(1)促进科技向现实生产力转化。以重大科技产业化项目为重点,以资本为纽带,以科技成果及工程化开发为核心,以上游科研单位和下游生产企业为主

体,通过组建股份制公司等途径,把科研单位、工程中心、生产企业联合起来,促进技术优势向生产力的转化。加大对高新技术产业化资金支持力度,按照规模经济的发展要求,组建一批产学研、科、工、贸一体化的大型科技企业集团,培育壮大一批市场容量大、科技含量高、附加值高、带动性强、经济效益好的拳头产品,形成若干个能够支撑试验区和省区市经济社会持续发展的新兴支柱产业,增强试验区对省区市经济发展的带动和辐射作用。

(2)促进不同领域、不同层次技术的交流和整合。加强航天航空、电子信息等国防科工高新技术产业与地方经济的融合,加快军工技术向民用领域的转移,提高国防科工的"扩散效应"。注重适用技术的开发,以产业关联度大、市场前景好和关系国民经济发展全局的技术领域为主,对传统产业改造中的共性技术和关键技术进行攻关,推动传统产业的改造。制订产业振兴计划,鼓励社会和个人以有形或无形资产参与传统产业改造。

(3)推动科研院所向研究开发企业转制。以自办、联办、改制、控股、参股、兼并、租赁、承包、"院所联合"、"所企联合"等多种形式创办科技型企业或科技企业集团。科学界定科技企业的产权关系,推进产权主体多元化,形成更多的具有自主知识产权和较强竞争能力的市场主体。

(4)建立以企业为主体的技术创新体系。企业要积极加强与科研机构的联合、合作,对高等院校、科研院所与企业建立各种形式的联合开发机构,对科研机构进入企业或企业集团,给予政策支持。大力推进企业技术创新基础设施建设,强化企业对创新技术的跟踪分析,实施"企业技术创新工程",着力提高大中型企业的研发能力。把自主研发与引进、吸收消化国外先进技术结合起来,实现核心技术、关键技术在较高水平上的发展,使企业直接抢占新技术和新产品的制高点。

(5)大力发展科技型中小企业和民营科技企业。建立科技型中小企业和民营科技企业创业服务中心。构建相应的创业资本市场,盘活国有资本、调动民间资本、引进国际资本,建立科技成果产权交易体系、科技型企业产权重组以及风险合理分担的企业信贷与担保体系,大力发展风险投资,建立和完善风险资本退出机制。

(6)加快创新人才培养。建立多层次、多功能教育培训基地,培养创新型人才,全面提高试验区创新创业人才素质和水平。实施"柔性人才政策",培育更为灵活的引才、用才、留才机制,不求所有,但求所用。建立、完善科技人才和企业家的激励机制,实行劳动力、技术创新成果、生产要素共同折股分配和股权、期权奖励制度。

3.深化企业制度改革,激活市场主体

适应市场化要求,加快建立和完善现代企业制度,大力推进规范化的公司制改造,使试验区国有大中型企业全面建立现代企业制度。把改制、改组、改造和加强管理有机结合起来,以产权多元化为突破口,优化企业组织结构、所有制结构、资本结构,健全责权统一、运转协调、有效制衡的公司法人治理结构,全面推行独立董事、外部董事制度,继续深化企业内部"三项制度"改革,建立科学的企业经营者选拔任用制度,真正做到"产权明晰、权责明确、政企分开、管理科学",使企业真正成为市场竞争主体。按照所有权、管理权、经营权三分开的原则,以出资人到位为核心,探索建立权责明确、保值增值的国有资产管理体制和营运机制。坚持"有进有退、有所为有所不为"的方针,加速国有资产从一般竞争性领域和行业有序退出,使优良资产和有限资源向优势产业、企业和优秀经营者集中。积极探索通过国际招标方式引入外资对大型企业进行改组改造的有效途径,推进企业重组,以市场为导向、名牌产品为龙头、资产为纽带,打破行业、地域和所有制界限,着力培育一批主业突出、核心竞争力强的国际知名企业集团。大力推动企业技术进步,调整和优化产品结构,促进产业优化升级。

放开搞活国有中小企业,大力发展科技型、服务型中小企业,引导中小企业向"专、精、特、新"的方向健康发展,积极培育一批"小型巨人"企业。

大力发展非公有制经济,鼓励非公有制企业参与交通、市政、环保等行业的建设和经营,促进非公有制经济向高新技术和现代服务业等领域扩展,支持非公有制企业通过参股、控股、兼并、收购、租赁经营等形式参与国有资产重组,引导非公有制企业实现产权、体制与机制的创新,建立规范的运作机制和科学的管理制度。推动非公有制企业再创业,实现从速度规模型向速度效益型转变、劳动密集型向技术密集型转变、产品初加工型向产品深加工增值型转变,步入规模化生产、集约化经营和科学化管理的轨道,培育一批"参天大树"。

4.推进招商引资工作,提高对外开放水平

要把招商引资作为加快试验区建设的重中之重,把各基地、开发区作为招商引资的主战场,改革投融资体制,扩大引资领域,创新融资方式,改善投资环境,努力使试验区招商引资和对外开放取得突破性进展。

(1)改革投融资管理体制。按照"谁投资、谁决策、谁受益、谁承担风险"的原则,逐步放宽项目审批权限,减少审批环节,加强服务和法制监督,转变坐地审批项目为走出去把投资商引进来,积极做好重大项目的包装、推介、宣传工作。

(2)进一步扩大投资领域。鼓励投资者投资于高新技术产业,交通、能源、水利、市政、环保、旅游等基础设施建设和生态环境建设。鼓励以独资、合资等多种形式依法勘查、开采除油气以外的各种矿产资源。推进金融、保险、电信、商贸、

旅游、卫生、中介服务以及其它服务业的对外开放,允许兴办中外合资会计师事务所、律师事务所、工程设计公司和其它国家开放领域的企业。

(3)探索利用外资的新形式。采用项目特许权、运营权与收益权融资,吸引投资者以 BOT、TOT 等形式参与建设和经营。组织"短、平、快"项目,大团组与小分队相结合,采取多种形式,定期或不定期地到沿海地区及国外进行推介,促使招商引资经常化、日常化、规范化。要努力解决好"筑巢引凤"和"引凤筑巢"的关系,充分发挥企业在对外开放中的主体作用,实现从政府招商为主向企业招商为主转变。充分利用国际互联网及招商代理制等新手段、新方式,降低招商成本,提高招商质量。对外商与非公有制经济合资合作的项目,享受与国有企业合资合作项目同等待遇。

(4)加强国内横向联合和协作,吸引东资西进、东企西进、东智西进。充分利用国家鼓励投资西部地区的各项优惠政策,发挥开发区招商引资的窗口作用,吸引和支持东部企业、富余民间资本和优秀企业家以投资办厂、参股控股、收购兼并、技术转让、租赁承包等方式到陕西省投资发展。不断创新国内区域间横向联合方式,形成全方位、多层次、宽领域横向联合和协作体系。

(5)构建综合性的国际国内投资贸易促进网。动员全社会力量进行招商引资。试验区有关省份地方政府及基地、开发区有关部门都要建立自己的招商引资队伍。建立国际国内客户资料库,向国内企业和海外客户提供查阅海内外商情的信息场所和中介咨询服务。修订和完善鼓励引介外商投资的激励政策,落实引介报酬规定。

(6)创造良好的发展环境。以创造优美环境、培育优秀人才、实行优质服务为着力点,营造更具吸引力和竞争力的投资环境。深入持久地开展投资环境专项整治活动,继续清理和废止一切不适应世贸组织规则的地方性法规、规章、政策。减少审批事项,规范审批程序,实行行政共事制和服务承诺制,以及首问负责制、引导办理制、限时办理制,对确需保留的审批事项逐步做到网上审批,一厅发证。整顿和规范执法行为,坚决制止并严肃查处地方、部门庇护违法行为和执法犯法、吃拿卡要等违纪违法案件,大力整肃信用秩序,建立和完善企业与个人的信用评估及监督体系。实行投资环境评价和责任追究制,尽快制订地区内投资环境综合评价体系,并列入各部门的责任目标和干部政绩考核内容,每年开展一次投资环境治理情况评价考核,将结果通过媒体向全社会公布。

三、重点开发骨架的联动发展

(一)两个"9"字型重点开发空间骨架的相互连接与互动发展

1. 两个"9"字型骨架的相互连接

西部地区有两条南北向交通大动脉,一是自北而南纵贯内蒙古、陕西、四川、重庆、贵州、广西的西包—西康—襄渝(安康—重庆段)—川黔—黔桂南北铁路大通道,它北起包头,经榆林、延安、西安、安康、重庆、遵义、贵阳、柳州、南宁,直通西南出海口北海、防城;二是自北而南纵贯宁夏、甘肃、陕西、四川、云南的包兰(银川—兰州段)—陇海(兰州—宝鸡段)或宝中(银川—中卫—宝鸡)—宝成—成昆南北铁路大通道,它北起银川,经中卫、青铜峡、兰州、天水、平凉、宝鸡、绵阳、德阳、成都、攀枝花、昆明,最后仍可经南昆铁路直通西南出海口北海和防城市。这两条南北向交通大动脉将西北和西南"9"字型的两个圆圈夹持在中间,并连接起来,在西部构成一个跨越南北的"目"字型构架,使西部的南北两大地区通达方便,联系更加紧密。同时,"目"字型骨架把西部地区三大城市圈——黄河中游城市圈、成渝城市圈和南贵昆城市圈连成一片,形成中国西部庞大城市群。另外,连接南北两个"9"字骨架后,总体上构成一个"目"字型骨架,把西北内陆对外出口和西南海上对外出口连接起来,实际上构成"第二亚欧大陆桥"的又一个分支,而该分支的价值正在于贯通了整个西部地区,对于西部地区西进中亚、东欧,南下东南亚和太平洋具有重要意义。

2. 南北连接促进互动发展

两大南北交通大动脉连接关中、成渝、南昆贵三个军地融合综合改革配套经济区、两个"9"字型重点开发骨架,有利于南北两大区域在经济社会发展和优势资源开发利用中相互补充、相互支援、统筹规划、有机整合,促进整体发展。

(1)有利于关中和成渝地区互补互济,共同发展。分析认识南北重点开发骨架的连接、联通关系,对于促进关中、成渝两个军地融合综合改革配套经济区的联合合作、互补互济,带动西部大开发,提升西部地区产业结构优化升级具有重大意义。

(2)有利于秦巴山区、四川盆地、云贵高原、滇南雨林四大生物资源富集区的优化布局、优势整合、共同开发。青藏高原以东、巫山—雪峰山以西,北至秦岭、南至西双版纳,地跨北、中、南亚热带和热带北部边缘,加之地形错综复杂,成为中国大陆生物资源最为丰富多样的地区。加强西北、西南两个"9"字型重点开

发骨架的联结和贯通,把这一地区完全置于西部重点开发骨架构成的整体网络之中,就有利于和有条件对这一连片区域的生物资源开发利用进行科学区划、统筹规划、因地制宜、优化布局、合理开发。一是可以按北亚热带、中亚热带、南亚热带不同气候和地形特点,因地制宜地对良种繁育、濒危保护、栽植管理、病虫防治、仓储保鲜、加工处理等重大科研活动进行统筹安排、统一组织、分类推广实施;二是有利于对全区生物种植、生长的自然环境、地理条件进行科学的地域划分、统一规划、集中建设一批各具优势、特色明显的集约化、规模化连片种植与加工生产基地,以产业化经营、工业化方式、现代化手段、市场化机制,加快促进生物资源开发利用从农业领域向工业、服务业领域延伸;三是利用西北内陆口岸和西南出海口岸两大国际市场通道和陇海、长江东西通道,统筹构建国内外市场网络,共同开拓市场销售,协同打造各具特色的优质产品品牌,积极参与全球产业分工和扩大占领国内外食品市场;四是这里是黄河(中游)、长江(上游)流域水土保持、生态建设的重点地域,加强相关省市区的联系和配合,对整个区域的生物多样化保护、濒危生物品种救护、退耕还林、水土保持等,进行统筹规划、统一布置、集中力量实施,联手解决重点问题,形成生态建设共同体。总之,通过对这一集中连接生物资源富集地区的统一规划、统筹开发、联手实施,完全有可能使这一地区成为中国最大的、世界著名的生物生态保护区、生物资源开发利用示范区、绿色产业和绿色食品生产区,建设世界著名的科技型、标准化果类(干、水果)、畜牧、茶叶、花卉、蔬菜、山林特鲜品生产和深加工生产基地,建设世界最大的现代中医药"药谷"。

(3)有利于南北两地区优势矿产、能源资源的统筹开发、合理调剂、综合利用和配套生产。北部的煤炭、石油、天然气资源得天独厚,南部的多种金属矿产资源极为丰富;南部水条件较好、地表土层稀薄,北部土层深厚、水条件较差。通过南北两个军地融合综合改革配套经济区、两个"9"字型骨架的有机联结,就完全可以根据各种矿产开采、运输和综合利用的特点,在资源调配和物流上实行北煤南运、北能南下、南矿北运、南水北调等,在生产建设上采取因地制宜、扬长避短、资源互换的方式,实施南北地区优势资源和环境要素的综合调配使用和一体化开发建设,有条件同时、共建南北两大生产基地。如北方就近煤油气开发地建设电力、冶金、化工等能源转化和载能产业基地,南方就近金属矿产地建设高耗能冶金、化工产业基地。这样,南北将联合建成中国最大的能源、冶金、化工生产基地。同时,在产业结构优化升级过程中,南北完全可以加强有机协作,积极发展多种资源、伴生矿物、废气排放物中有用物质的有效分离提取、综合利用和循环再利用,共建"翔式道路"主导下的科技型、质量效益型、环保型、人文型资源产业发展示范基地。

(4)有利于共建西部旅游网络。南至西双版纳,北至内蒙、新疆,是我国少数民族文化、地方风土人情最为丰富多彩的地区,可在统一规划、合理布局的基础上,建设风格独具、特色各异的多种民族文化和风土人情开发与观光区,打造西部民族文化和风土人情研究开发、旅游观光链。同时,自然风景南北呈带状递变,加上地形复杂多变,并造就了太白、华山、峨嵋等几十座国内外著名风景文化名山,有条件打造北至北温带荒漠、草原,南至北热带雨林,串接著名大山大川的自然风景旅游路线,建成世界最为壮观的多样化自然风景旅游区。川渝、关中、政治文化联系有着深远的历史渊源,关中、成渝共同打造三国军事文化、汉唐皇家轶事等古历史文化旅游链,具有重大文化、科研、旅游意义。

(二)三个军地融合综合改革配套经济区、两个"9"字型重点开发骨架的延伸与带动发展

南北两个"9"字型空间骨架都具有向青藏高原地区延伸的条件,有利于加强黄河中游城市圈对以西宁为中心的柴达木盆地地区开发的辐射和带动,有利于加强成渝和云贵城市圈对以拉萨为中心的雅鲁藏布江谷地及横断山区开发的辐射和带动。

1. 加大黄河中游城市圈对柴达木盆地的有机联系和联动开发

黄河中游城市圈通过兰州"节点",沿兰青铁路和高等级公路向柴达木盆地延伸,实现紧密连接,促进现代文明向青藏高原的传播,带动柴达木盆地及其周围资源的开发。

(1)通过黄河中游城市圈与柴达木盆地的连接,带动黄河上游水利、矿产、能源资源开发和生态保护。包括:①有计划、有步骤地开发青海、甘肃黄河干流的水力资源,建立黄河上游水电、蓄水、养殖、旅游一体化产业开发基地和生态保护地区;②统筹调配、合理利用青藏高原地表水资源,建设青藏高原生态调水、工程调水工程,加强对北方地区的水源供给;③加强区际联合合作,加大资金、人才、科技投入力度,积极开发柴达木盆地钾盐资源,加快开发青藏高原风能和太阳能资源,建设中国西北钾盐化工基地和可再生战略能源后备基地。

(2)加强黄河中游城市圈对青海地区的科技、教育、人才和装备支持。主要包括:①利用以关中地区为主的黄河中游城市圈的装备制造实力和科研实力,加大对柴达木盆地资源开发及深加工的科技攻关和专用设备研制;②青海省和关中诸城市、兰州等建立青海人才联合培养基地,加大对青海专业技术人才、经营管理人才的培育力度,建立关中、兰州与东中部地区对青海的人才支援机制。

2. 加大成渝和云贵城市圈对雅鲁藏布江谷地的有机联系和联动开发

成渝城市圈和南贵昆城市圈分别通过成都和昆明"节点",沿川藏、滇藏交通

线(公路、航空)向雅鲁藏布江谷地延伸,实现相互紧密连接,将成为促进现代文明向青藏高原传播和带动雅鲁藏布江谷地、横断山区资源开发的重要通道。

(1)通过加强成渝、云贵城市圈与雅鲁藏布江谷地的连接,带动藏南、藏东南地区的优势资源开发和区域综合发展。主要包括:①积极培育和适度开发青藏高原丰富的生物资源,发展藏药、高原畜牧等地域特色经济;②积极开发雅鲁藏布江谷地地热能、风能、光能等可再生能源资源,建立我国藏南地区可再生战略能源后备基地;③促进跨区、跨国联合实施藏东南、横断山区生物、水能、旅游等资源的综合开发利用;④加快推进横断山区多金属矿产资源富集区的资源勘探和合理开发利用。

(2)建立成渝、云贵城市圈和全国支援西藏开发建设的有效机制。主要包括:①继续加强实施全国援藏计划;②建立西藏和成渝、云贵地区联合开发优势矿产、能源和加强生态保护的有效机制,并带动与相邻国家联合开发发展;③加大对西藏的科技推广、教育发展和人才培养的联合合作,以及建立有效的支持机制;④针对藏南、藏东南资源开发、产业发展、生态保护的需要,联合加强专项科技攻关和专用设备研制、供给。

第九章

实施"翔式道路"(四)
——以高新技术优势推进区域产业优化升级

> **关**中、成渝、南贵昆军地融合综合改革配套经济区及其重点开发区域,不仅集聚了大量先进的科学技术,而且还拥有雄厚的资金、先进的设备、丰富的管理经验和精良的人才储备,将这些优势与区域产业相结合,就会形成区域发展新的增长点,培养各具特色的区域经济增长轴。

翔式道路

一、推进思路

"翔式道路"的推进,不仅要看产业和社会经济发展进程,更重要的是要看产业、社会经济发展和人的发展的互动关系,要看社会经济发展、人的发展与人类所存在的自然环境的互动关系,这两种互动关系的和谐是产业结构优化升级的最重要特征和发展目标,也是新型工业化和传统工业化的根本区别。所以,依据人的发展和生态环境状况,把西部地区划分成若干区域,认识其特征、突出问题及其发展改造重点,是非常必要的。

(一)区域划分的基本原则

1. 自然地理与生态环境原则

西部地区地域辽阔,集中了我国主要的大山、高原、盆地和大面积的沙漠、戈壁、裸岩、冰川以及永久性积雪地域等,从南到北包括热带、亚热带和温带,干湿条件由东到西包括湿润、半湿润、半干旱、干旱地区,构成了复杂、多样的自然地理和生态系统。在划分西部地区产业结构优化升级的区域时,很大程度上以大山、高原等自然地理界线为边际,不同区域的自然环境特征有明显差异,同一区域内自然环境和生态系统具有相对一致性。这样,有利于认识不同区域人与自然和谐的途径和方式。

2. 生态环境问题与资源开发方向原则

水资源匮乏、土地荒漠化加剧、草地退化率高、森林覆盖率低、环境污染严重、野生动植物数量锐减等是西部地区资源和生态环境存在的主要问题,已成为制约西部经济发展的严重障碍。同时,主要生态问题的形成除了与自然条件有关外,还与人对自然资源的开发过程密切相关。所以,在划分西部产业结构优化升级区域时,要充分考虑已有生态问题和主要自然资源分布的差异性和一致性。相同区域存在的主要生态环境问题及其对人类的影响和解决对策相对一致,资源开发方向、方式和科技需求也相对一致,而不同区域则差异明显。

3. 经济基础和经济发展内部关联性原则

由于历史原因,西部地区内部在人口密度、劳动力资源、文化教育程度、产业结构、生产协作、交通运输和通信条件等方面存在着很大差异。这种差异决定着不同地区工业化所处的阶段、水平,也决定着今后产业结构优化升级所具有的特殊性。所以,西部产业结构优化升级的区域划分,要考虑同一区域经济基础的相近性,或者尽管还有明显差异但在发展中具有的较强关联度和互动性。

4. 区位关联和共经济轴(带)原则

按照"点—轴系统"理论,在区域开发和社会经济发展过程中必然要逐步发展形成不同层次的重点开发轴或者带。它是沿基础设施通道建设的、具有较强经济实力且具有密切经济和社会联系、具有基本一致的对外经济合作方向、具有一两个能发挥组织功能的一级中心城市的综合地域社会经济体系。在西部产业结构优化升级的区域划分中,我们尽可能地把将来有条件处于同一重点开发轴、带的省、市、区的产业结构合理规划,凸显其地域优势。

(二)区域划分

根据产业结构优化升级区域划分的以上原则,我们将西部地区划分为两个层次的区域,一级层次包括三大区域;二级层次把三大区域进一步划分成9个区域。

1. 三大一级区域划分

一级层次的三大区域划分,主要考虑的是自然环境和生态系统特征的差异,而三大区内部人文、社会、经济差异仍然比较大,需在二级区域划分中进一步重点考虑。三大区域分别为:西南亚热带湿润山地丘陵地区、西北温带干旱半干旱高原盆地地区和青藏高原地区。

(1)西南亚热带湿润山地丘陵地区。西南山地丘陵地区指大巴山主脊以南、川西高原、横断山以东地区,包括重庆、云南、贵州、广西四省(市)区全部,四川大部分地区。

1) 自然环境。该区包括四川盆地、云贵高原、广西盆地和北部湾等一级地貌单元,属于亚热带湿润气候,是我国降水多、河流密、水量丰、水力大的地区,也是我国生物资源丰富、林区面积较大的地区。

2) 资源优势。该区生物资源非常丰富,物种数量位居全国之首。森林面积约4 162.03万公顷,占全国的26.2%,森林覆盖率30.3%,种类达1.5万种以上。蕴藏着极为丰富的水资源,水资源总量达8 254.35亿立方米,水力资源蕴藏量为30 064.35万千瓦,分别占全国的30.4%和44.5%(见表9-1)。矿产资源有130种(全世界140多种),钒、钛(攀枝花钒钛磁铁矿)、锡(个旧)居世界首位,锑、汞资源储量占全国的50%左右,铅锌矿储量大、分布集中,磷矿储量占全国一半以上。

表9-1 西南地区自然资源

地区	土地面积 平方公里	森林面积 万公顷	水资源总量 亿立方米	水力资源蕴藏量 万千瓦
重庆	82 403	177.9	545.85	1 388
四川	485 000	1 172.35	2 547.5	14 268.85
贵州	176 100	542.87	1 039	1 874.5
云南	394 000	1 287	2 222	10 400
广西	236 700	981.91	1 900	2 133
西南地区	1 374 203	4 162.03	8 254.35	30 064.35
西部	6 856 433	8 347.342	14 544.91	59 449.81
全国	9 600 000	15 894	27 115	67 600

3) 经济发展水平。2016年,该地区国内生产总值达到95 557.92亿元,占西部地区的62.4%;人均国内生产总值为40 174.2元,比西部地区平均水平低3 760.9元,占全国平均水平的74.4%。职工人均工资水平为62 815.6元,比西部平均水平高649元,比全国平均水平低4 753.4元。城镇居民人均可支配收入为28 270.58元,比西部平均水平低137.2元,农民人均纯收入为10 044.3元,比西部平均水平高172.44;比全国平均水平低2 319.1元(见表9-2)。[①]

---

① 《中国统计年鉴2017》,中国统计出版社,2017。

第九章 实施"翔式道路"（四）

表 9-2 西南地区经济社会发展指标

地区	人口 万人	国内生产总值 亿元	人均国内生产总值 元	职工人均 工资水平 元	城镇居民人均 可支配收入 元	农民人均纯收入 元
重庆	3 408	17 740.59	58 502	65 545	29 610	11 548.8
四川	8 262	32 934.54	40 003	63 926	28 335.3	11 203.1
贵州	3 555	11 776.73	33 246	66 279	26 472.6	8 090.3
云南	4 771	14 788.42	31 093	60 450	28 610.6	9 019.8
广西	4 838	18 317.64	38 027	57 878	28 324.4	10 359.5
西南地区	24 834	95 557.92	40 174.2	62 815.6	28 270.58	10 044.3
西部	36 850	153 104.27	43 935.1	62 166.6	28 407.78	9 871.86
全国	138 271	744 127.4	53 980	67 569	33 616.2	12 363.4

4）区位优势。出海条件优越，既有向东沿长江入海的方便通道，又有向南的出海口岸或经越南、缅甸等国的陆上口岸。西南地区毗邻越南、老挝、缅甸等东南亚国家，与其有着传统的经济文化联系。区内的蚕茧、丝绸、名酒、中药材，同东南亚国家的橡胶、玉石、石油、木材、椰油、贵金属等可进行余缺互补。这种经济互补性和地缘关系，构成了西南丘陵地区与周边国家开展经济技术交流合作的社会经济基础。

（2）西北温带干旱半干旱高原盆地地区。西北高原盆地地区指大巴山、阿尔金山、祁连山以北地区，包括陕西、宁夏、内蒙古、甘肃全部和新疆的绝大部分地区。

1）自然环境。该区包括塔里木盆地、准噶尔盆地、内蒙古高原、黄土高原中西部、天山山脉、秦巴山区和河西走廊。大多属于干旱、半干旱大陆性气候，降水稀少，分布着我国最大的两个沙漠，即塔克拉玛干和古尔班通古特沙漠。只有秦巴山区属于北亚热带湿润气候，降水较多。该区河流密度小，地表径流量小，生物具有湿润、半湿润和干旱、半干旱多种类型，草原面积较大，森林面积较小。

2）资源状况（见表 9-3）。该区水资源总量 2 069.16 亿立方米，分别只占西部和全国的 14.2% 和 7.6%，人均水资源总量 1 860 立方米，占西部的 46.9%；水力资源蕴藏量为 7 220.46 万千瓦，占西部总量的 12.1%。森林面积 3 377.16 万公顷，森林覆盖率只有 9.5%；草原面积 18 040 万公顷，占全国总面积的 45%。矿产资源以有色金属、盐和部分非金属资源最为突出，其中陕西 137 种，新疆 122 种，甘肃 158 种，内蒙古 128 种。在已探明储量中，陆上石油和陆上天然气分别占全国的 22.7% 和 58.5%；煤炭储量占全国的 30.5%，预测储量占全国的 51.8%。风能、太阳能资源十分丰富，其中，新疆年风能力理论蕴藏量在 3

万亿千瓦·时左右,目前全疆风力发电总装机容量已达 6.77 万千瓦。

表 9-3 西北地区自然资源

地区	土地面积 平方公里	森林面积 万公顷	水资源总量 亿立方米	水力资源蕴藏量 万千瓦
陕西	205 800	636.81	221.73	1 438.46
甘肃	454 430	449.9	305.69	1 724
宁夏	51 800	12.16	8.89	205.4
新疆	1 664 900	411.59	1 024	3 355
内蒙古	1 183 000	1 866.7	508.85	497.6
西北地区	3 559 930	3 377.16	2 069.16	7 220.46
西部	6 856 433	8 347.342	14 544.91	59 449.81
全国	9 600 000	15 894	27 115	67 600

3)经济实力。2016 年,该地区国内生产总值为 57 546.35 亿元,占西部地区的 37.6%;人均国内生产总值为 47 696 元,比西部地区平均水平高 3 760.9 元,但仍比全国水平低 6 284 元。职工人均工资水平为 61 517.6 元,均低于西部和全国平均水平。城镇居民人均可支配收入 28 544.98 元,比西部平均水平高 137.2 元;农民人均纯收入 9 699.42 元,比西部平均水平低 172.44 元,但仍远低于全国水平(见表 9-4)。①

表 9-4 西北地区经济社会发展指标

地区	人口 万人	国内生产总值 亿元	人均国内生产总值 元	职工人均 工资水平 元	城镇居民人均 可支配收入 元	农民人均纯收入 元
陕西	3 813	19 399.59	51 015	59 637	28 440.1	9 396.4
甘肃	2 610	7 200.37	27 643	57 575	25 693.5	7 456.9
宁夏	675	3 168.59	47 194	65 570	27 153	9 851.6
新疆	2 398	9 649.7	40 564	63 739	28 463.4	10 183.2
内蒙古	2 520	18 128.1	72 064	61 067	32 974.9	11 609
西北地区	12 016	57 546.35	47 696	61 517.6	28 544.98	9 699.42
西部	36 850	153 104.27	43 935.1	62 166.6	28 407.78	9 871.86
全国	138 271	744 127.4	53 980	67 569	33 616.2	12 363.4

4)区位优势。该地区与中亚、西亚、独联体和蒙古等国家毗邻,处于我国向西北开放的前沿,亚欧第二大陆桥横贯全区。与相邻国家具有在经济结构上的互补性和宗教、民俗等方面的相似性,为扩大向西开放,开拓中、西亚市场,开展

---

① 《中国统计年鉴 2017》,中国统计出版社,2017。

多种形式的经济技术合作创造了条件。

(3)青藏高原地区。青藏高原地区指昆仑山、阿尔金山、祁连山以南,喜马拉雅山以北,横断山以西,含川西高原在内的所有地区,包括西藏、青海两省区的全部和四川、新疆两省区的一部分,东西长约 3 000 千米,南北宽约 1 500 千米,面积约 230 万平方公里,约占全国面积的 1/4。

青藏高原平均海拔在 4 000 米以上,具有独特的生态环境和特殊的地壳结构,对我国乃至全球气候、大气环流、地球内部压力变化等都产生了很大影响。青藏高原属于大陆性干旱、半干旱气候,湖泊星罗棋布,高山终年积雪,冰川分布广泛,冰雪融水往往成为亚洲许多大河的发源地。特殊的地理、地质、地貌、气象条件,形成了高原特有的生物种群,但森林覆盖率仅有 4.2%。该区风能、太阳能、地热能、水能资源极为丰富,是我国新能源、可再生能源的富集区。水资源总量为 4 221.4 亿立方米,水力资源蕴藏量为 22 165 万千瓦,分别占全国的 30.4% 和 32.8%。矿产资源主要有石油、天然气、钾盐等。该地区经济社会发展比较落后,工业经济基础薄弱,生态环境建设难度大。2016 年,全区国内生产总值为 3 723.9 亿元,仅占全国的 0.5%(见表 9-5)。①

表 9-5 青藏高原地区基本情况表

地区	土地面积 平方公里	人口 万人	森林面积 万公顷	水资源总量 亿立方米	水力资源蕴藏量 万千瓦
西藏	1 200 000	289	764	3 590	20 000
青海	722 300	543	44.152	631.4	2 165
青藏高原区	1 922 300	832	808.152	4 221.4	22 165
西部	6 856 433	36 850	8 347.342	14 544.91	59 449.81
全国	9 600 000	138 271	15 894	27 115	67 600

地区	国内生产总值 亿元	人均国内生产总值 元	职工人均工资水平 元	城镇居民人均可支配收入 元	农民人均纯收入 元
西藏	1 151.41	35 184	103 232	27 802.4	9 093.8
青海	2 572.49	43 531	66 589	26 757.4	8 664.4
青藏高原区	3 723.9	78 715	169 821	54 559.8	17 758.2
西部	153 104.27	87 870.2	124 333.2	56 815.56	19 743.72
全国	744 127.4	53 980	67 569	33 616.2	12 363.4

① 根据《中国统计年鉴 2017》计算所得。

在以上三大区域划分的基础上,一方面考虑自然生态环境差异,同时重点考虑产业发展重点、人文社会状况,进一步把三大区域划分为九大二级区域。

2. 西南山地丘陵地区三大二级区域划分

西南山地丘陵地区划分为三个二级区域,主要是四川盆地农耕与工业资源开发地区,云贵高原生态保护和矿产、生物资源开发利用区,广西盆地与北部湾陆上和海洋资源开发利用地区。

(1)四川盆地农耕与工业资源开发地区。该地区包括四川省绝大部分和重庆市,位于大巴山主脊以南、川西高原以东、云贵高原以北地区,属于亚热带湿润气候。

四川盆地农耕历史悠久,自古有"天府之国"之称,更有都江堰成为人类历史上农灌工程之典范。四川盆地一直是我国重要的商品粮和副食品基地,粮食产量占全国的9.2%,油菜籽、桐油产量居全国第一,生猪存栏和出栏头数分别占全国的15.3%和14%。以此为基地的食品加工业具有较好基础。四川盆地周围山地和盆地中低山丘陵林草面积较大,宜于植物生长,林特药材生产条件较好,共有植物4 000多种,其中药用植物2 000多种,成为我国重要的柑橘、茶叶、蔬菜和中药材产地。

四川盆地矿产资源丰富,锶、汞、硫、磷、岩盐、铁矿、天然气等矿产种类齐全,区域特色明显,资源储量大,化工、钢铁工业在全国占有重要地位。以攀枝花为中心的川西南地区,黑色、有色金属和稀土资源优势突出,其它矿产也很丰富,组合配套好,是我国重要的冶金基地之一。四川盆地水及水能资源丰富,区内河流众多,主要有长江及其岷江、嘉陵江、涪江等支流水系,大多河流水量大、水力丰,既是水电发展重点地区,也是长江重要水源保护地。四川盆地无论是自然景观还是人文景观都是全国最丰富的地区之一,旅游业成为重要支柱产业。

四川盆地是我国"三线"建设时期形成的全国重要的国防科技工业基地之一,拥有一大批骨干企业和知名品牌,通过军转民发展,目前已经成为西部地区重要的机械装备生产基地。该区以成都和重庆为主,是我国西南地区科研、教育力量最集中最雄厚的地区,也是我国重要的科研和教育基地,共有高等学校64所,科研机构上千家,科技人才150万以上。

四川盆地人口众多,是西部地区人口稠密地区之一。到2016年底,人口8 262万人,占西部地区的22.4%,人口密度达到170人/平方千米,特别是成渝地区高达305人/平方千米,是全国平均水平的3倍多,是西部平均水平的7倍。该区经济社会发展处于西部领先水平,2016年国内生产总值为32 934.54亿元,占西部地区的21.5%;人均国内生产总值为40 003元,比西部平均水平低3 932.1元;职工人均工资63 926元,农民人均纯收入11 203.1元,均高于西部平均水平。城镇居民人均可支配收入28 335.3元,比西部平均水平低72.48元。

四川盆地地区在"翔式道路"过程中主要存在五大突出问题需要克服:一是盆地内部人口、农耕及城镇发展对土地利用及土地生态平衡带来严重压力;二是作为长江上游水源和生态保障地区,植被破坏、水土流失、水源涵养能力下降问题严重;三是矿产、生物及水资源开发中,资源保护及其生态协调问题不可忽视;四是发挥科教、机械装备优势,带动西部特别是西南地区社会经济发展和转变经济增长方式的作用发挥不够;五是以大中城市为中心辐射带动农林发展、促进城镇化不够,城乡居民特别是农民收入水平低的问题明显,职工人均工资水平和农民人均纯收入分别比全国低3 643元和1 160.3元。

(2)云贵高原生态保护和矿产、生物资源开发利用区。云贵高原生态保护和矿产、生物资源开发利用区主要横跨云南、贵州两省及四川省西南地区,主要属于云贵高原地区和中亚热带、南亚热带湿润季风气候。

该地区水力资源、矿产资源和生物资源丰富。水力资源蕴藏量15 657万千瓦,占全国的23.2%。煤炭保有储量739亿吨,占全国总量的7.4%。水、煤兼备的能源资源格局,使该地区成为我国南方适宜的能源供应基地。矿产资源丰富,其中汞、锡、磷、化肥用硅石、铅、锌、铝土等在全国占有重要地位,开采价值大,主要矿种相对集中,易于开采,伴生矿多,综合利用价值高。个旧锡矿驰名世界,产量居全国首位,享有"锡都"称誉;东川、易门、永胜为主要铜产地;兰坪铅锌矿储量大而集中,品位高而易开采,冶炼规模也较大。由于地理位置和地形的作用,区内热带、亚热带、温带、寒温带等植物类型都有分布,生物资源种类在全国属最多的地区之一。该区素有"植物王国""动物王国"之称,其中药用植物、香料植物、观赏植物等种类繁多,可开发利用价值大。该区由于特殊的自然地理环境和多民族聚居,形成了神奇的自然生态旅游资源和丰富多彩的民族文化旅游资源,已成为我国以自然风光为主的旅游热点地区,在世界上也有很大影响。

该区以油菜、烟草、甘蔗、茶叶等为主的经济作物在全国占有重要地位,是全国香蕉、柑橘、荔枝等中亚热带、南亚热带水果生产基地。以此为基础,卷烟、酿酒、制糖、水果罐头等食品工业在产业发展中占有重要地位。贵州聚集了一些国防科技工业,军民融合发展形成磨料磨具、高低压电器、仪器仪表、轴承和汽车及零部件等生产。

云贵高原地区经济社会发展在西部地区处于较低水平。2016年国内生产总值为26 565.15亿元,占西部地区的17.4%;人均国内生产总值32 169.5元,比西部地区平均水平低11 765.6元,仅占全国平均水平的59.6%;三次产业结构为18.6∶41.8∶39.6。职工人均工资为63 364.5元,比西部平均水平高1 197.9元;城镇居民人均可支配收入27 541.6元,农民人均纯收入8 555.05元,

翔式道路

均低于西部平均水平。城镇化水平为25.2%,比全国水平低14个百分点。文盲、半文盲人口占15岁及以上人口比重为21.1%,高出全国10个百分点。

该区在"翔式道路"过程中要解决的突出问题:一是岩溶地区水土流失、岩溶塌陷、水源利用和上部岩层干燥缺水对生产、生活和生态环境的影响严重,作为长江上游、珠江上游生态、水源保护区环境恶化趋势明显;二是矿产资源综合利用和生物资源开发及其多样化保护问题突出;三是广大山区和少数民族地区教育落后和贫困化问题突出;四是产业结构和技术升级、资源型产业产品链构建任务艰巨。

(3)广西盆地与北部湾陆上和海洋资源开发利用地区。该地区包括广西壮族自治区全部和北部湾,属亚热带湿润季风气候,地形以山地丘陵为主,沿海岛屿、港湾众多。

该区陆上矿产资源种类多,但大规模集聚矿产少。其中,有色金属锡、锰储量居全国第一位,银、铝土矿、钽、钨、锌和钛等储量分别居全国前二至七位。海滨矿产资源有石英砂、钛铁矿、石油、天然气等,其中已发现的石油天然气资源储存证实了北部湾海底是一个大型油气盆地,具有较高开发价值。同时,海上水能和风能在局部地区具有开发价值,广西沿岸有18处港湾具有装机容量500千瓦以上的潮汐能资源潜力;潮流能资源1.2万千瓦,海流能0.2万千瓦,波浪能52万千瓦;沿海年有效风能为每平方米2 500~3 000千瓦·时。区内河流稠密,水资源比较丰富,主要河流具有水流急、落差大、河岸高、多弯曲、多峡谷险滩、含沙量少等特点,水力资源蕴藏量达到2 133万千瓦。本区也是我国生物资源种类最多的省区之一,森林面积982万公顷,名贵树种多,动物种类多。北部湾是我国热带海洋生物资源的宝库,渔业资源量约为75万吨。该地区岩溶地貌发育完备,山水独特、风光绮丽,孕育了极其丰富的喀斯特地貌旅游资源。

该区背靠大西南,面向东南亚,地理位置十分优越。南(宁)北(海)钦(州)防(城)城市群经济分布集中,基础设施较为完善,是西南地区对外开放的门户,早在1992年党中央就确定了广西作为西南地区出海通道的地位,目前已基本形成以铁路干线和国道主干线为主连接西南地区各地的交通网络。

2016年,该区国内生产总值18 317.64亿元,人均国内生产总值38 027元,比西部地区平均水平低5 908.1元;三次产业结构为2.4∶37.1∶40.5。城镇居民人均可支配收入28 324.4元,比西部平均水平低83.38元;农村居民人均纯收入10 359.5元,比西部平均水平低487.64元。

该区在"翔式道路"过程中要解决的主要问题:一是自然风景、生物多样性和水源涵养功能保护面临危机;二是海洋资源和西南出海通道优势没有充分发挥;三是工业化、城市化水平低,人口受教育水平低。

3. 西北高原盆地地区四大二级区域划分

西北高原盆地地区分为四个二级区域,即秦巴山区生物多样化保护与生物资源开发利用区,陕甘宁黄土高原水土保持和能源开发利用地区,新甘蒙西北风沙治理与干旱区生物、能源资源开发利用地区,内蒙东中部草原生态保护利用地区。

(1)秦巴山区生物多样化保护与生物资源开发利用区。秦巴山区属于西南山地丘陵地区和西北高原盆地地区的过渡区,北起秦岭北麓及伏牛山山脊,南抵大巴山脉分水岭和神农架南坡,包括陕西安康、商洛、汉中,四川广元和绵阳北部,甘肃陇南等地区,地形上包括秦岭、巴山和汉水盆地三大地貌单元,属于北亚热带湿润气候。

秦岭是长江、黄河的分水岭,山势北陡南缓,群山毗连,峰峦重叠,河流源远流长,森林茂密;巴山虽不及秦岭高峻,但也是危峰如林,千崖万壑,森林茂密,道路崎岖险阻。秦巴山区有众多的小盆地和山间谷地,其中以汉中盆地、西乡盆地、安康盆地、汉阴盆地、商丹盆地和洛南盆地最为著名,是陕南地区的主要农耕区,以粮食、生猪、油菜生产为主。

秦巴山区是我国南北方自然地理分界线,我国青藏高原以东地区最大山地区,加之受地形垂直变化影响,生物资源具有南北荟萃、东西集聚的特点,生物资源丰富且种类复杂多样,被称为中华生物基因宝库。该区森林面积达4 900多万亩,中低山草地面积2 520多万亩,中药资源种类达1 500种以上,自古有"中华药库"之称,同时也是我国历史悠久的北亚热带茶、果和经济林生产地区。秦巴山区降水量大,水资源极为丰富,河川年平均径流量334亿立方米,占陕西全部水资源总量的73.5%,其中,汉江流域水力资源蕴藏量达351万千瓦。秦巴山区是长江上游重要生态保障地区,是南水北调中线工程水源地,是我国青藏高原以东唯一没有受破坏的优质水源地。秦巴山区的矿产资源也较为丰富,是我国重要的有色金属、贵重金属矿藏区,金、银、铜、铁、硫、汞、锑、铅、锌等矿产蕴藏量在全国占有重要地位。

秦巴山区经济基础薄弱,人民生活水平较差。2016年,全区国内生产总值为2 691.48亿元,人均国内生产总值为3 176.1元,只占西部平均水平的7.2%。

该区在"翔式道路"过程中要解决的主要问题:一是生物多样性保护和优质水源保护、生态环境质量保持任务艰巨;二是处理好生物资源、矿产资源开发与环境关系的基础上,构建生态型产业体系,取得带动脱贫致富和人的发展的成效困难大;三是充分发挥连接关中、成渝、南贵昆地区以及西北、西南地区的纽带和桥梁作用有待加强。

翔式道路

(2) 陕甘宁黄土高原水土保持和能源开发利用地区。陕甘宁黄土高原地区指秦岭以北,西倾山、贺兰山以东,阴山以南,东至黄河的广大地区,占据陕、甘、宁三省区的绝大部分,主要位于黄土高原上,属于半湿润半干旱气候。

能源资源丰富是该区最突出的优势和特征。煤炭不仅储量丰富,而且煤质优、埋藏浅、开采条件好,主要分布在陕西的陕北、渭北地区,甘肃东部的华亭、中部的靖远和窑街,宁夏的贺兰山、宁东、香山和固原地区。陕甘宁盆地天然气田属于世界级整装天然气田,已探明储量约5 800亿立方米,石油探明储量达11亿吨。同时,包括铅、锌、铜、钨、锑、金、银等的贵重稀有金属矿产和石灰岩、石英砂岩、石膏等非金属矿产也很丰富。

该区含有关中平原、宁夏平原和兰州三个社会经济资源集中分布地区。其中关中平原科技教育比较发达,是五十年代和"三线"建设时期建设的我国西部重要的老工业基地之一,国防科技工业以及飞机、汽车、机床、电力设备、工程机械等装备制造业在全国占有重要地位,有国家级关中高新技术产业开发带和国家级关中星火产业带。

陕甘宁地区产业发展具有较好基础,但受自然环境影响,经济分布"密集"和"稀疏"差异较大,大部分地区生产、生活条件依然很差。到2016年,全区人口5 126.82万人,占西部总人口19.26%;国内生产总值为29 768.55亿元,人均国内生产总值为41 950.67元,比西部平均水平低1 984.43元;三次产业结构为14∶45∶41;农民人均纯收入为8 901.63元,低于西部平均水平,仅是全国的71.99%。

该区在"翔式道路"过程中要克服的突出问题:一是黄土高原水土流失严重,生态环境脆弱,是黄河泥沙的主要来源地,加强生态环境建设、恢复生态平衡任务十分艰巨;二是水资源短缺是该区社会经济发展和人民生活的最大制约因素,加强水源涵养、水资源保护、合理开发利用和节约水资源是亟待研究解决的重大战略性问题;三是如何加强以能源为主的矿产资源的合理开发、综合利用和保护,提高深加工水平,构建高效益、可持续能力强的资源型产业体系,发挥全国后备战略能源基地作用任务艰巨;四是以农耕发展和工业化带动大片地区脱贫,改善居民生活条件任务艰巨。

(3) 新甘蒙西北风沙治理与干旱区生物、能源资源开发利用地区。新甘蒙区指祁连山、阿尔金山以北,贺兰山以西,包括河套平原、天山山脉、塔里木盆地和准噶尔盆地的广大地区,行政区划上包括新疆、甘肃河西走廊和内蒙古西部。该地区以沙漠、戈壁为主,属于大陆性干旱、半干旱气候。

新甘蒙地区矿产以能源资源丰富为其突出特点。石油资源预测储量300亿吨以上,占全国陆上储量总量的35%;天然气资源预测储量11万立方米以上,占全国陆上总量的 34%，主要分布于塔里木盆地和准噶尔盆地。煤炭探明储量为 350 亿吨以上，居全国第五位。风能、太阳能资源十分丰富，年风能理论蕴藏量在 3 万亿千瓦·时左右。金属矿产主要有金、铜、镍、钴、铍、铬、钒、钨、铁等，河西走廊及其西侧山地是金属矿产重要分布地区，拥有储量占世界第三位的金川超大型铜镍矿床，是全国最主要的镍钴原料供应基地，铁、铬、钒、钨、铍矿开采价值也较大。塔里木盆地、准噶尔盆地、吐鲁番盆地非金属矿产种类较多，其中云母、长石、陶土、蛇纹岩、钠硝石、膨润土、蛭石居全国首位，石盐探明储量居全国第九位，钠硝石探明储量居全国第一位，菱镁矿 D 级以上储量居全国第四位。

该区牧草资源十分丰富，草场以新疆为主，总面积达到 5 160.24 万公顷，其中天然草地约 5 139.25 万公顷，改良草地和人工草地约 20.99 万公顷，山区草地面积占 58%，可利用草地面积居全国第三位，草场质量较好，中等以上草地面积约占全部草地面积 65%，优良草地占可利用草地的 38.4%。该区日温差大、光照强、降水少，适宜瓜果和棉花生产，西瓜、葡萄、西红柿、长绒棉等成为该区特产。

新甘蒙地区地广人稀，人口分布地域差异较大，陇海—兰新线沿线分布较集中，全区平均人口密度仅为 11 人/平方公里，只是西部平均水平的 20%。2016 年，全区国内生产总值为 34 978.17 亿元，人均国内生产总值达到 46 757 元，是西部平均水平的 1.06 倍，三次产业结构为 20∶42∶38；农民人均纯收入为 9 749.7 元，高于西部和全国平均水平。

新甘蒙地区区位特点明显。亚欧大陆桥陇海—兰新线从该区经过，是西北地区以至全国与中亚、东欧等地区联系的重要口岸。兰新线和吐鲁番—喀什线将河西走廊、塔里木盆地、吐鲁番盆地和准噶尔盆地几大区域相连，已基本形成该区连接西北及全国的交通网络。

该区在"翔式道路"过程中要克服的突出问题：一是荒漠化、干旱缺水、草场退化成为该区生态环境保护建设要解决的严峻问题；二是如何协调能源、矿产资源开发与生态脆弱的矛盾，如何保护和合理开发利用常规能源，以及如何有效开发利用风能、太阳能任务艰巨；三是建设西北地区对外开放口岸和支撑亚欧大陆桥畅通运行的作用没有充分发挥。

(4) 内蒙东中部草原生态保护利用地区。该区以高原为主体，含有大兴安岭山地、阴山山地和内蒙河套平原，属中温带半干旱大陆季风性气候。

该区有牧草、能源和森林三大突出优势资源。区内草场面积居全国五大牧场之首，占全国可利用草场面积 1/5 以上。呼伦贝尔、锡林郭勒、科尔沁、乌兰察布和乌拉特是全国著名草原，孕育了著名的三河牛、三河马、草原红牛、乌珠穆沁肥尾羊、敖汉细毛羊、内蒙古细毛羊、阿尔巴斯白山羊等优良品种。该区处于我国北方露天煤炭矿群的集中地带,现已查明含煤面积达10多万平方公里,累计探明储量2 400亿吨,占全国探明储量的25％以上,居全国第二位,潜在价值为11.2万亿元,主要集中在依克昭盟、锡林郭勒盟、呼伦贝尔盟、赤峰市和哲里木盟等地区。还有稀土、锌、玛瑙、铸型砂、铁钒土、铌、天然碱等62种矿产储量居全国前十位。其中,该区稀土资源储量大、品质高,工业储量分别约占全国和世界的97％和70％;铌、天然碱储量居全国之首。另外,区内森林面积居全国之首,以内蒙古东部被誉为"祖国绿色宝库"的大兴安岭为主的森林面积达1 407万公顷,占全国森林面积的1/9,林木蓄积量11.2亿立方米,占全国总蓄积量的12％,拥有兴安落叶松、红松、樟松、油松、白桦、水曲柳等优良用材品种,是国家重要的林业生产基地。依托资源优势,区内已形成以农畜产品加工业、能源工业、冶金工业和化学工业等为主的工业体系。

该区工业化水平低,生产生活条件相对较差。2016年,全区国内生产总值为18 128.10亿元,人均国内生产总值达到72 064元,比全国平均水平高18 084元;三次产业结构为15.1∶45.5∶39.4;职工人均工资水平61 067元;城镇居民人均可支配收入为32 974.9元,比西部平均水平高4 567.12元,比全国平均水平低641.3元。

该区在"翔式道路"过程中要解决的突出问题是:一是荒漠化、草场退化和大兴安岭林区生物资源保护开发问题突出;二是矿产和能源资源不合理开发利用问题突出,能源化工生产对环境压力大;三是人畜牧草用水不足限制很大;四是牧区居民生产生活方式改善任务艰巨。

4.青藏高原地区两大二级区域划分

青藏高原地区分为两个二级区域,即西藏高寒生态与资源保护利用地区,青海高寒生态保护与生物、矿产资源开发利用地区。

(1)西藏高寒生态与资源保护利用地区。

该区地处有"世界屋脊"之称的青藏高原上,气候多样,西北部严寒干燥,东南部温和湿润。

该区生物资源丰富多样,是全国五大牧区和五大林区之一。全区有草场面积12.4亿亩,其中可利用草场8亿亩,各类牲畜存栏2 300万头(只),年产羊毛9 000吨、牛羊绒1 400吨、牛羊皮400万张。有林地面积764万公顷,活立木蓄积量20.54亿立方米,居全国各省区第二位。高等植物有4 000多种,中药材药用植物有500种,藏药材药用植物有1 100多种。野生动物种类占全国野生动物种类的22.7％,其中珍稀动物约占全国的40％。

西藏矿产和能源资源十分丰富。矿产资源已探明储量的有30多种,有一定工业含量的有20多种,锂、硼、铬、铜等矿含量在全国占有重要位置,其中锂储量

第九章 实施"翔式道路"(四)

占世界总量的一半。河流、湖泊众多,水量充沛,江河落差大,水力丰,全区河流径流总量约为3 590亿立方米,居全国各省区第二位;天然水能理论蕴藏量达2亿多千瓦,超过长江三峡的水能蕴藏量。地热蕴藏量居全国首位,地热显示点有600多处,著名的羊八井全年释放的热能相当于470万吨标准煤,估计热能发电潜力达15万千瓦。太阳能资源十分丰富,大部分地区年日照时间达3 100~3 400小时,平均每天9小时左右。风能资源丰富,推测年风能储量930亿千瓦·时。

西藏是我国少数民族地区,尽管建国后在全国各地支援下发生了翻天覆地的变化,但仍相当落后。该区地广人稀,经济总量很小,第二产业发展严重滞后,人民生活水平较低。全区平均每平方公里仅有2人,2016年国内生产总值为1 151.41亿元,仅占西部地区的0.75%,三次产业结构为19.1∶25.3∶55.6;农村居民人均收入为9 093.8元,比西部平均水平低10 649.9元。

该区在"翔式道路"过程中要解决的最主要问题:①高寒生态、生物资源和水源保护任务艰巨;②如何在恶劣自然环境条件下开发人力资源、改善居民生活、促进社会文明进步;③如何有效开发水力、风、地热和太阳能。

(2)青海高寒生态保护与生物、矿产资源开发利用地区。该区地处青藏高原东北部,为长江、黄河、澜沧江的发源地,有"江河源头"之称。该区属大陆性干旱、半干旱高原气候,东南部地区雨水较多,西部地区少雨干燥。

该区具有能源、湖盐和牧草三大资源优势。水能理论蕴藏量为2 337万千瓦,在国内居第五位,其中理论蕴藏量在1万千瓦以上的河流有108条;可开发的大中型水电资源装机为2 099万千瓦,年发电量为823亿千瓦·时。柴达木盆地埋藏有丰富的石油天然气资源,盆地内冷湖油田、花土沟油田等属国内大油田之列;天然气主要分布于盆地中西部,马海、涩北二号、台吉乃尔湖南、驼峰山、盐湖等几个气田的地质储量400多亿立方米。湖盐资源储量十分巨大,钠盐保有储量3 263亿吨,占全国保有储量的80%;钾盐4.43亿吨,占全国保有储量的97%;镁盐48.11亿吨,占全国保有储量的99%。风能、太阳能资源丰富,年风能资源理论值约合7 854万吨标准煤,年接受的太阳能约合1 623亿吨标准煤,分别相当于1 745亿千瓦·时和360万亿千瓦·时电量。青海天然草场辽阔,具有面积大、类型多、草质好的特点,草场面积达4 039.6万公顷,其中可利用的草场面积3 161万公顷。

青海地区与西藏同属西部经济发展落后地区,表现出人口密度小、经济基础弱、生活条件差的经济社会发展特点。2016年,全区总人口543万,人口密度仅7人/平方公里;国内生产总值为2 572.49亿元,占西部地区的1.7%,三次产业结构为12∶48.7∶39.3;城镇居民人均可支配收入和农民人均纯收入分别

26 757.4元和8 664.4元,均低于西部平均水平。

该区在"翔式道路"过程中要解决的突出问题:一是如何保护生态环境、涵养水源、制止高原荒漠化;二是如何发挥能源、湖盐和牧草资源优势,促进经济发展,参与全国地域专业化分工;三是如何通过全国支持和产业发展改善居民生活条件。

二、推进模式

(一)四川盆地农耕与工业资源开发地区

1. "翔式道路"的总体模式

该区应充分发挥国防科技经济在科学技术、人力资源、科技创新体制方面的优势,围绕农耕生态和流域综合生态保护,加强产业经济发展方式改造和生态环境工程建设,促进人与自然和谐发展;围绕增强成渝地区对西南及西部地区的辐射带动作用和发挥丰富劳动力资源优势,发展科技、教育、金融服务业,建设机械设备制造基地和以粮食、生猪、茶叶、林果、中药及其加工生产为主的食品、医药基地。

2. 加强以农耕生态和流域综合生态保护为重点的生态环境建设

把生态建设和农业基地建设、农业产业化发展紧密结合起来,提高经济、环境、社会综合效益,在保障生态建设的基础上,发展粮食、生猪、林果、中药、菜及其深加工生产。

(1)嘉陵江流域。以坡耕地治理为中心,退耕还林,绿化荒山,改良草坡,搞好庭院、埂坎生态经济林,发展保水、保土、保肥和无污染生态农业;加强水源涵养,建设水利水保工程,遏制水土流失,提高农耕综合生产能力和抗御洪涝灾害的能力,减少输入三峡库区的泥沙量,保持对长江的注水量。

(2)岷江流域。上游地区要加强天然林保护和珍稀濒危植物保护,绿化干旱河谷、荒山荒地和陡坡耕地,治理"三化"草地,提高林草覆盖率和水源涵养功能;在中下游地区加大山、水、田、林、路综合治理力度,建设生态农业。

(3)长江干流及三峡库区。以坡耕地治理为中心,实施山、水、田、林、路综合治理,退耕还林还草,加强微水工程、坡耕地改造,增强蓄水保土功能,减少水土流失。

(4)沱江流域。以坡耕地治理为中心,加大山、水、田、林、路综合治理力度,合理利用土地资源,全面绿化荒山荒坡,建设农区农田林网,恢复林草植被,提高涵水保土功能，保护土地生态和生产能力。

3.建立区域专业化产业集群

一是依托重庆、成（都）德（阳）绵（阳）科技、人才、产业优势，发展高新技术产业和机械装备制造生产业集群；二是依托川西南多金属矿产资源优势，发展攀枝花材料产业集群；三是以主要大中型中心城市基地联动广大农村的食品、医药产业集群。

4.强化关键技术支撑的科技攻关重点

重点围绕紫色土生态保护、中亚热带山区生态群落建设、多金属矿产综合开发利用、牧业良种繁育和中药、食品深加工工艺技术和现代制造等高新技术，加强科技攻关和产业化试验、推广应用。为此，在成都和重庆两中心城市，集中支持发展一批具有跨省域辐射功能的国家级重点实验室、工程研究中心和企业技术中心，继续采取类似于建设高校211工程的方式，加强一批高等院校科研教学实力，使重庆、成都成为西南地区高科技研发和高等教育基地。

(二)云贵高原生态保护和矿产、生物资源开发利用区

1."翔式道路"的总体模式

该区充分发挥国防科技工业精细化工和绿色环保技术等高精尖技术优势，开展清洁生产，以改革开放、科教兴国为动力，以生物多样化保护、地质灾害治理、水土保持为重点，加强生态环境建设。结合建立西南贸易口岸，加强交通通信建设，发展出口贸易和旅游业。适度开发稀有、有色矿产资源，发展精细材料生产。重点围绕建设西南"生物谷"加大产业改造力度，构建以绿色产业为主体的新型工业化产业体系，把云贵地区建设成为中外闻名的绿色产业基地、生物圈保护区、旅游区和国际化合作发展地区。

2.加强以土地石漠化治理、生物多样化保护和湿地保护为重点的生态环境建设

该区要围绕"生物谷"建设，积极实施生态恢复工程和濒危动植物抢救工程，加强生态环境多样性保护，促进各类群落发育，不断提高林草覆盖率，保持森林、草地生物量。在岩溶地形分布区，要以植树种草加强水源涵养和防止表土流失，以引导地表水流控制流水侵蚀和河谷干涸，遏制土地石漠化，加强生态治理。在主要河谷地区，要采取流域综合治理的方式，加强水资源和生物多样性保护，实施湿地生态恢复示范工程，加强湿地保护和湿地资源利用。

3.建设云贵"生物谷"，发展绿色产业

该区要依托丰富的生物资源优势，把生物资源保护和开发相结合，以油、辣椒、果、糖、畜牧、中药、烟、酒、花卉为重点发展方向，沿玉溪、昆明、曲靖、安顺、贵

阳、遵义等中心城市及周边地区,按照专业化、名品化、规模化的要求,加快专业化生产基地建设,加强以深加工转化为重点的产业化经营,提高产品高新技术含量,配套发展现代服务业,形成以生物资源开发及深加工转化为主的一体化绿色产业体系,建设我国西部地区重要的"生物谷"。围绕云贵高原自然风光、人文景观、民族风情三大特色旅游资源,根据市场需求加大旅游产品深度开发。

4. 把保护和开发相结合,发展能源、材料产业

发挥水能资源优势,优先开发水电,适度发展火电,建立中国南方电力基地。发挥铝土资源优势,建立贵昆铁路沿线铝土矿采、冶、铝材加工生产基地。利用云南西部水电、钒钛、稀土资源优势,逐步建成钒钛、稀土材料生产基地。发挥磷矿资源优势,加大现有磷肥企业改造力度,发展高浓度磷肥、磷复肥和其它磷化工产品,形成具有经济规模的基础肥料生产基地。

5. 强化关键技术支撑的科技攻关重点

根据该区产业结构优化升级要解决的突出问题,应在以下方面尽快形成科技支撑。一是加强岩溶地区水土保持、石漠化治理的生物、物理技术研发;二是加强中亚热带、南亚热带生物种群、森林群落、濒危动植物抢救研究;三是加强生物资源深加工与综合利用、伴生、共生多金属矿开发和综合利用及新材料科技研发;四是加强云贵地区与中南半岛联合开发和互补性发展研究。

(三)广西盆地与北部湾陆上和海洋资源开发利用地区

1. "翔式道路"的总体模式

该区要充分发挥国防科技经济高度信息化的优势,综合考虑海洋资源和陆地资源开发利用,统筹规划出海口建设和区内经济发展,依托精细化工和绿色环保技术,构建海洋、陆地产品开发、加工、运输的网络规划体系。发挥陆生海生生物资源、海洋水力和河流水力资源优势,重点发展绿色产业,积极发展海洋渔业和化工业;把海港建设、海运发展和内陆腹地综合运输体系发展建设相结合,积极发展跨区、跨境物流业,构建开放经济格局。

2. 加强以珠江上游生态综合治理、遏制石漠化、海洋生态保护为重点的生态环境建设

重点实施好天然林保护工程、珠江流域防护林工程、退耕还林工程、石山荒漠化治理工程、沿海及海洋生态环境治理工程、生态农业工程、自然保护区建设工程、城乡生产生活"三废"污染治理工程等八大生态工程,加大生态建设力度,从根本上扭转水土流失、土地石漠化、水源环境恶化、海洋生态恶化的状况。

3. 构建绿色产业体系

以亚热带水果、绿色蔬菜、蔗糖和中草药等的产业化经营为突破口,促进加

工生产,配套发展服务业,带动农村社会经济发展,加快工业化和城镇化步伐。突出发展环北部湾滨海跨国旅游区和大桂林旅游经济圈,大力开发"北—钦州—防城港—下龙湾(越南)"旅游路线,建成珠三角、穗、深、港、澳"后花园",发展国际化旅游经济。发挥陆上、海上能源资源优势,以水电为主,积极开发天然气、风能、潮汐能发电,发展清洁环保能源产业,建成珠三角经济圈能源动力基地。

4. 积极发展海洋和港口产业

充分利用北部湾海洋资源,重点发展海洋渔业、水产品加工业,把该区建设成为我国重要的海洋渔业及海产品加工供应基地。积极发展石油和天然气开采业、盐业及化工业,建成区内重要的海洋化工基地。以防城、北海、钦州三个港口为龙头,加快改善港口的基础设施和装卸服务质量,提高港口通关能力,强化其作为西南出海大通道、对外开放前沿阵地的作用。依托港口发展转口贸易运输业,以转口运输和衔接内外贸易的方式服务于区内以至于西南地区,形成融物流、造船、商贸、金融等共同发展的港口产业集群。

5. 加强关键技术科技攻关,强化科技支撑

①加强海洋资源开发技术和海洋清洁能源发电技术攻关;②加强海洋和海岸生态结构优化的技术开发;③加强出海口通道发展论证和战略规划研究;④加快区域规划网络技术的开发与升级。

(四)秦巴山区生物多样化保护与生物资源开发利用地区

1. "翔式道路"的总体模式

该区应充分利用国防科技经济的资金优势,在保护汉江流域生态和南水北调优质水源地的前提下,最大限度地投资于农民生活的改善,以加快脱贫致富为出发点,积极开发生物、水资源,加快发展农商一体化的药、水、游、茶、畜、果等产业,构建绿色产业体系。

2. 以生物资源和优质水源地保护为重点加强生态环境建设

在保护物种多样性和确保生物、生态安全的前提下,建立"以开发促保护、以保护保开发"的发展机制,增强生物资源开发和保护的能力。以大熊猫、朱鹮、金丝猴、羚牛等珍稀濒危动物和秦岭冷杉、太白红杉、独叶草、庙台槭等一大批珍稀濒危植物为重点,加强生物生态保护区建设。加强水源涵养和水环境、生态环境保护与建设,积极实施长江防护林建设工程、浅山丘陵退耕还林、草工程和流域综合治理工程,将秦巴山区建设成为阻止荒漠化和沙尘暴东移南下、酸雨区北上东进的"生态屏障"。

3. 构建绿色产业体系

依托优势生物资源,进一步发展特色种植业和养殖业,形成种植、加工、销售

一体化的产业化经营机制,加快发展以生态农业、药、畜、茶及其它林特为主的生物资源开发与深加工产业。利用地处南北交界的区位条件,依托亚热带、温带自然风光和历史文化资源,连接关中和成渝发展旅游产业。积极配合南水北调中线供水和关中调水,加强蓄调水工程建设,积极开发汉江梯级水电,发展水产业。

4.加强重大科技攻关的主要方向

一是加强秦巴生态、生物、水源涵养、区域调水生态问题等生态及环境科技攻关;二是加强生物资源良种繁育和有效开发利用生物工程技术攻关;三是加强无公害食品、药品和环保型施用肥、药、剂研发。

(五)陕甘宁黄土高原水土保持和能源开发利用地区

1. "翔式道路"的总体模式

充分利用绿色环保技术,开展清洁生产,提高资源能源的利用率,保护生态环境。加大水土保持和土地生态保护力度,有效解决缺水问题;根据生态环境承载力和水资源可供能力,确定资源开发规模和空间布局。按照生态农业和农工商一体化模式,积极发展果、畜、菜业;按照资源保护和开发并重的要求,构建能源及矿产深加工产业链条和循环经济体系,以高新技术为先导发展现代装备制造业,建设全国果畜生产加工基地、能源化工基地和装备制造基地;以西安为核心,建设西北地区科技、教育、金融、物流服务体系。

2. 加强以水土流失治理、水资源保护为重点的生态环境建设

加强渭河、洮河及黄河干流等流域综合治理,实施以淤地坝等为主的小流域治理工程;加强"三北"防护林建设,采取封山育林、封坡禁牧、退耕还林还草等措施,加快林草植被恢复;加强节水生产措施,加大水源污染治理力度,千方百计保障水资源供给;加强矿区渣石、荒坡、地层塌陷和土地损毁治理,最大限度地减少土地侵蚀、水土流失、风沙侵袭、水源破坏、生态失衡和环境恶化。

3. 建设生态农业体系

(1)要把农业发展和生态保护有机结合,围绕促进农业生态平衡、提高土地生产力、发展无公害农业和提高经济效益,加强农资、农技、农产品标准化建设,加强土地、草地、林果区生态保护。

(2)要积极发展集雨、节水、旱作农业。加强农村集雨工程建设,靠贮水水窖提高雨水蓄存;发展节水灌溉技术和旱作农业,通过工程、生物、农艺、化学和管理技术的集成,提高有限降水的利用率和农业节水水平。

(3)要积极调整农业结构,在稳定粮食生产的基础上,大力发展畜、果、菜等及其深加工产业,构建农工商产业体系,提高农业综合生产能力和经济效益,减少生产发展、农民增收对土地、环境的压力。

第九章 实施"翔式道路"(四)

4. 建设能源原材料产业体系

加快能源深加工转化,大力发展能源重化工业,形成陕北榆神煤油气－电力－化工、宁夏中部煤炭－电力－化工、甘肃兰州为中心石油冶炼－化工、渭北煤炭－电力－煤化工等能源化工产业集群。开发有色金属资源,发展金昌镍钴材料、白银有色金属和稀土生产、兰州铝冶炼加工、宝鸡钛材、陕西金堆城钼业等有色、稀有金属采冶及材料加工产业集群。依托西安、宝鸡、兰州、咸阳等大中城市,发挥高科技和装备制造产业资源优势,积极发展装备制造业,构建西部装备技术基地。

5. 建设西北地区科教、金融、信息、物流服务基地

依托关中地区众多的科研院所、高等院校、金融机构以及完善的信息和交通网络基础,加快体制和机制创新,加强资源整合,建设以西安为核心、辐射全区以至西北地区的科技、教育、金融、信息、物流服务基地。

6. 加强重大科技攻关的重点方向

一是围绕防风固沙、保持水土、涵养水源、工业节水,加强生物、生态与环境工程科技研发;二是结合能源、矿产资源保护、综合利用、深加工转化和农产品精细食品、药品、饲料生产,加大资源利用和加工生产工艺技术攻关;三是结合构建配套于资源深加工的循环经济体系和环境、水源污染治理,加强科技攻关;四是围绕科技研发平台建设和发展装备制造业,加强先进制造、微电子及通信技术、航空航天等科技研发。

(六)新甘蒙西北风沙治理与干旱区生物、能源资源开发利用地区

1. "翔式道路"的总体模式

该区要依托国防科技经济的环境治理技术,加强荒漠绿洲和山区生物保护、治理风沙,遏制荒漠化,保护脆弱的生态环境;依托精细化工技术,充分发挥该区的资源优势,发展石油天然气的开采、供应和加工产业;吸引国防科技经济投资半干旱光热资源开发,发展风能、太阳能等新能源产业和瓜果菜棉等特色农业生产;运用信息化技术加强与腹地之间的远程联络,提高运输、贸易连通能力,促进亚欧大陆桥贸易发展和经济带崛起。

2. 加强以绿洲生态、水源地、山地生物保护为重点的生态环境建设

按照"统一规划、统一治理、突出重点、逐步实施"的方针,坚持把水资源合理配置、环境整治和生态保护相结合,加大实施水源水利工程、林业生态工程、草地生态工程等生态保护工程的力度,遏制生态环境不断恶化的势头,保护绿洲、山地森林草场生产能力和人的栖息环境。充分依靠科技进步,利用国际、国内和区域间的技术合作与技术援助,积极采用旱作生物工程技术、生态农业技术、节水

灌溉技术、植树种草技术、天然植被封育技术等先进适用的科技,发展生态经济体系,增强可持续发展能力。

3. 发展区域专业化精准农牧业

发展以棉花种植、加工和运输、销售等为主的"白色"产业,建设成为全国最大的优质棉花生产基地,逐步向种植、棉纺、印染综合产业体系发展。发展以番茄、红花、枸杞、辣椒、大枣、石榴等农产品种植、加工、销售为主的"红色"产业,建设天山北麓等产业基地。合理利用开发天然草场资源,加快发展饲草种植和加工生产,促进具有优势的细毛羊、优质牛羊肉和乳畜等畜牧业和食品加工业发展。以哈密瓜、葡萄、石榴、番茄、马铃薯、啤酒大麦、中药材等农产品为重点,打造名特优质品牌,扩大生产和国内外贸易规模,形成国际化生产基地。

4. 建立全国战略性后备能源基地

按照"油气并举"的方针,加快勘探开发石油天然气资源,以扩大储量、增加产量、提高供应量,长远适度考虑深加工发展。要把该区风能、太阳能开发放在重要战略地位,加快建立技术先进、开发利用规模大、集约化水平领先的全国性风能、太阳能开发基地。

5. 加强口岸建设,支撑陆桥经济发展

加快兰新铁路扩能建设,尽快全线建设复线,提高陇海—兰新线通往中亚、欧洲的运输能力,积极促进航空运输发展,增强新疆口岸连接西北地区及华北腹地、发展对外贸易的通关能力,为构筑现代丝绸之路做出贡献。

6. 围绕产业优化升级加强科技攻关的重点方向

①加强荒漠治理、绿洲生态、干旱区生物群落及物种保护科技攻关;②加强干旱、半干旱农牧良种繁育和农牧产品加工工艺技术研发;③加强荒漠地区能源、矿产开发的生态保护措施研发;④加强口岸建设和口岸经济发展研究和规划。

(七)内蒙东中部草原生态保护利用地区

1. "翔式道路"的总体模式

该区要充分利用国防科技经济的资金优势,致力于投资草原生态建设、治理草原荒漠化、提高草场载畜能力、加强大兴安岭生物种群和山地生态环境保护,提高区域环境质量和对社会经济发展的承载能力;利用先进的管理理念,按照生态型牧业模式,发展乳、肉、毛畜业,建设我国最大的规模化、集约化、专业化畜牧业基地;以先进的科学技术开发鄂尔多斯盆地的煤炭资源,建立全国优质动力煤基地,实现区域经济的可持续发展。

2. 加强以草原生态保护、沙漠化治理、生物多样性保护为重点的生态环境建设

该区域生态环境建设要把生态建设与农牧业结构调整、增加农牧民收入、扶贫开发、生态移民等紧密结合起来,把水资源的开发利用放到生态建设的重要位置,重点抓"四大区域""八项工程"。四大区域是:黄河上中游水土流失和风沙盐碱治理区、京津周边内蒙古沙源治理区、大兴安岭天然林资源保护区、呼伦贝尔和锡林郭勒草原保护治理区。八项重点工程是:草原生态建设与保护、天然林资源保护、退耕还林还草、防沙治沙、"三北"防护林、绿色通道、水土保持和水源建设。

3. 构建规模化、集约化、专业化生态型畜牧业产业体系

积极发展商品化草产业,在草原承包到户的基础上,促进种草专业户、草籽繁育基地、打草贮草站和饲草料加工经营企业发展,构建生产、经营、加工的草产业链,实现草产品的商品化,为畜牧业发展奠定基础。以乳畜业为主体,同时促进肉畜、毛皮畜业发展,积极促进贸工牧一体化经营,建设规模化、集约化畜牧养殖基地,发展农畜产品加工产业,构建稳固的产品链条和产业体系,建设成为以现代乳畜业为主体的国际化畜业基地。

4. 建设全国优质煤炭生产供应基地

依托以鄂尔多斯盆地为主的优质煤炭资源,以科技为支撑,坚持高起点、高标准、高效率,加大煤炭资源的勘探力度,努力提高煤炭开发利用的技术装备水平;加快煤炭运输通道建设,完善交通运输网络,促进煤炭资源的外运,建设我国优质煤炭生产供应基地。

5. 按产业优化升级要求加强科技攻关

一是加强草原生态保护、草场沙化、草原载畜力监测、草场节水等科技攻关;二是加强优良草种畜种繁育、草病虫害、牲畜疾病监测及防治科技攻关;三是加强无公害优质乳肉食品和优质皮毛加工处理工艺技术开发。

(八)西藏高寒生态与资源保护利用地区

1. "翔式道路"的总体模式

该区应借助国防科技经济科技创新能力和雄厚的资金优势,开发高原生态恶化技术,加大对林草地和水源地的保护,加强生态环境建设;围绕生物资源和可再生能源资源的开发利用,构建以畜牧、藏医药、食品、高原旅游业和清洁能源生产为主体的新型绿色产业体系。

2. 加强以林草地保护、高原生态恶化治理和水源地保护为重点的生态环境建设

重点实施长江上游天然林资源保护工程、"一江两河"（雅鲁藏布江、拉萨河、年楚河）流域生态农业综合开发工程、城市及周边地区造林绿化工程、退耕还林（草）工程、种苗基地建设工程、"三废"污染治理工程等六大工程，抓好江河源头区、重要水源涵养区、自然动植物保护区、水土流失区和防风固沙区等生态功能保护区建设，遏制草地沙漠化、水土流失和环境污染。

3. 构建绿色产业体系

发挥该区藏医药资源优势，坚持藏医、藏药并举的方针，围绕藏药材资源的合理保护和科学利用，加强藏医药人才培养和龙头企业建设，培育名牌产品，形成以藏药种植和中成药生产为核心的精专生产基地。依托特色农牧资源和生物多样性优势，以牦牛、藏猪、高原食用菌、优质青稞、无公害蔬菜、水果、茶叶等高原特色农畜产品生产、保鲜、包装为主的绿色食品业。依托高原特色能源资源，加快水能、太阳能、地热能、风能等可再生能源的开发利用进程，建立我国重要的新型环保能源基地。

4. 加强科技攻关的重点方向

一是围绕草地沙漠化、水源地保护、防风固沙、污染治理，结合高原特殊生态环境特点，加强生态工程建设科技攻关研究；二是以藏药材人工繁育栽培、延长藏药产业链、提高藏医疗水平为主，结合藏医药理论研究，加快藏医药产品开发的关键技术研发；三是加强以高原特色农畜产品保鲜、保养分为主的绿色产品开发技术研究；四是加快高原地区太阳能、风能、地热能综合开发利用技术的研发步伐。

（九）青海高寒生态保护与生物、矿产资源开发利用地区

1. "翔式道路"的总体模式

该区要将国防科技经济的优势与高寒地区的特点相结合，开发高寒区生态保护、优质水源地保护技术，保护生态环境；投资开发高寒区生物和生态资源，发展绿色产业体系；围绕水电、石油天然气、盐湖化工和有色金属资源合理开发利用，建立能源、原材料生产产业体系。

2. 加强遏制高原生态荒漠化、优质水源地保护和矿工业污染治理为重点的生态环境建设

长江和黄河源头及上游地区，要以保持固体水库容量、加强地下水源涵养为重点，加强生物系统和生态保护，加强防护体系建设，加强自然生态和野生动植物保护区建设。草原区要加强草原基础设施配套建设和饲草料生产基地建设、

防风固沙林建设、人畜饮水工程建设，以灌溉、补播、施肥、灭除毒杂草、灭鼠、治虫等综合措施改良天然草场。"三北"风沙综合防治区要加强现有植被的保护与管理，建设骨干水利工程，推广节水灌溉技术，采取植物固沙、沙障固沙、引水拉沙，控制沙化面积。加强矿产资源开发中的生态环境保护，加强对不可再生资源的节制性开发和战略性保护，加强对可再生资源的培育和适度开发，提高区域环境保护能力和资源永续利用水平。积极筹建"南水北调"西线工程，坚持以工程调水和水源涵养相结合，千方百计增加黄河水量。

3. **发展高原特色绿色产业**

按照品牌化、区域化、市场化、精准化的要求，加快调整农业种植结构，改良畜禽品种，以春小麦、青稞、牦牛、生猪种养等高原生物资源开发为重点，适度发展深加工产业，建立以无公害农林牧产品种植为主，包括加工、贸易的农牧业产业体系。围绕中藏药资源合理开发，加强藏药资源的保护、种植、繁育及深加工转化，大力发展以藏药生产、销售为重点的医药产业体系。以草原观光、民族风情、宗教朝圣、高原戈壁荒漠和盐湖自然景观等高原特色为主题，重点开发河湟、青海湖、青南和格尔木西部旅游区。

4. **构建能源、原材料产业体系**

在继续开发水电的同时，加快太阳能、风能的有效利用，建成我国重要的可再生新型环保能源开发基地。适时适度推进柴达木盆地油气资源勘探开发，逐步扩大生产和供应能力，形成勘探开发并举、油气并举的开发、生产发展格局。依托盐湖资源优势，以氯化钾、钾肥为重点，适度扩大钠、镁、锂、锶、硼等资源的开发利用，建成全国重要的钾肥、金属锂、碳酸锶生产基地。

5. **加强科技攻关的重点方向**

①围绕生物多样性保护、高原生态荒漠化治理、南水北调西线工程生态问题加强科技攻关；②围绕优化农业种植结构、改良畜禽品种，加强农牧名、优、新品种培育及加工、保鲜，加强科技研发；③围绕能源、矿产资源保护、有效利用、合理开发，加强科技研发；④加强以藏药资源保护、中成药制作和多种药用元素开发为核心的科技攻关研究。

第十章
实施"翔式道路"（五）
——外部关联竞争与积极参与全球一体化竞争

实施"翔式道路"，必须重视外部关联竞争与积极参与全球一体化竞争问题，必须从根本上改变传统的经济发展方式，以长远眼光充分把握好国际和国内两个市场带来的机遇与挑战，以积极的态度参与竞争，不仅是外部关联竞争，更包括全球一体化竞争，使之处于一个开放的体系之中，以促进产业结构优化升级。

第十章 实施"翔式道路"(五)

一、外部关联竞争

西部地区实施"翔式道路"的产业结构优化升级战略,必须从根本上改变传统工业化道路自我封闭、自成体系、"大而全"、"小而全"的经济发展方式,把充分利用国际国内两个市场和两种资源作为推进产业结构优化升级的重要途径。

(一)"翔式道路"的推行对全国产业升级的积极意义和作用

1. 西部能源、原材料产品生产供应,影响着全国生产、消费的质量和环境效果

西部地区是我国能源、矿产、水、生物及气候资源的密集区,过去很大程度扮演着资源供给者的角色,特别是随着东部地区多数矿产资源逐渐枯竭,今后全国经济增长将很大程度上依赖西部供应能源、原材料等基础产品来支撑。所以,西部地区资源型产业给东中部地区提供的能源、原材料、半加工品的产品质量、精细程度、物质纯度,对全国产业体系的生产效率、经济效益、产品质量和环境质量有着直接的影响。同时,西部地区提供的直接用于生活消费的资源加工性食品、药品、日用金属非金属材料、天然气、油类等,直接影响着全国居民消费的质量,影响生活废弃物质的多少及对环境影响的程度。

2. 西部的资源利用方式对全国资源的可持续供给和储备具有长远战略意义

当前世界及我国都面临着资源合理开发、有效保护和可持续利用的问题。

由于全国主要资源产业集中在西部,那么全国资源型产业转变增长方式的任务就主要在西部,全国资源是否得到合理开发、有效保护和可持续利用,关键在西部。西部地区由于过去对自然资源开发缺乏科学管理与合理保护、利用,长期实行粗放式的高消耗、低效率的经济增长方式,资源浪费问题比较突出,矿产资源开发总回收率仅为30%,淡水资源的重复利用率仅为20%～30%,许多自然资源遭到不同程度的破坏和浪费,不仅直接影响西部地区的可持续发展,也影响到全国的可持续发展。加快西部资源开发方式的转变,切实建立起以高科技为支撑,既注重资源开发所带来的经济效益,又兼顾生态环境保护和社会效益,实行非掠夺式和生态环保式资源开发模式,做到节约开发、合理保护、综合利用,将有利于推进我国资源开发水平、综合开发效益的"双提高",对于加强全国战略资源储备,形成可持续性资源供应,具有重大战略意义。否则,不仅会继续加速西部生态环境恶化,而且会影响到全国的资源可持续供应,危及国家资源战略安全。

3. 西部地区的发展水平影响全国全面建设小康社会目标的实现

党的十六大提出了我国全面建设小康社会的宏伟目标,这是新时期我国全面加快推进现代化的伟大宣言。西部地区受自然条件、地理位置和历史因素的影响,发展极为落后,工业化水平低,城市化进程缓慢,人力资源远未有效开发,在全国产业分工中处于较低层次,居民收入水平低,许多地方居民生活很困难,总体上尚未实现基本小康。如果西部地区的落后局面不改变,实现西部小康社会就无从谈起;如果西部不实现小康社会,全国的小康就是不全面、不平衡、不稳定的,就不可能有全国真正的全面小康。

加快西部地区产业结构优化进程,将使西部地区从根本上转变经济增长方式,促进经济总量、质量、效益迅速提高,并促进全国经济发展质量、效益水平的提高,推动全国经济快速健康增长。加快西部产业结构优化进程,将有力促进西部加快实现全面小康社会的步伐,做到不因西部落后而延缓全国建设全面小康社会目标的实现。

4. 西部地区是全国生态保障地区

西部地区是我国中东部地区气候动力区、大江大河的发源地、物质资源的采集地和重要的生态环境屏障,在我国生态环境系统中占有重要地位。目前,西部地区的水体污染、水资源短缺、酸雨、过度放牧、过度垦殖、滥砍滥伐现象十分严重,沙漠化、石漠化、水土流失和沙尘暴等自然灾害呈扩大趋势,"三废"污染比较严重,生态系统已相当脆弱,造成长江、黄河等大江、大河中下游河道水量减小、污染加重、含沙量增大、河道淤积、调蓄洪水的能力降低,加剧中下游地区的洪涝灾害;造成来源于西部、西北的灾害风暴增多、沙尘暴肆虐,以及沙漠化、干旱化加重;造成生物及矿产量锐减,可采集和供给能力下降。这些都直接影响着东部

第十章 实施"翔式道路"(五)

和全国的生态安全、经济安全和人民生命财产安全,对中下游地区的经济、社会发展构成重大威胁,对我国全境的大气环境质量造成严重影响。必须加快西部产业结构优化,加快西部传统经济增长模式转变,加强西部生态环境和资源保护,强化西部地区对全国的生态屏障功能。

(二)"翔式道路"的推行与全国发展的有机协调

1. 积极承接东部地区资本转移,优化资本结构,注入发展活力

经过改革开放 40 多年的快速发展,东部地区已经形成较好的发展基础,在资本积累、技术装备、经营管理、市场营销、品牌竞争等方面具有明显优势。特别是民营经济发展迅速,有效地改造了东部地区的企业制度形式。随着东部地区经营成本的上升和资本边际收益率的下降,东部大量的资本将会向市场潜力大、投资成本低、资源丰富的西部地区转移,这为西部地区利用东部地区优势资本,加快推进产业结构升级带来了机遇。根据西部地区推进产业结构升级的要求,西部地区应注重通过以下途径与东部地区加强合作。

(1)通过降低投资门槛,健全市场化经营机制,创新投资方式,制定适当的优惠政策,鼓励东部资本投资于基础设施和生态环境建设项目。

(2)通过给予土地、税收、资产处置、降低股权比例等优惠政策,鼓励东部优势企业特别是民营资本参与国有企业资本重组和开发建设新的产业化项目,引导进入能源矿产资源开发及深加工转化、高新技术产业化、装备制造、农业产业化、生物资源开发等西部传统优势产业和急需发展的产业领域,尽快把具有比较优势的产业做大做强。

(3)鼓励东部优势企业利用其名牌优势,直接到西部建厂或收购西部的同类企业,借助东部名牌及市场网络,缩短西部企业开拓市场、艰苦创业的过程。

(4)通过承包经营、委托经营、租赁等方式,将东部企业技术和管理优势与西部厂房、设备和劳动力优势结合起来,利用东部现代技术和经营方式激发产业发展活力。

2. 建立以精细能源原材料产品生产和深加工制造生产综合发展的产业体系,参与全国产业分工

发挥资源优势,抓住东部地区能源、原材料产业成本上升并向西部转移的机遇,加快优势资源开发,促进资源优势向经济优势转化,提升西部地区在全国产业分工中地位,更好地支撑东中部经济建设。一方面要保证以优质、洁净能源原材料支持东中部产业发展。要按照精细化、低损害生态型产品经济的要求,着重加强产品的精细、质纯、无公害化工艺技术改造,推进清洁生产技术的应用,提高能源原材料产品的精度、纯度、低危害度,使西部成为我国重要的洁净、环保、优

质能源原材料生产供应地。另一方面,替代东部那些能源原材料依赖西部地区的深加工制造业,建成相应加工制造业基地。东部地区对能源原材料依赖度较大的加工制造产业,生产成本随着供应、运输价格上升而增大,产品市场竞争力逐步减弱。西部地区要在原材料产品生产的基础上积极发展原材料深加工生产,延长产业链,加强对东部这类生产的替代。同时,也以此取得优化产业结构,提高产业经营效益,构建稳固产业体系,增强自主增长能力的发展效果。

  3.依托区位特点和经济技术优势,发展具有优势的装备制造业,参与全国产业分工

  必须充分发挥局部地区军工、军转民装备制造优势,以军事工业为主体,以军民两用相结合的现代制造业和与当地优势产业紧密结合的高新技术产业为重点,发展建设具有较强竞争力的装备制造业基地。一是围绕西部重点经济(轴)带和核心区建设,依托西安、宝鸡、重庆、成都、绵阳、兰州、贵阳等中心城市,重点发展以国防军工为主的航空、航天装备制造业和民用火箭与飞机、民用大功率发动机、无人驾驶小型飞机及其相关零部件生产,以发电设备、高压输变电设备等为主的电力机械装备制造业,以汽车、摩托车及零部件生产为主的交通运输机械制造业,以矿山工程与冶金建材石油等中型机械设备制造业以及专业设备制造业。二是依托西安、宝鸡、成都、重庆、绵阳、兰州、南宁、贵阳、昆明等中心城市,依托西安高新技术产业开发区、宝鸡高新技术产业开发区、兰州高新技术产业开发区、成都高新技术产业开发区、重庆国家高新技术产业开发区、绵阳国家高新技术产业开发区、乌鲁木齐高新技术产业开发区、昆明高新技术产业开发区、贵阳高新技术产业开发区、南宁高新技术开发区和杨凌农业高新技术产业示范区等国家级重点高新技术产业园区,构筑具有一定专业化程度的高新技术网络节点,加快高新技术产业研发与产业化步伐,重点在特色生物和特色农副产品加工利用、稀有和有色金属材料工业、信息与软件制造业、中医药加工和生物制剂、现代环保产业等领域取得突破,建成地域专业化生产基地。

(三)加快"翔式道路"的推行的进程,促进区域间相互协调

  建立区域协调机制,就是要一方面通过政府的积极引导和大力支持,另一方面要充分发挥市场配置资源的基础性作用,把市场和政府手段结合起来,着力解决西部由于产业构成、制度成本、经济效率等原因造成的要素回报率过低、自我改造发展能力弱的问题,实现产业结构调整升级。

  1.制定东部资本、产业向西部转移的优惠政策

  (1)建立完善的保护机制。制定具有稳定性和权威性的政策和法规,彻底废除不利于外部资本进入西部投资发展的条文和规定,使东部资本在西部投资发

第十章 实施"翔式道路"（五）

展有法可依、有章可循，切实维护和保障它们的合法权益。

(2)建立有效的推动机制。国家要对东部资本、产业向西部的转移给予更多的扶持和鼓励，通过财政、税收、金融等手段，尝试各种方式，帮助进入企业解决实际困难，推动东西合作深入持久地开展下去。例如：东部企业投资额占项目资本金比例在51％以上的，可享受省级权限内外商投资企业的优惠待遇；东部高等院校和科研院所的科技人员以专利、技术等无形资产入股兴办的企业，可不受国家无形资产股份比例的限制，该比例由合作双方共同商定等等优惠政策。

(3)建立合理的利益分配机制。东西部地区政府要加强沟通和协商，采取以分产值、分利润、分税收的方法来解决利益分配问题，真正做到互惠互利，提高合作各方的积极性。

(4)建立良好的服务机制。西部有关政府部门要努力增强服务意识，改进工作方式和工作方法，加强对东部资本注入的宏观指导和规范管理，做好市场分析、项目储备、政策引导以及投资项目的跟踪检查等工作。严肃工作纪律，严格执法规范，力戒行政部门及其工作人员不适当或不必要地干预外部资本的正常生产经营活动。

2．加大西部推广清洁生产和"三废"治理的政策、资金支持

(1)国家要制定优惠的政策措施，加大支持力度。对西部企业在推行清洁生产过程中实施的资源综合利用项目、利用"三废"生产的产品、生产或使用符合《当前国家鼓励发展的环保产业设备（产品）目录》中的环保设备（产品）以及节水设备（产品），国家给予税收优惠政策；对建设项目中使用国内不能生产而直接用于清洁生产的进口设备、仪器，可以享受国家进口环节增值税减免优惠政策；鼓励西部具备一定条件的企业通过境内外股票上市等方式筹集资金用于清洁生产方案的实施；西部企业开展清洁生产审核和培训的费用，允许列入企业经营成本或相关费用科目。

(2)国家要以项目优先，加大对西部清洁生产项目的支持力度。各级发展改革、金融、财政等有关部门应当从各方面，对西部的节能降耗、提高资源利用效率、防治工业污染的清洁生产项目给予重点支持。对通过清洁生产审核确定的污染防治项目以及企业采用节能（节水）、综合利用等清洁生产技术进行技术改造的清洁生产项目，国家应优先立项，优先给予贷款贴息或担保支持。国家采取市场准入、产业政策、资金引导等方式，重点鼓励西部企业采用无毒、无害或者低毒、低害的原料，替代毒性大、危害严重的原料；采用资源利用率高、污染物产生量小的工艺和设备，替代资源利用率低、污染物产生量大的工艺和设备。

(3)要从中央财政投入上，加大扶持力度。国家对西部地区省市各级用环保专项资金、企业技改项目配套资金、科技三项费用支持实施清洁生产审核企业的

清洁生产项目进行再投资支持。国家对西部实施清洁生产审核企业的重大清洁生产项目,给予注入资本金支持。

3. 加大对西部环境整治的支持力度

国家和西部各省区要充分发挥积极的宏观调控指导作用,认真落实西部大开发各项相关政策,综合运用经济、行政、法律手段,进一步加大对西部生态环境保护和治理的支持力度。

(1)积极调整投资结构,加大环保资金投入。中央要站在全局的高度,对西部地区生态环境建设高度重视,给予西部地区环境整治资金总量和结构性倾斜,增加财政转移支付和国债资金对西部生态保护和环境治理的投入。西部地区各级政府要将生态建设和环境保护资金纳入财政预算,逐步加大投入力度,并把环境保护和资源开发利用结合起来,利用自己的资源优势与外地的部门和企业联合开发资源、治理环境。同时,在政策性银行设立专项优惠贷款,作为国家重点建设项目的配套资金。国家采取优惠的投资导向政策,支持西部扩大引进国外资金和技术,鼓励外商直接投资于西部重大生态建设和环境污染治理工程等方面,国外长期优惠贷款优先安排西部地区生态建设和环境保护项目。

(2)国家要尽快建立西部生态建设和环境整治补偿机制。一方面,国家要制定西部专项生态保护制度,对重点生态、水源保护地区的自然资源开发与管理、生态环境建设,制定专门的资金投入与补偿的方针、政策、制度和措施,加大支持力度。另一方面,国家总体上要对西部生态建设给予财政拨款补贴,同时通过在全社会征收生态税、废物回收费、垃圾处理费、污水处理费和发行生态环境彩票等途径建立国家生态环境保护基金,使用上向西部地区倾斜。

(3)国家要进一步完善支持西部加强环境整治和生态建设的法规制度。要根据加强西部保护生态环境和经济发展的要求,建立健全法律、法规体系,加快环境影响评价法、清洁生产法等法律的立法步伐,及时修订现行法律,制定实施细则。进一步完善环境标准,修改不合理的污染物排放标准,制定有关生态环境保护标准。

4. 对西部具有优势的产业实行支持政策

中央要在项目布局和财税政策方面,支持西部地区发展特色优势产业。一是要加强规划和分类指导,做好跨区域的资源开发和产业发展规划,促进区域间的资源整合和产业发展的联合与协作,防止各地区之间产业结构雷同、恶性竞争和重复建设。二是重大项目布局上,对西部地区产品有市场、有效益、有竞争优势的资源开发和资源就地加工转化项目,优先予以安排,以提高西部地区的资源开发效益。三是在产业政策上向西部倾斜,放宽市场准入,将西部地区技术含量高、资源利用率高、具有发展潜力的优势资源开发产业确定为长期鼓励和支持类产业,引导外资和社会资金的投入。四是发挥中央财政资金和政策的导向作用,综合运用税收政策、财政贴息和财政补助等间接方式支持特色优势产业发展。中央财政建立以产业为导向的税收优惠政策,通过采取投资税收减免、再投资返还等方式,对战略性能源、资源开发及其深加工生产实行税收优惠;采取投资补贴、贷款贴息等方式,广泛吸引社会资本参与西部特色优势产业的发展。

5. 充分发挥行会在区域协调中的积极作用

行业协会作为一种行业自律性协调组织,具有弥补政府和企业无法起到的作用或职能。因此,必须尽快建立和完善东中西部行业协会,并赋予其以下职能:一是组织或引导东西部产业协调发展,引导不同地区有关经营主体的联合、分工与合作,实现规模经营;二是发挥服务功能,提供技术推广应用、市场信息、人才交流等;三是通过行业制度的制定,开展工农业产品标准化建设,规范经营行为,发挥行业自我管理、自我协调的功能;四是推进专业化分工协作,形成产业集群经济及其在地区上的合理布局;五是调节市场经济活动主体的社会关系,为自己的服务对象创造良好的社会发展环境和条件,增强宏观经济运行系统的协调性和有效性,同时也使它们成为行业、社会与政府沟通的桥梁和联结的纽带。

二、积极参与全球一体化竞争

(一)利用人类现代文明推进西部产业结构优化升级

1. 积极吸纳人类现代文明所创造的新的发展观念

人类文明的演变是随着经济、社会的发展而不断进步的,同时,先进的人类文明所产生的新的思维模式与发展观念又反过来影响经济社会的发展模式和道路。正是在这种辩证关系的相互作用下,推动着人类社会的整体进步与和谐发展。进入现代社会阶段以来,受生存环境变化、现代科技迅猛发展以及人们追求更高层次生活质量的影响,人类对社会发展规律又有了新的认识与理解,世界各国在总结以前发展过程中的经验与不足中,发展观念得到进一步的升华,使其更加符合人类文明进步的发展趋势。西部产业结构优化升级应充分研究、借鉴、吸纳现代人类社会发展所创造的新的发展观念,包括关于可持续发展、以人为本、知识经济发展、社会信息化以及法规制度、调节方式等思想观念和经济发展方式。

2. 积极利用世界最先进科学技术和人才

西部地区产业结构优化升级,必须有强大的科技和人才支撑,但这正是西部

地区的最大缺陷。西部必须通过扩大对外开放,积极吸收和推广应用发达国家的最新科技成果、现代管理方式和新型人才来支撑西部产业结构优化升级,解决经济发展中相应的技术、管理、人才供给不足的问题。根据实际需求,西部地区在推进产业结构优化升级的过程中,应在以下方面加强学习、引进或加强国际化联合攻关:一是要加快引进资源开发型产业中的关键性技术,包括石油天然气、稀有有色矿产资源开发的环保型资源综合利用和伴生共生矿产分离等先进技术及其深加工转化新技术、煤制油和新能源开发技术、生物资源有效成份培育和提取技术等;二是针对现代装备制造产业发展,引进和加强联合研发西部特殊自然条件下的运输、工程、矿山等设备技术和传统工艺改造新技术;三是引进信息化技术,加快对西部工业化的改造,包括现代化管理技术、信息化生产技术、网络化流通技术等;四是引进促进环境保护、生态建设领域的高新技术,包括清洁生产技术、"三废"综合利用技术及高寒地区荒漠化防治、石漠化、沙漠化、黄土地区水土保持、草地生态、节能节水、水循环利用、水源涵养等方面的联合科技研发和技术、人才引进或培训。

(二)在全球一体化中,解决自然资源和经济资本短缺问题

1. 着眼于国际资源市场,合理确定适度开发利用西部资源的规模和节奏

(1)对全球有一定储量、在我国趋于紧缺或储量有限的资源,要在对西部资源进行适度开发的同时,逐步加大进口量,积极寻找替代性资源。主要如石油、天然气等传统能源资源。根据《世界能源统计年鉴》数据显示,目前世界石油总储量为1.15万亿桶,世界石油产量增幅远远高于石油需求增长。而我国石油消费增长超过10%,需求增长占世界总量的40%以上,消费与生产间的差额达到8 080万吨,增长25%,与国内生产量持平。根据市场变化趋势,要适当扩大开发西部后备资源,并进一步扩大进口量,加强石油战略储备,加大煤制油等替代技术研发和生产的步伐。同时要积极采取走出去参与资源开发企业并购、参股等方式,加强对国外资源密集区资源开发的参与程度。

(2)对国际市场需求大、我国储量较丰的资源,适度加大开发规模,并加大精细加工深度,提高经济附加值和开发利用的综合价值。但对其中某些开发过程对环境破坏大,或者尽管储量大、集聚分布好,但其开发却和当地特殊环境条件矛盾尖锐的,必须以环境保护为前提,实行限量开采。主要有煤炭、水等传统能源资源,要在确保生态环境安全的前提下,在依靠科技进步提高资源综合利用水平和资源有效保护能力的基础上,扩大生产规模,加快深加工转化步伐,延长产业链,为更广泛的生产、生活需求提供支持。

(3)对国际市场紧缺、我国储量小的资源,要放慢国内开发力度,以发展高附

加精细加工处理产品为主。主要如铜、铝、铅、锌、钨、钼、锡、锑等有色和稀有金属,其储量和基础储量的可供开采年限都不高,有的品种如铜、铅、锌、锡、镍、锑的可供开采年限已经很低,要放慢国内资源开发力度,主要用于战略性精细深加工生产,以满足更为关键的、不可替代的用途。同时,要积极采取走出去参与资源开发企业并购、参股等方式,加强对国外资源密集区资源开发的参与程度。

(4)对可再生资源,按照可培育的周期和国内国际市场需求,适度加大开发力度,包括生物资源和新型能源开发。生物资源要在保护生物多样性和生态承载能力的基础上,以国内外市场为导向,进一步加以合理开发利用,加快发展具有西部特色、符合国际绿色标准的深加工绿色产品。新型能源要依托丰富的风能、太阳能、地热能、海洋能等可再生能源资源,加大开发力度,优化我国能源供应结构,加大对石油、天然气等短缺能源的替代,加大对煤炭发电的替代,以为更多的煤替代油创造余地,缓解传统不可再生能源逐步减少带来的能源需求压力。

2. 结合世界相关技术研发进展情况,加大资源综合利用和深加工研发和生产力度

人类历史进入现代社会以来,随着人类文明的进步、发展观念的更新、科技技术的迅猛发展,世界各国都在为如何更有效地利用有限的资源、提高其利用价值,积极地寻求解决的途径,并已经取得一定的进展。西部地区也必须按照"翔式道路"的要求以及产业优化升级的需求,一方面积极开展国际合作,引进、吸收国际相关先进研究技术,结合我国国情、区情,加大对自然资源合理开发、循环利用等的关键性技术的攻关研究的力度;另一方面,根据世界对资源深加工关键技术研发上的突破,适时加强相关资源的深度开发,使资源型产业加快延伸产业链,向以加工制造业为主体的产业体系发展,提高自然资源利用率和社会、经济价值。

3. 利用全球一体化机遇,注入强大的有效资本

从西部工业化推进的历史起点和发展基础,以及40多年来西部产业结构形成的发展格局考察,西部资本积累包括原始积累的任务远未完成,资本形成不足或资本形成率低、资本积累能力弱始终是困扰西部经济发展和产业结构优化升级的关键制约因素。随着全球经济一体化步伐的不断加快,国际资本的跨国流动日趋活跃,国际直接投资的规模越来越大,为解决西部资本短缺问题提供了很好的机遇。要在进一步改善投资软硬环境,为有效利用国际资本创造良好的氛围的基础上,充分发挥西部地区比较优势,积极扩大对外开放领域,采取联合、合作、兼并、出售产权、国外上市交易等方式,大力引进国外资金、技术、品牌等为西部发展注入有效资本。

(三)在全球产业转移和再分工中,争取发展机遇

1.利用廉价劳动价值吸纳劳动密集型产业,带动劳动就业和居民收入增长

我国劳动力资源丰富、价格低,在国际劳动力市场上具有较强竞争力,为发展劳动密集型产业提供了坚实的后备支撑,也成为我国参与国际产业分工和市场竞争的主要优势。特别是在东部地区劳动力成本增加、竞争优势逐步丧失的形势下,西部地区劳动力资源开发潜力仍然很大,具有很强的竞争优势,应成为我国今后接受国际劳动密集型产业转移的重点地区。西部地区要结合地区产业发展现状,重点选择纺织、服装、金属制品、初级电子组装和社会服务等产业,有针对性地加强劳动力的专业培训,提高劳动者素质,为发展劳动密集型产业发展提供良好环境基础,吸引国外企业进行投资,以此增加劳动就业岗位,提高居民收入水平。

2.结合世界加工制造业转移,推进深加工产业和现代制造业发展

随着世界经济结构调整步伐加剧,世界发达国家和地区将其不具备优势的产业向我国转移的步伐不断加快,世界加工制造业中心正向我国转移。西部地区拥有丰富的资源和较好的装备制造基础,将成为我国制造业长远发展的重要地区。西部要紧抓机遇,积极发展劳动密集型产业的同时,加快引进先进技术和管理经验,增强企业实力,以建立全国性制造业基地参与世界产业分工为目标,积极发展资源深加工产业,大力发展现代制造业,加快促进制造业规模扩张、结构和技术提升,增强产业综合竞争实力和自我增长能力,努力跨入世界先进水平行列。

(四)按照世界贸易规则和限制新趋势,推进生产标准化和提高生产质量

加入世贸组织后,意味着我国对外开放的步伐迈入了新的阶段。我们可以更好地融入全球经济一体化,更加有效地参与国际产业分工,从国际贸易当中获得更多的利益。同时,我们也必须按照对外承诺,逐步扩大市场开放范围,增加产业开放领域,这势必会引入更加开放、激烈的竞争环境,使传统的产业发展和增长模式面临更大的挑战与考验,对提升产业国际竞争力提出了新的要求。同时,这其中也有许多方面为加快推进西部产业结构优化升级提供了动力。西部地区必须尽快行动起来,加快改革步伐,对产业进行彻底改革、改造和重组,按照国际通行的规范、规则来制定我们的产业政策,按照人类文明进步的共同需求制定企业发展战略,促进西部在更高标准、更高文明层次上取得发展成就。

1.以技术改造为重点,努力提高产业核心竞争力

随着经济全球化和科技进步的加快,许多国家保护国内产业的形式也越来

越多,不再局限于使用反倾销、反补贴、保障措施等贸易救济措施。特别是发达国家以知识产权保护、技术标准等非关税壁垒为武器,加大了保护国内市场的力度。我国特别是西部地区出口的商品大多为劳动密集型产品,技术水平相对不高,已明显受到发达国家技术贸易壁垒的制约,使我们出口的化工产品、机电产品、农产品、纺织品、建筑材料等进入世界市场受到不同程度的影响。这也说明了西部企业和产品不适应国际经济技术发展的要求,长期下去,将在全球经济一体化和全国统一市场中难以立足。面对这样的形势,西部地区要积极参与国际技术、产品竞争,并坚守国际关于生产、产品的技术标准,追踪世界科技进步的最新趋势,加快企业、产品技术改造步伐,在国际市场竞争、洗礼中加快产业技术进步,增强核心竞争力。

2. 以突破国际绿色贸易壁垒为目标,加快发展绿色、安全、环保生产

国际绿色贸易壁垒是国际贸易中出现的一种新的非关税贸易壁垒,其越来越多地被发达国家所使用。一些发达国家经过制订高于发展中国家的环境质量标准来推行新的贸易保护主义,即以高环境标准准入条件作为限制进口的手段,从而使传统的贸易壁垒逐步演变成环境壁垒。西部地区必须采取积极的态度加以应对,努力发展绿色、安全、环保生产。

(1)要加强宣传教育,顺应绿色潮流,提高环保意识。特别是要在企业中扩大关于绿色产品、绿色营销、清洁生产、环境标志等概念的宣传,提高企业绿色意识,使企业在生产经营活动中自觉兼顾经济效益、社会效益和环境效益。

(2)要加强生产过程和产品的绿色、安全技术标准化建设。积极鼓励企业改变传统生产制造模式,建立环保生产标准,推行绿色制造技术,发展相关的绿色材料、绿色能源和绿色设计数据库、知识库等基础技术,在技术设施、生产设备、产品质量、包装等方面,提高绿色竞争力,使产品从设计、制造、使用到报废整个生命周期中不产生环境污染或环境污染最小化,减少对消费、使用者健康、生命的危害。

(3)加强绿色、环保认证工作,鼓励企业积极采用国际环境标准,遵守国际环境认证规则,自觉获取 ISO14000 认证和绿色标志认证。

3. 提高生产安全保障和劳动收入水平

随着发达国家将劳工标准要求纳入各种双边和多边贸易体系中,劳工标准与国际贸易的关系问题正日益成为国际贸易摩擦的焦点。在这种背景下,由美国国际人权组织设立的社会责任国际(SAI,Socail Accountability International)于1997年发起并联合欧美跨国公司和其它国际组织,制定了 SA8000 社会责任国际标准(Social Accountability 8000 International Standard)。SA8000 的含义如果作进一步延展,则可细化成劳动住宿标准、膳食营养标准、工资购买力标准、

翔式道路

生产设备标准等,这些标准已对我国以劳动密集型产品为主的出口贸易造成较大影响。这尽管对我国特别是西部参与市场竞争形成更大限制,但实际上也的确是人类社会发展追求以人为本这一根本目标的体现。西部地区走"翔式道路",必须紧密跟踪世界贸易标准变化的新趋势,在加快提高产品的技术标准和环保标准的同时,强化社会责任标准,努力提高产业发展对居民收入增加、生活改善以及促进人的全面发展的带动作用。

参考文献

[1] 马克思.马克思恩格斯选集[M].北京:人民出版社,1995.
[2] 果增明,丁德科.中国国家安全经济导论[M].北京:中国统计出版社,2006.
[3] 果增明,曾维荣,丁德科,等.装备经济学[M].北京:中国统计出版社,2006.
[4] 邓小平.关于新时期军队建设论述选编[M].北京:八一出版社,1993.
[5] 基斯·哈特利,托德·桑德勒.国防经济学手册[M].姜鲁鸣,沈志华,卢周来,等,译.北京:经济科学出版社,2001.
[6] 王缉慈.创新的空间:企业集群与区域发展[M].北京:北京大学出版社,2001.
[7] 仇保兴.小企业集群研究[M].上海:复旦大学出版社,1999.
[8] 吴晓军.产业集群与工业园区建设[M].南昌:江西人民出版社,2005.
[9] 阿尔弗来德·A·韦伯.工业区位论[M].李刚剑,陈志人,张英保,等,译.北京:商务印书馆,1997.
[10] 迈克尔·波特.竞争优势[M].北京:华夏出版社,2001.
[11] 盖文启.创新网络:区域经济发展新思维[M].北京:北京大学出版社,2002.
[12] 雅克·甘斯勒.美国国防工业转轨[M].张连超,译.北京:国防工业出版社,2018.
[13] 四川省统计局.四川统计年鉴2017[M].北京:中国统计出版社,2017.
[14] 陕西省统计局.陕西统计年鉴2017[M].北京:中国统计出版社,2017.
[15] 中央财经领导小组办公室.中共中央关于制定国民经济和社会发展第十个五年计划的建议[M].北京:人民出版社,2000.

[16] 吴远平.新中国国防科技体系的形成与发展研究[M].北京:国防工业出版社,2006.

[17] 臧旭恒,徐向艺,杨蕙馨.产业经济学[M].3版.北京:经济科学出版社,2000.

[18] 人民大学出版社编.叶利钦时代的俄罗斯:军事卷[M].北京:人民出版社,2001.

[19] 中华人民共和国国家统计局.中国统计年鉴2017[M].北京:中国统计出版社,2017.

[20] 连玉明,武建忠.中国国力报告2012[M].北京:中国时代经济出版社,2012.

[21] 程莉.论我国国防工业产业组织结构的调整与优化[D].长春:东北师范大学,2006.

[22] 惠宁.产业集群的区域经济效应研究[D].西安:西北大学,2006.

[23] 林秀丽,郭文秀.论高新技术企业战略联盟[J].商业研究,2005(20):14-18.

[24] 罗淮军.城市主导产业的选择方法及应用[J].经济论坛,2006(4):38-40.

[25] 肖裕声.新中国国防建设与经济建设协调发展的历史启示和现实思考[J].军事历史,2003(3):28-34.

[26] 唐志龙.科学处理新时期经济建设与国防建设关系的光辉指针:学习党的十六大报告体会[J].军事历史研究,2002(4):12-20.

[27] 姜鲁鸣,刘睿颖.论坚持国防建设与经济建设的协调发展[J].军事经济学院学报,2003(3):10-13.

[28] 丁德科.陕西军民结合产业基地发展透析[J].中国军转民,2007(4):49.

[29] 仰临,史文祺,张丹."一带一路"对西部地区发展影响研究[J].现代商贸工业,2017(25):16-17.

[30] 张艳阳.俄罗斯"军转民"问题研究[J].内蒙古工业大学学报(社会科学版),2003(1):33-35.

[31] 王伟.俄罗斯国防工业"军转民"的经验和教训[J].俄罗斯中亚东欧市场,2005(4):8-10.

[32] 张海龙.极具实力的世界军工[J].环球军事,2004(13):28.

[33] 樊根深.把握西部大开发历史机遇,推动军事经济与国民经济协调发展[J].军事经济研究,2000(6):7-11.

[34] 王林.对国防知识产权归属制度的思考[J].国防,2007(1):61-63.

[35] 李庆辉.国防知识产权制度中存在的主要问题及对策[J].沧桑,2005(4):

54-55.

[36] 邬家能.新中国国防科技工业"军民结合、平战结合"方针刍议[J].军事经济研究,2002(7):34.

[37] 于宗林.对全面贯彻"军民结合、寓军于民"方针的认识和理解[J].中国军转民,2006(9):5-16.

[38] 王新俊,彭国清.俄罗斯国防工业十年改革回顾与展望[J].东欧中亚研究,2001(6):48-54.

[39] 张洲军,许凯锋.日本军事工业及其对战争支援潜力初探[J].东北亚论坛,2000(1):42-44.

[40] 于连坤.积极推进国防科技工业全面转型[J].中国军转民,2005(3):55-58.

[41] 卢今.军民结合评价研究[J].贵州省国防科工办,1990(1):23-30.

[42] 汪琳,杜人淮.美国军工的军民一体化转轨[J].航天工业管理,2004(2):34-38.

[43] 陈剑锋,唐振鹏.国外产业集群研究综述[J].外国经济与管理,2002(8):22-23.

[44] 任海平.世界军事工业的市场化走向[J].现代军事,2004(6):68-70.

[45] 任海平.战略竞争:走向新世纪的世界国防科技工业[J].科学新闻,2003(13):35-46.

[46] 石岩,梁清文.对我国军民结合有关问题的认识和建议[A].中国民用工业企业技术与产品参与国防建设研讨会论文集[C].北京:中国高科技产业化研究会,2004:75-77.

[47] 游光荣.军民融合国家创新体系的分析框架[A].首届中国科技政策与管理学术研讨会论文集[C].北京市:中国科学学与科技政策研究会,2003:292-293.

[48] 叶卫平.关于建立国防科技工业寓军于民新体制问题的初步认识[A].中国民用工业企业技术与产品参与国防建设研讨会论文集[C].北京:中国高科技产业化研究会,2004:84.

[49] 叶继涛.区域优势产业军民融合理论及创新对策研究[A].中国科学学与科技政策研究会.第三届科技政策与管理学术研讨会暨第二届科教发展战略论坛论文汇编[C].中国科学学与科技政策研究会:中国科学学与科技政策研究会,2007(7):456-458.

[50] 沈谦,郝艳霞.陕西依托国防工业催生高新技术产业集群[N].中国高新技术产业导报,2007-07-30(B05).

[51] 石奇义,李景浩,王正春. 俄罗斯实现"军民融合"的主要途径[N]. 中国国防报,2007-07-16(3).

[52] 陶然. 军民结合:四川军工"重装"上阵[N]. 四川日报,2007-11-18(3).

[53] 尤·乌林松. 命令已下达:国防工业用自己的双脚回家:论国防工业重组与军转民[N]. 俄罗斯报,1997-12-30(1).

[54] 佚名. 学习成功经验借鉴先进做法积极探索以军民融合为特色的全面创新路径,彭宇行率市党政代表团赴重庆市考察学习,并出席两市军民融合发展工作座谈会[N]. 绵阳日报,2016-03-19(1).

[55] 任海平. 世界军事工业的现状与发展趋势[J/OL]. http//:www.defence.org.cn.,2004-08-10.

[56] 萧雨. 兵器工业"联建"西安基地[J/OL]. http://www.sei.gov.cn.,2007-03-21.

[57] 靳秀珍. 振兴西安工业发挥军工作用的对策建议[J/OL]. 陕西省人民政府网站,2005-01-11.

[58] 陕西省统计局. 陕西国防科技工业发展现状及趋势研究[J/OL]. http://tjj.shaanxi.gov.cn/tjsj/tjxx/qs/200706/t20070606_1619504.html,2007-06-06.

[59] 习近平:生态环境保护是功在当代、利在千秋的事业专题报道[EB/OL]. 人民网 http://cpc.people.com.cn/xuexi/n/2015/0805/c385474-27412488.html,2015-08-05.

[60] 西部大开发"十三五"规划[EB/OL]. http://www.ndrc.gov.cn/zcfb/zcfbghwb/201701/t20170123_836135.html,2016-12-23.

[61] 陕西省"十三五"规划[EB/OL]. http://www.shaanxi.gov.cn/jbyw/ggjg/sswgg/zxgg/76273.htm,2015-11-13.

[62] 习近平. 决胜全面建成小康社会 夺取新时代中国特色社会主义伟大胜利[EB/OL]. 中国政府网,2017-10-27.

[63] 2016年能源生产情况[EB/OL]. http://www.stats.gov.cn/tjsj/zxfb/201702/t20170228_1467575.html,2017-02-28.

[64] 贵阳市"十三五"科技创新发展专项规划[EB/OL]. http://www.docin.com/p-2028449859.html,2017-10-11.

[65] Russian Economic Trends (RECEP).1998(1):11.

[66] Jacques S. Gansler. The Defense Industry. Massachusetts:MIT Press,1980.

[67] Jacques S Gansler. Affording Defense. Massachusetts:MIT Press,1989.

[68] Lichtenberg F F. The private R&D investment response to federal design and technical competitions. American Economic Review, 1988(78):550-559.

[69] Mansfield E. The Economics of Technological Change. New York: W. W. Nortonand Company, 1971.

[70] Scherer F M. Using linked patent and R&D data to measure interindustry technology flows,. Z. Griliches, ed., R&D, patents, and productivity, 1984.

[71] Nalebuff B J, J Stiglitz. Prizes and incentives: Towards a general theory of compensation and competition. . Bell Journal of Economics, 1994.

[72] Thomas J. Incentives under cost - reimbursement: Pension costs for defense contractors. The Accounting Review, 1992(67).

[73] Jacques S, Gansler. Integrating Civilian and Military Industry, 1998(8).

[74] Joseph L Soelters, Ricardo Recht. Convergence or divergence in the multinational classroom? Experiences from the military. International Journal of Intercultural Relations, 2001(25).

[75] Erkki Nironen. Coporate strategy and culture in a conxersion process: Ajustment in defence industry . Int J. Production Economics, 1995 (41).

[76] William Arkin. Coporate Warriors: The Rise and Ramificationed of the Privatized Military Industry. International Security, 2002 (3):26.

[77] Michael E Porter . On Competition. Harvard Business School Press, 1998.

[78] Krugman P Development. Increasing returns and economic geography . Journal of Political Economy, 1991:183-199.

[79] Hohenberg, Lees. The Making of Urban Europe. Cambridge, MA: Harvard University Press 1985.

[80] Andersson, Forslid. Tax Competition and Economic Geography. Working paper, 1999.

[81] Martin, Ottaviano. Growth and Agglomeration. International Economics Review, 2001(4):953.

[82] Nironen, Erkki. Corporate strategy and culture in a conversion process: Adjustment in defence industry. International Journal of Production Economics. 1995:1-3.

[83] Bisshop Paul, Williams. Tim Restructuring theUK Defence Industry:

Market Pressures and Management Initiatives. Long Range Planning, 1997.1(30).

[84] Porter E M. 2000 Location, competition and economic development: local cluster in a global economy, Economic Development Quarterly 14: 15-20.

[85] Porter E M. 1990 The Competitive Advantage of Nations. New York: The Free Press.

[86] Molina,A. , Bremer,C. F. ,Eversheim, W.. Achieving Critical Mass: A Global Research Network in System Engineering[J] , Foresight, 2001 (1):59-64.

[87] Molina A, Pongta S, Bremer C F, etc. Framework for global virtual business. Agility & Global Competition, 1998(3):56-69.

[88] Passiante G, Secundo G. From geographical innovation clusters towards virtual innovation clusters: The innovation virtual system [C].//42th ERSACongress, Germany: University of Dortmund,2002(8):1-22,27-31.

[89] Brussels E C,Fowler H W,Flower E G. The Concise Oxford Dictionary. London: Book Club Associates, 1979.